SERIAL KILLERS

Enquête sur les tueurs en série

DU MÊME AUTEUR

SÉRIE B, avec Pascal Mérigeau, Edilig, 1983.
ROGER CORMAN, Filmo, 1983.
TERENCE FISHER, Filmo, 1984.
RICHARD FLEISCHER, Filmo, 1986.
FREDRIC BROWN, LE RÊVEUR LUNATIQUE, Encrage, 1988.
JACK L'ÉVENTREUR, Fleuve noir, 1992.
LE CANNIBALE DE MILWAUKEE, Fleuve noir, (à paraître, 1993).

STÉPHANE BOURGOIN

SERIAL KILLERS

Enquête sur les tueurs en série

BERNARD GRASSET
PARIS

Ce livre est dédié aux agents spéciaux du FBI appartenant au Behavioral Science Unit, au Crime Investigative Analysis et au VICAP pour leur dévouement dans la traque des *serial killers*.

Avant-propos

Ce livre est consacré au phénomène des *serial killers*, ces criminels qui tuent en série, sans mobile évident, le plus souvent travaillés par des instincts sexuels, et qui commettent leurs forfaits pendant des mois, voire des années. Psychopathes ? Psychotiques ? Les *serial killers*, dans leur définition actuelle, ne comprennent pas les terroristes, certains chefs d'État ni les tueurs à gages que poussent le fanatisme, la politique ou l'argent.

Sur les 160 tueurs en série identifiés ces vingt dernières années, 120 l'ont été aux États-Unis. Pour lutter contre cette épidémie, les autorités américaines ont mis en place, au sein du FBI, un programme unique au monde. Ces meurtres, où la victime et son assassin ne se connaissent pas, ont peu d'espoir d'être résolus par une enquête traditionnelle. Le FBI s'est donc vu obligé d'inventer de nouvelles méthodes qui mêlent la psychologie et l'informatique, l'intuition et la science. Afin de mieux identifier un *serial killer*, il faut comprendre ses motivations internes, des fantasmes qui se traduisent la plupart du temps par un rituel élaboré lors de la mise à mort ou juste après. Dès 1979, le FBI a interrogé systématiquement les *serial killers* emprisonnés pour mieux affiner leurs portraits psychologiques et alimenter ainsi le programme informatique VICAP, lequel répertorie les meurtres non élucidés. Ces recherches, menées avec l'aide de psychiatres, nous permettent de mieux saisir un phénomène qui a modifié l'image du crime ordinaire et fait évoluer la criminologie. Grâce à un long séjour aux États-Unis, j'ai eu accès aux résultats de ces recherches. J'ai visité le Département d'analyse criminelle du FBI à Quantico, en Virginie *(Behavorial Science Unit & Crime Investigative Analysis).* J'ai rencontré les plus grands psychiatres américains spécialisés dans ce domaine, ainsi que plusieurs *serial killers* dans leurs quartiers de haute sécurité, en Floride et en Californie.

Après avoir considéré l'importance des recherches actuelles, psychologiques, sociologiques, policières, judiciaires, ce livre s'intéresse davantage aux *serial killers* modernes qu'aux assassins historiques comme la comtesse Báthory, Jack l'Éventreur, Joseph Vacher ou Pierre et Marie Martin de « l'Auberge rouge » : cet aspect est traité par un dictionnaire bibliographique des tueurs à la chaîne anglo-saxons depuis 1888, l'année des crimes de Jack l'Éventreur, le pionnier de ces tueries.

Est-ce à dire qu'il n'y a pas de tueurs en série ailleurs qu'aux États-Unis ? Non, bien sûr. L'Allemagne a connu Fritz Haarmann le « Boucher de Hanovre », Peter Kürten le « Vampire de Düsseldorf », Bruno Lüdke ou Fritz Honka ; l'Italie a le « Monstre de Florence », Roberto Succo ou Mario Furlan. La France a été bien pourvue avec la marquise de Brinvilliers, Joseph Vacher, Hélène Jegado, Jeanne Weber l'« Ogresse de la Goutte-d'Or », Henri Landru, Marcel Petiot, et, plus récemment, Thierry Paulin et Jean-Thierry Mathurin, Marcel Barbeault le « Tueur de l'Oise », le « Tueur au Minitel rose » ou Francis Heaulme. De même, la libéralisation des pays de l'Est nous a permis d'apprendre l'existence de Lucian Staniak, de Nikolai Djoumagaliev, dit « Dents d'acier », d'Alexeï Soukletine le « Cannibale de Tartarie », ou de Gennadiy Mikasevich.

Notons que certains chercheurs français s'intéressent à ce nouveau type de criminels : le docteur Michel Benezech, par exemple, de l'université de Bordeaux. L'essentiel des recherches sur ce phénomène est néanmoins conduit aux États-Unis, là où se trouvent la majorité des *serial killers*. Le présent ouvrage reflète cette évidence.

Du crime en général et des « serial killers » *en particulier*

Des films tels que *Le Silence des agneaux*, *Psychose*, *Massacre à la tronçonneuse*, *Vendredi 13*, *Henry — Portrait of a Serial Killer*, la série des *Freddy* ou *L'Inspecteur Harry* ont popularisé et mis en scène ce nouveau type de criminel : le *serial killer* ou tueur en série.

Pour clarifier le propos, il est bon de rappeler la définition du *serial killer*. Ce type de criminel est un récidiviste du meurtre. Pendant des mois, parfois des années, il tue, avec un certain intervalle de temps entre ses crimes. On parle habituellement de tueur en série lorsque celui-ci commet plus de trois meurtres. La spécificité de ce genre d'assassin réside dans cette boulimie de meurtres qui le différencie du tueur passionnel, lequel ne tue en général qu'une fois, ou même du tueur de masse qui va exécuter en peu de temps un grand nombre de personnes. Les tueurs de masse sont très souvent des malades atteints de psychose.

Jusqu'au début des années 80, ces homicides multiples étaient classés sous l'appellation unique de « meurtres de masse » *(mass murders)*, sans établir la moindre différence entre Albert DeSalvo, « l'Étrangleur de Boston », et Charles Whitman, qui, le 31 juillet 1966, abattait seize personnes à Austin avec un fusil à lunette.

Depuis, le FBI, grâce à son Centre d'analyse des crimes violents (National Center for the Analysis of Violent Crime, ou NCAVC) a établi une différence entre ces homicides multiples :

Meurtre de masse (« *mass murder* ») : quatre victimes ou plus à un même endroit lors d'un même événement.

« *Spree killer* » : des meurtres à des endroits différents dans un laps de temps très court. Ces crimes découlent d'un événement unique, et leur enchaînement peut s'étendre sur une certaine période de temps.

« *Serial killer* » : trois événements distincts, ou plus, avec un intervalle de temps séparant chacun des homicides. Lors de ces événements, le *serial killer* peut fort bien tuer plusieurs victimes à la fois.

Le tueur de masse est donc très différent du tueur en série. Il s'attaque en général aux membres de sa propre famille ou à un groupe de gens qui n'ont rien à voir avec ses problèmes. Il utilise une arme à feu ou un poignard. Gene Simmons est un meurtrier de masse du type « familial » : cet ancien sergent de l'US Air Force, à Noël 1987, tua les quatorze membres de sa famille dans une ferme de l'Arkansas. Aux États-Unis, en 1991 et 1992, on assiste à une véritable vague de tueurs de masse. Licenciés de leur emploi, ils se vengent en ouvrant le feu sur leurs anciens collègues. On remarque qu'ils visent plus particulièrement les bureaux de poste. La plupart du temps, un tueur de masse se laisse abattre par la police ou se suicide.

Un *spree killer* célèbre, c'est Howard Unruh. Le 6 septembre 1949, il tire au petit bonheur avec un Luger en traversant la banlieue de Camden, dans le New Jersey, tue treize personnes et en blesse d'autres. En vingt minutes, cette odyssée sanglante se déroule dans des lieux différents, et Unruh ne peut donc pas être considéré comme un véritable tueur de masse.

Il existe une foule de différences entre ces catégories de meurtriers. Le tueur de masse classique et le *spree killer* ne s'intéressent pas à l'identité de leurs victimes : ils massacrent ceux qui ont la malchance de les rencontrer. Le *serial killer,* lui, choisit ses victimes. Il pense qu'il ne sera jamais capturé, et parfois il a raison. Un tueur en série contrôle les événements là où un *spree killer* ne maîtrise plus la situation qu'il a créée. A l'occasion, un *serial killer* peut se transformer en *spree killer* lorsqu'il découvre que la police l'a identifié et le suit à la trace. La tension du fugitif, ses actes spectaculaires amenuisent l'intervalle de temps entre ses divers crimes. Il se rend compte qu'on va bientôt l'attraper, à tel point que sa proche confrontation avec la police devient un élément de ses crimes. Il peut même se placer dans une situation où la police sera obligée de le tuer. Un exemple ? Christopher Wilder.

La question qui se pose est alors de connaître le nombre de *serial killers* et de leurs victimes. Des chiffres fantaisistes ont été avancés par des écrivains ou des journalistes : ceux-ci évoquent la présence de plusieurs milliers de *serial killers* en activité aux États-Unis, qui auraient massacré près de 7 000 personnes. Ces chiffres sont faux et inutilement alarmistes. Hélas, le très officiel *Uniform Crime Reports* du Département de la Justice, qui publie tous les ans les statistiques du crime aux États-Unis, ne mentionne pas ces *serial killers* et leurs victimes en tant que tels. Les crimes sans motif apparent, dans lesquels il n'existe au préalable aucune relation connue entre l'assassin et sa victime, englobent les meurtres commis par les *serial killers* et d'autres types de forfaits. Pour 1990, le nombre des victimes s'établit à 6 500, dont on peut penser qu'une bonne partie est l'œuvre des tueurs en série. En 1966, les meurtres sans motif apparent représentaient 640 victimes, en 1981, 4 007 morts, et en 1989, 5 096. Seule statistique officielle, en date de janvier 1990, un tableau fourni par le FBI indique, pour la période de janvier

1977 à novembre 1989, 112 meurtriers de masse, 169 tueurs en série et 50 *spree killers.* Ce chiffre reste en dessous de la vérité, car l'on peut supposer que de nombreux meurtres isolés n'ont pas été reconnus comme appartenant à une série. Les victimes sont classées en trois catégories :

— tuées (si le meurtrier a plaidé coupable ou a été condamné pour ce crime) ;

— supposées (si le meurtrier a été inculpé ou rattaché à ce crime) ;

— tentatives (si la victime a survécu à l'assaut ou échappé au criminel).

L'âge moyen des meurtriers de masse est de 31,15 ans.

L'âge moyen des *spree killers* est de 29,85 ans.

L'âge moyen des *serial killers* est de 27,27 ans au moment de leur premier crime et de 31,44 ans lors du dernier meurtre.

TYPE DE MEURTRIER	VICTIMES TUÉES	SUPPOSÉES	TENTATIVES
Tueur de masse *(nombre : 112)*	657	45	217
Spree killer *(nombre : 50)*	306	16	112
Serial killer *(nombre : 169)*	935	834	125

Le même type de statistique nous permet de savoir qu'en un an, de 1988 à 1989, 29 nouveaux *serial killers* ont tué 140 personnes ; ils sont suspectés de 122 autres crimes, et 14 de leurs victimes ont survécu ou ont réussi à s'échapper. De façon officieuse, les agents spéciaux du FBI estiment entre 35 et 100 le nombre de *serial killers* actuellement en activité aux États-Unis.

Le crime aux États-Unis

D'après les chiffres officiels du *Uniform Crime Reports,* on compte 23438 victimes d'homicides en 1990 contre 21 500 en 1989, soit une augmentation de 9 % en un an. En 1962, on dénombrait 8404 morts par homicide. Les viols sont au nombre de 102555 en 1990, une augmentation de 8,5 % par rapport à l'année précédente (94504 viols en 1989).

En 1990, aux États-Unis, un crime violent est commis toutes les dix-sept secondes et un vol toutes les deux secondes. Parmi les crimes violents, on note :

— un meurtre toutes les vingt-deux minutes ;

— un viol toutes les cinq minutes ;

— une agression avec voies de fait toutes les trente secondes.

Peut-être plus alarmant encore, le pourcentage des meurtres résolus par l'arrestation du coupable a chuté de manière dramatique au fil des ans. En 1960, 94 % des assassins avaient été arrêtés : cela signifie que moins de 500 meurtres n'avaient pas encore été élucidés à la fin de l'année 1960. Six ans plus tard, ce chiffre tombe à 88 % d'affaires résolues, et le pourcentage continue à baisser : 68 % en 1989, 67 % en 1990. Ainsi, en l'espace de trente ans, le nombre des homicides non résolus est-il passé d'un peu moins de 500 à plus de 7000.

En 1990, d'après les statistiques du *Uniform Crime Reports* (daté du 11 août 1991), les 23438 victimes se répartissent de la manière suivante :

— 78 % des victimes sont des hommes — et 49 % d'entre eux ont entre vingt et trente-quatre ans ;

— 49 % sont de race blanche ;

— 49 % sont de race noire ;

— 93 % des victimes de race noire sont tuées par des Noirs ;

— 86 % des victimes de race blanche sont tuées par des Blancs ;

— 85 % des victimes masculines sont tuées par des hommes (toutes races confondues) ;

— 90 % des victimes féminines sont tuées par des hommes (toutes races confondues).

Comme il n'existe pas de statistiques officielles sur les *serial killers,* c'est en effectuant diverses recherches que j'arrive aux chiffres officieux suivants :

— 65 % des victimes de *serial killers* sont des femmes ;

— 35 % des victimes de *serial killers* sont des hommes (alors que pour les autres crimes ils le sont à 78 %).

Les meurtres des *serial killers* sont également interraciaux à 65 %.

Les victimes de *serial killers,* qu'elles soient masculines ou féminines, se répartissent de la façon suivante :

— 89 % sont de race blanche ;

— 10 % sont de race noire ;

— 1 % pour les autres.

Les chiffres cités ci-dessus concernent les victimes, et il paraît intéressant d'établir une comparaison entre les meurtriers ordinaires, pour lesquels il existe des statistiques officielles, et les *serial killers* en particulier. En l'absencc de statistiques, je propose des pourcentages approximatifs qui concernent 1990 :

RACE	MEURTRIERS *(en général)*	SERIAL KILLERS
Noirs	57 %	17 %
Blancs	41 %	83 %
Orientaux	0,8 %	
Indiens	0,5 %	

Les tueurs en série orientaux, comme Charles Ng, ou d'origine indienne, se comptent sur les doigts d'une main et n'apparaissent donc pas dans le tableau ci-dessus. Quant au sexe des *serial killers* comparés à l'ensemble des tueurs, voici ce que donne le tableau :

SEXE	MEURTRIERS *(en général)*	SERIAL KILLERS
Hommes	87 %	89 %
Femmes	13 %	11 %

Un autre élément de comparaison entre les assassins en général et les *serial killers* réside dans leur façon de tuer. On sait qu'aux États-Unis, en 1990, trois crimes sur cinq sont commis avec une arme à feu, soit 12847 sur un total de 20045 meurtres. Pour 3393 homicides, l'arme du crime n'a pas pu être déterminée, à cause, par exemple, de l'état de décomposition trop avancé du corps...

Par rapport au criminel en général, qui utilise en principe une arme à feu, le tueur en série préfère le contact avec sa victime. Il emploie un couteau, il étrangle, il frappe avec un objet. Comme le *serial killer* tue à plusieurs reprises, il change quelquefois de méthode, cela se remarque surtout chez le psychotique qui ne prépare pas son crime à l'avance et improvise sur les lieux de son forfait, d'où l'apparition dans les statistiques de ce mélange entre armes naturelles et armes à feu. Les femmes qui tuent en série s'avèrent moins violentes que les hommes : elles ont une préférence marquée pour le poison (45 %), l'arme favorite des « veuves noires » et « infirmières de la mort ».

MEURTRES PAR ARMES UTILISÉES *(en pourcentage)*	MEURTRIERS *(en général)*	SERIAL KILLERS HOMMES	SERIAL KILLERS FEMMES
Armes à feu	65 %	22 %	9 %
dont armes de poing	50 %		
fusil de chasse (ou fusil à canon scié)	6 %		
fusil ou carabine	4 %		
autres armes à feu	5 %		
Couteau ou arme blanche	17 %	40 %	12 %
Instrument contondant *(massue, marteau, etc.)*	5 %	9 %	12 %
Poison	0,05 %	4 %	45 %
Strangulation	1,6 %	9 %	6 %
Armes naturelles *(poing, main, coups pied, etc.)*	8,7 %		
Armes naturelles & armes à feu	13 %		

Le *serial killer* est un homme jeune d'environ 27 ans lors du premier crime. 71 % des tueurs en série ont commis leur premier crime avant l'âge de 30 ans. Contrairement à l'ensemble des meurtriers, c'est plutôt un homme de race blanche (à 83 %) et il s'attaque de préférence aux femmes (à 65 %) s'il est hétérosexuel. Il tue ses victimes à l'intérieur d'un territoire bien précis, une ville ou un État, proche de son lieu d'habitation dans 63 % des cas (pour les femmes *serial killers :* 51 %) ; il est nomade et assassine n'importe où à travers les États-Unis dans 29 % des cas (pour les femmes :

20 %) ; enfin, il assassine chez lui ou sur son lieu de travail dans 8 % des cas (pour les femmes 29 %).

Entre 1900 et 1960, la police découvre en moyenne 1,7 cas de *serial killers* par an. A la fin des années 60, 5 nouveaux cas par an ; dans les années 70, 14 cas par an. Dans les années 80, deux nouveaux cas tous les mois, soit 24 par an ; depuis, ce chiffre est passé à 36 nouveaux tueurs en série tous les ans.

La grande majorité des assassinats est facile à identifier. La police résout ces affaires en quelques heures ou en quelques jours. Les victimes ont la plupart du temps une relation avec l'assassin. Il en est de même pour les tueurs de masse dont les responsables sont presque toujours capturés ou abattus comme James Oliver Huberty, l'auteur en juillet 1984 d'un massacre au McDonald's de San Ysidro, qui coûta la vie à vingt et une personnes, sans compter dix-neuf blessés. Ces tueurs ont un comportement beaucoup plus psychotique que les *serial killers* et ils ont souvent été internés à plusieurs reprises avant de commettre leurs carnages. Il existe également une minorité de tueurs en série psychotiques, que l'on peut estimer à moins de 5 % de l'ensemble, comme Herbert Mullin, Richard Chase, Joseph Kallinger, Gary Schaefer, Melissa Norris, Nathan Trupp, Edward Leonski ou Ed Gein.

Le *serial killer* a l'habitude de tuer — souvent depuis de nombreuses années — et sa mine inspire confiance. Dans la grande majorité des cas de tueurs en série non psychotiques, les victimes suivent volontiers leur futur assassin, ainsi Ted Bundy feignait-il un bras cassé pour demander aux jeunes femmes de l'aider à conduire sa Volkswagen. Ce type de meurtrier met aussi à profit les problèmes de juridiction inhérents aux États-Unis, où il existe plus de 16 000 forces de police indépendantes les unes des autres. On en a un parfait exemple avec John Wayne Gacy, tueur homosexuel de 33 adolescents. A plusieurs reprises, son nom était apparu comme l'employeur de certains des disparus, mais, à chaque fois, l'enquête avait été menée par un service de police d'un district différent de Chicago. Pas le moindre échange d'informations. Aucun n'eut même l'idée de vérifier si Gacy avait fait l'objet, ailleurs, d'une condamnation précédente, ce qui était le cas puisqu'il avait purgé un an de prison pour une tentative de meurtre accompagnée de sodomie.

Intelligence du serial killer

Depuis les années 50 les recherches concernant le degré d'intelligence des criminels — mesuré par le test Stanford-Binet — indiquent un quotient intellectuel moyen de 91 à 93, alors que la moyenne de la population non criminelle tourne autour de 100. On pourra objecter que les assassins sous les verrous ne sont pas forcément représentatifs du monde criminel en général, et que les plus intelligents d'entre eux évitent de se faire arrêter grâce à un quotient intellectuel plus élevé.

Les forfaits perpétrés par les criminels les moins intelligents sont des crimes qui leur apportent un profit immédiat : violence exercée à l'encontre de la victime, gratification sexuelle, agression d'un inconnu rencontré par hasard dans une rue déserte ou vol à la tire... Le criminel plus intelligent prépare ses crimes avec soin, il les organise dans leurs moindres détails afin d'éviter toute erreur.

Le *serial killer* est en règle générale très intelligent. D'après les études récentes du FBI, son quotient intellectuel tourne autour de 110, et celui du violeur en série est encore plus élevé : 120. Mais ces tests standards n'indiquent pas toujours le véritable niveau d'intelligence d'un criminel, le soin qu'il apporte à planifier ses forfaits, sa capacité à manipuler son entourage ou les ruses qu'il emploie.

Le *serial killer,* quand il ne tue pas par profit comme cela lui arrive parfois, assassine très souvent le même type de personnes. Ted Bundy s'attaquait à de jeunes étudiantes aux longs cheveux : elles lui rappelaient une fiancée qui l'avait repoussé des années auparavant. Cette fiancée, à son tour, représentait sa mère qui l'avait rejeté en le faisant adopter. La notion de voyage est très importante pour les sadiques sexuels. Des tueurs tels que Ed Kemper, Ted Bundy, Randy Kraft ou Larry Eyler n'hésitaient pas à parcourir des centaines de kilomètres pour sélectionner et traquer leurs victimes. La très grande majorité des *serial killers* a également fait l'objet de sévices pendant l'enfance, que ce soit Ed Gein, Charles Manson, Henry Lee Lucas ou Ottis Toole.

Le crime est considéré comme une sorte de rituel par l'assassin. Ces individus ont peur du sexe et ne peuvent faire l'amour qu'avec des victimes réduites à l'impuissance, évanouies ou mortes. Henry Lee Lucas exécutait ses victimes pour jouir sur différentes parties du corps qu'il avait démembré. Le *serial killer* ne considère pas sa victime comme un être humain mais comme un objet, une carcasse, des membres destinés à éveiller son désir. Pour lui, ce qui importe n'est pas l'identité du cadavre mais ce qu'il représente.

La notion de rituel tient une place très importante dans tous les crimes des *serial killers.* Ces assassins reconnaissent avoir fantasmé d'innombrables fois sur leurs forfaits avant de passer à la pratique.

Genèse et fantasmes du serial killer

Les crimes sans motif apparent, où l'assassin et sa victime ne se connaissent pas avant leur rencontre, ont toujours existé, mais ils sont en constante progression ces dernières années. Les statistiques officielles du Département de la Justice le prouvent. En 1976, les crimes sans motif apparent représentent 8,5 % de l'ensemble des homicides, en 1981 ils grimpent à 17,8 %, et à 22,1 % en 1984. Ces meurtres, pour la plupart l'œuvre d'un tueur en série, ont un motif caché, de nature sexuelle, qui se niche dans les obsessions de l'assassin. Capturer un *serial killer,* voilà une tâche extrêmement difficile, surtout s'il s'agit d'un psychopathe organisé, la catégorie la plus importante de ces assassins. La police se retrouve face à un crime sans motif et ne dispose d'aucun indice matériel.

Une enquête traditionnelle ne permet pas de résoudre ces crimes et il a fallu que les forces de police s'adaptent à ce nouveau type de criminalité, en ayant recours aux ordinateurs (programmes VICAP pour l'ensemble des États-Unis, HALT dans l'État de New York, HOLMES en Angleterre ou CPIC au Canada), et à l'élément humain, aussi, avec le développement du profil psychologique. Ces nouvelles méthodes de détection ne peuvent fonctionner qu'à partir d'informations et de paramètres qu'il a fallu déceler dans le cerveau des criminels. Des recherches sur les meurtriers sexuels avaient déjà été menées par des psychiatres ou des psychologues. Il fallait maintenant questionner ces criminels dans une perspective policière, en se concentrant sur la victimologie, sur l'analyse du lieu du crime. Ce processus d'interviews se poursuit à l'heure actuelle; il a débuté en 1979, avec l'interrogatoire par des agents spéciaux du FBI de trente-six *serial killers* et meurtriers sexuels. Les résultats en ont été publiés en 1983, et ils ne s'appliquent pas forcément à tous les *serial killers.*

Les *serial killers* interrogés par le FBI sont à 85 % de race blanche, en grande majorité ils sont l'aîné de la famille, fils uniques à 15 %, enfants adoptés à 12 %. La plupart d'entre eux ont été élevés dans les années 40 et 50, quelques-uns dans les années 60, cela leur donne un avantage certain dans une société et une époque aux attitudes à dominante mâle. Presque aucun d'entre eux ne possède de défauts physiques, leur apparence est en général plaisante, leur intelligence se situe dans la moyenne pour 29 % des cas, 36 % étant d'une intelligence supérieure, tandis que 15 % sont dans la catégorie la plus élevée.

Près des deux tiers de ces meurtriers commencent leur vie dans des familles normales, entre un père et une mère. La moitié de ces mères restent au foyer pour élever les enfants, tandis que 75 % des pères possèdent un emploi stable, même s'ils ne sont pas qualifiés dans la plupart des cas. 80 % appartiennent à une classe moyenne ou supérieure ; seuls 14 % d'entre eux vivent dans une famille qui doit lutter pour subvenir à ses besoins.

Donc, contrairement à ce que l'on pourrait croire, la pauvreté n'est pas un facteur important dans le statut socio-économique des familles. Les mères sont à la maison, les pères ont des emplois stables et des revenus corrects, les sujets étudiés sont intelligents, de race blanche, et souvent les fils aînés de la famille. Nantis de tels facteurs pourquoi sont-ils devenus des *serial killers* ?

Background familial

La qualité de l'interaction familiale est un facteur important dans le développement de l'enfant. On le sait. Pour l'enfant qui grandit, son attachement aux parents et aux autres membres de la famille façonne sa vie d'adulte et ses réactions face à la société. Ces premiers liens affectifs, ou leur absence, qui interviennent dès le plus jeune âge, se gravent dans l'esprit de l'enfant et lui dictent sa perception des situations en dehors du cadre familial. On admet généralement que la personnalité d'un individu se forge dans les premières années. Bien qu'une situation de stress extrême, l'abus d'alcool ou de drogue puissent causer des dommages ultérieurs, ces premières années sont critiques pour la structure et le développement de la personnalité. Il est rare que ce type d'assassin provienne d'un environnement chaleureux et compréhensif. Dans l'ensemble, le sujet était un enfant négligé ou victime d'abus, qui est passé par un grand nombre de conflits durant son enfance, sans être capable d'ériger et d'utiliser des systèmes de défense adéquats. Cependant, de nombreuses personnes sont élevées dans de pareils environnements sans pour autant basculer dans le crime. Ces frustrations, situations de stress et crises d'angoisse, ajoutées à une incapacité chronique à les surmonter, peuvent conduire l'individu à s'isoler totalement de la société qu'il perçoit comme une entité hostile.

Au travers de ce processus d'intériorisation, il s'isole de plus en plus, et certains individus choisissent de se suicider dès l'adolescence plutôt que de connaître une vie de solitude et de frustration. Ce type de personnes possède une pauvre opinion de lui-même et il rejette une société qui, croit-il, l'a mis à l'écart. La famille et ses connaissances le décrivent généralement comme un individu tranquille, agréable, qui garde ses impressions pour lui, mais qui n'a jamais concrétisé son potentiel. Pendant son adolescence, il pourra commettre des actes de voyeurisme ou de fétichisme qui se substituent à son incapacité d'avoir des relations sexuelles normales avec les femmes.

Fermé à l'égard de la société, un autre type d'individu choisira d'extérioriser cette hostilité. Il l'exprimera par des gestes agressifs que son entourage prendra pour des actes déraisonnables ou insensés. Cette hostilité se manifestera principalement lors de la puberté, lorsqu'il devient adolescent. On le décrit comme un trublion, un manipulateur, un égoïste. Il éprouve des difficultés avec sa famille, avec ses amis, avec les représentants de l'autorité. Il s'exprime par des actes antisociaux qui peuvent le mener au meurtre. Il cherche à se venger de la société et à punir les autres qui s'y trouvent à l'aise.

L'histoire de ces individus révèle donc que de nombreux problèmes existaient au sein de la structure familiale. La moitié des *serial killers* interviewés ont eu des criminels dans leur famille. 53,3 % d'entre eux ont eu des antécédents psychiatriques dans leur entourage familial. Cela implique un contact insuffisant entre les parents et l'enfant, et des relations inadéquates, 69 % de ces familles avaient connu l'alcoolisme, 33,3 % utilisaient une drogue dure, 46,2 % éprouvaient d'énormes difficultés sexuelles. On constate que la plupart de ces criminels ont subi une vie médiocre et des contacts plutôt négatifs avec les membres de leur famille.

Ces familles étaient instables : à peine un tiers de nos *serial killers* grandit au même endroit. Dans 68 % des cas, les familles déménageaient fréquemment, et 40 % des sujets, avant l'âge de 18 ans, ont été envoyés dans des foyers d'adoption, des centres de détention ou des établissements psychiatriques, 66 % d'entre eux ont éprouvé des difficultés mentales dès leur plus jeune âge. Cette instabilité familiale n'a pas été contrebalancée par de bonnes relations de voisinage à cause de ces déménagements à répétition.

Le père naturel a abandonné le foyer avant que le sujet n'ait atteint l'âge de 12 ans dans 47 % des cas. La mère domine pour 66 % des *serial killers,* mais pour 45 % d'entre eux, c'est la froideur qui l'emporte vis-à-vis d'elle. Idem à 70 % avec leur père. Cet environnement mental déficient n'est pas compensé par un modèle, un frère ou une sœur aînée, puisque la grande majorité de ces individus est justement l'enfant le plus âgé. Les parents sont trop occupés par leurs propres problèmes sexuels, l'abus de drogue ou d'alcool, sans oublier leurs disputes. Ces mêmes parents, qui n'offrent aucune direction, ne présentent qu'un modèle de comportement déviant.

Les comportements individuels

En examinant le développement individuel de ces criminels, on est frappé par l'émergence de deux facteurs : la permanence d'un abus durant leur enfance, qu'il soit physique (à 30 %), psychologique (dans 69 % des cas) ou sexuel (40 % des sujets interrogés), ainsi que l'existence d'une vie fantasmatique. Leurs différentes attitudes et préférences en tant qu'enfants, adolescents et adultes sont inventoriées dans le tableau ci-contre.

Fréquence en pourcentage des comportements des meurtriers sexuels et tueurs en série durant l'enfance, l'adolescence et leur vie d'adulte

COMPORTEMENTS	ENFANTS	ADOLESCENTS	ADULTES
Rêverie	82 %	81 %	81 %
Masturbation compulsive	82 %	82 %	81 %
Isolement	71 %	77 %	73 %
Mensonges chroniques	71 %	75 %	68 %
Émission involontaire d'urine	68 %	60 %	15 %
Rébellion	67 %	84 %	72 %
Cauchemars	67 %	68 %	52 %
Destruction d'objets	58 %	62 %	35 %
Pyromanie	56 %	52 %	28 %
Vols	56 %	81 %	56 %
Cruauté envers des enfants	54 %	64 %	44 %
Mauvaise opinion de soi	52 %	63 %	62 %
Violents accès de colère	48 %	50 %	44 %
Problèmes de sommeil	48 %	50 %	50 %
Violences envers des adultes	38 %	84 %	86 %
Phobies	38 %	43 %	50 %
Fugues	36 %	46 %	11 %
Cruauté envers des animaux	36 %	46 %	36 %
Enclin aux accidents	29 %	32 %	27 %
Maux de tête	29 %	33 %	45 %
Destruction d'objets personnels	28 %	35 %	35 %
Perte d'appétit	27 %	36 %	35 %
Convulsions	19 %	21 %	13 %
Automutilations	19 %	21 %	32 %

La plupart de ces tueurs a souligné l'importance vitale d'une vie fantasmatique basée sur des pensées agressives et un rituel qui mêle la mort au sexe. Tous ont indiqué qu'ils préféraient leurs fantasmes à la vie réelle. Tous les enfants ne répondent pas à leur environnement par des fantasmes de nature violente. Par bonheur, les enfants qui se réfugient dans de tels fantasmes ne commettent pas tous des crimes. Cependant, au fil de leurs déclarations, ces meurtriers révèlent un degré élevé d'égocentrisme dans des fantasmes orientés vers le sexe et l'agression.

Ces individus ne se souviennent pas de fantasmes positifs durant leur enfance. Il est difficile de savoir si ces fantasmes positifs ont même existé, s'ils ont été enfouis sous des pensées négatives, ou totalement absents de leur esprit. Plus de la moitié d'entre eux indiquent que des fantasmes de viols les préoccupaient déjà avant l'âge de 18 ans, et 21 % de ces tueurs a réalisé ce fantasme moins d'un an après en avoir été conscient.

Quand on leur demande d'énumérer leurs préférences sexuelles, les résultats parlent d'eux-mêmes :

— pornographie	81 %
— fétichisme	72 %
— voyeurisme	71 %
— sadomasochisme	39 %
— exhibitionnisme	25 %
— bestialité	23 %
— coups de fil obscènes	22 %
— travestisme	17 %
— prostitution	11 %
— coprophagie	7 %

Comme on peut le constater, ces formes d'expressions sexuelles sont toutes de nature solitaire. Quand on les questionne sur la préparation de leurs crimes et de leurs actes meurtriers, ces individus affirment avec force l'importance des fantasmes. Après le premier assassinat, ils reconnaissent avoir été grandement préoccupés, et parfois stimulés, par les souvenirs de leur acte, ce qui contribue à alimenter les fantasmes de leurs crimes suivants.

On commence à mieux comprendre le cheminement criminel du *serial killer,* à partir des insatisfactions de sa vie en famille qui le détournent vers un monde imaginaire et violent où il est enfin le maître. Le contrôle de cet univers rêvé devient crucial aux yeux de l'enfant, puis de l'adulte. Ce ne sont pas les fantasmes d'évasion vers un monde meilleur que l'on rencontre souvent chez des enfants qui récupèrent d'un traitement abusif. Ces hommes ne surcompensent pas cette stimulation et cette agression par des activités créatives ou par quelque pensée idyllique. Leur énergie est canalisée vers des fantasmes d'agression et de domination, suggérant une projection répétitive de leur propre abus et une identification avec l'agresseur.

Nous avons vu que ces individus sont dotés d'une intelligence au-dessus de la moyenne, et pourtant, leurs résultats scolaires, universitaires, leurs relations sexuelles, leurs performances au service militaire ou dans leurs emplois se révèlent d'une médiocrité affligeante. Dans tous ces domaines, ils sont très loin d'atteindre leur potentiel. Plus de la moitié d'entre eux n'achèvent pas leur cycle scolaire ; le reste obtient des notes médiocres dans 68 % des cas.

Ils sont incapables de garder un emploi : à 80 % ils changent constamment de travail ; de plus, il s'agit dans la plupart des cas, d'emplois non qualifiés. Près de 45 % de ces *serial killers* ont embrassé une carrière militaire à un moment donné, et plus de la moitié de ceux-ci ont été réformés pour des raisons médicales, psychiatriques, ou pour désobéissance ; en outre, 25 % d'entre eux ont commis des actes criminels pendant leur engagement dans l'armée. Quant à leurs expériences sexuelles, 44 % des *serial killers* avouent ne pas avoir connu de relations « normales » avant leur passage à l'acte criminel.

Ces fantasmes de meurtres inhérents aux *serial killers* les transforment en individus extrêmement dangereux. Ils ont l'air normaux jusqu'à ce qu'un banal incident déclenche l'explosion. Pour Ted Bundy, ce fut la vue d'une étudiante ressemblant à son ex-fiancée ; pour Carlton Gary, une femme âgée et de race blanche, identique à celles qui employaient et humiliaient sa mère de race noire. Quant à John Wayne Gacy, une banale querelle avec un de ses employés, un adolescent qui contestait sa fiche de paye, eut le don de le faire basculer dans la folie meurtrière.

Le *serial killer* est un malade : il ne peut plus s'arrêter de tuer et, de toute façon, il n'en éprouve pas l'envie. Il n'existe que par la mort des autres. Il ne s'interrompt que s'il est tué, capturé ou s'il se suicide. Les tueurs en série se donnent très rarement la mort, à l'exception des psychotiques, ou si leur arrestation est imminente. Depuis le début du siècle, seuls les *serial killers* suivants se sont suicidés : Louise Vermilyea (9 février 1910), Joe Ball (24 septembre 1938), Mack Edwards (30 octobre 1971), Antone Costa (12 mai 1974), Richard Chase (26 décembre 1980), Barry Prudom (4 juillet 1982), Charles Yukl (22 août 1982), Fernando Cota (14 octobre 1984), Charles Hatcher (3 décembre 1984), Leonard Lake (6 juin 1985), Richard Macek (2 mars 1987).

Une fois sous les verrous, les *serial killers* avouent presque toujours leurs crimes. Ils ont même tendance à reconnaître plus de meurtres qu'ils n'en ont commis. Cela s'explique par un incommensurable ego, par leur désir de célébrité. Cela fait aussi partie de cette nature qui les pousse à manipuler le système judiciaire. En avouant des assassinats non élucidés un peu partout à travers les États-Unis, ils multiplient les enquêtes de juridictions locales, reculant d'autant la date de leurs procès et les éventuelles condamnations. Leurs conditions de détention sont améliorées, ils bénéficient de cellules individuelles et de privilèges, puisqu'ils sont amenés à collaborer avec les représentants des différentes juridictions locales qui viennent leur rendre visite. On en a eu un exemple célèbre avec la controverse qui a entouré les aveux de Henry Lee Lucas, dont le nombre des victimes passa de 300 à 160, avant de se dégonfler petit à petit au fur et à mesure des vérifications. De même, un *serial killer* peut avouer des actes qu'il n'a pas commis, comme ce fut le cas d'Arthur Shawcross, qui se prétendait cannibale et nécrophile afin de pouvoir plaider la non-responsabilité pour cause de folie.

Tueur psychotique et tueur psychopathe

D'un point de vue psychiatrique, on peut diagnostiquer deux sortes d'individus qui commettent des crimes en série : le paranoïde psychotique, qui peut être schizophrène, et le psychopathe dont la personnalité est résolument asociale. Ces termes rébarbatifs ne sont pas toujours bien compris. Pour simplifier, la personnalité asociale présente les caractéristiques suivantes :

1) Il manque de maturité, c'est un être ingrat, cynique, déloyal, rebelle et qui exploite les autres.

2) Comme il ne ressent aucune empathie, il est incapable de comprendre comment ses actions peuvent blesser les gens qui l'entourent.

3) Les autres n'existent que pour subvenir à ses propres besoins.

4) En conséquence, la vie sexuelle d'un asocial est typiquement manipulatrice et infidèle.

La plupart de ces individus développent une personnalité asociale à la suite de mauvais traitements subis dans leur enfance, soit à cause de parents abusifs ou tout simplement parce qu'ils ont été abandonnés. La réaction à un tel mauvais traitement peut faire basculer un individu dans un stade plus dangereux encore et le transformer en sociopathe. Celui-ci, en plus d'une insensibilité morale et d'un manque total de sentiments, fait semblant de ressentir des émotions qu'il n'éprouve jamais. Le sociopathe est « lisse », d'habitude très intelligent, et il réussit souvent une brillante carrière. Cette réussite professionnelle compense parfois une intolérable impression personnelle d'insuffisance. Le sociopathe éprouve une grande jouissance à contrôler les autres. Manipuler devient une obsession, à un point tel qu'il se dirige petit à petit vers le but ultime : décider de la vie et de la mort d'une personne.

Le psychopathe, véritable hédoniste, recherche en permanence son propre plaisir, même au détriment d'autrui. S'il tue, le psychopathe n'éprouve aucun remords ni aucun sentiment de culpabilité puisqu'il n'a pas de conscience. Ce qui le rend si terrifiant c'est son apparence normale, car le psychopathe est devenu un maître dans l'art de la manipulation. Pas la moindre trace apparente d'un comportement bizarre ni de pensées irrationnelles. Lorsqu'il est pris, son charme superficiel et son aisance de langage lui permettent de simuler la sincérité et le remords pour tromper ses accusateurs. Dans sa cellule, le tueur en série psychopathe devient un prisonnier modèle. C'est le plus dangereux des tueurs en série, celui qui parvient à échapper le plus longtemps aux enquêtes de la police.

La traque des serial killers

Capturer un *serial killer* est une tâche très difficile aux États-Unis. En effet, de par sa Constitution, ce pays possède plus de 16 000 forces de police indépendantes les unes des autres. Même si deux villes sont distantes de quelques kilomètres, leurs policiers respectifs n'échangeront pas toujours des informations. Parfois même ils se jalousent avec férocité, car il ne faut pas oublier que les chefs de police sont nommés par les élus, ou directement élus dans le cas des shérifs, d'où la nécessité de présenter des résultats. Les *serial killers* ont su tirer profit de ce problème. Bon nombre d'entre eux, dès qu'ils ont commis un forfait, quittent le lieu du crime pour s'établir dans un État voisin. Certains sont restés en liberté pendant des années car aucun lien n'avait pu être établi entre leurs différents crimes.

Pour pallier cette carence, le FBI a créé le National Center for the Analysis of Violent Crime (NCAVC), établi à Quantico en Virginie. Pour ce qui concerne la traque des tueurs en série, le NCAVC comprend deux programmes spécifiques qui se complètent mutuellement et que les forces de police locales peuvent consulter à leur demande.

Le VICAP

Le programme VICAP (ou Violent Criminal Apprehension Program) est un système d'ordinateur destiné à collecter et à analyser des données concernant certains types de crimes violents. Actuellement le VICAP s'occupe des catégories suivantes :

1) les homicides, élucidés ou non résolus, les tentatives de

de meurtres sans motif apparent ou de nature sexuelle ; ceux qui sont connus ou suspectés d'appartenir à une série ;

2) les personnes disparues, lorsque les circonstances indiquent une forte possibilité d'une action criminelle ;

3) les cadavres non identifiés des victimes d'homicides.

Dans un proche avenir, il est également envisagé d'y inclure les affaires de viol, les abus sexuels à l'encontre des enfants ainsi que la pyromanie.

L'enquêteur local qui désire faire appel au VICAP remplit un rapport de quinze pages, le « *Crime Analysis Report* », avant de l'envoyer au FBI. Les 189 questions contenues dans ce rapport couvrent tous les aspects d'un crime, de la victimologie jusqu'aux résultats d'analyse. Le « *Crime Analysis Report* » se compose des douze parties suivantes :

1) Partie administrative : juridiction, type du crime, paramètres de date et de temps.

2) Informations sur la victime.

3) Informations physiques sur le criminel ou suspect éventuel.

4) Informations vérifiées sur un criminel identifié : casier judiciaire, aveux.

5) Description d'un véhicule aperçu sur les lieux du crime.

6) Modus operandi et description du lieu du crime : comment le criminel a approché sa victime; lieu où le criminel est entré en contact avec la victime ; événements sur le lieu du crime (le suspect a-t-il cambriolé les lieux ? Coupé le téléphone ? etc.) ; éventuel message écrit par le suspect sur le corps de sa victime ou ailleurs ; actes symboliques commis par le criminel (formation de pierres, bougies allumées, animaux sacrifiés, défécation...)

7) Conditions dans lesquelles le cadavre a été découvert (position du corps, utilisation de liens, objets personnels...)

8) Causes du décès, nature des blessures, marques de morsures, éléments de torture, actes bizarres perpétrés sur le cadavre, actes sexuels...

9) Rapport d'autopsie, arme du crime, résultats des analyses effectuées en laboratoire (toxicologie, sérologie).

10) Demande d'un profil psychologique.

11) Autres cas similaires connus de l'enquêteur.

12) Résumé de l'affaire comportant les éléments essentiels.

Lorsque ce document parvient au FBI, il est transmis à l'ordinateur central qui le compare immédiatement à tous les autres cas inclus dans le système — ils sont au nombre de 5 846 à l'heure actuelle et impliquent 6 348 victimes. L'ordinateur indique ensuite dix autres homicides offrant le plus de similitudes avec le cas qui leur a été soumis. A ce stade de l'enquête, c'est l'élément humain qui intervient pour analyser ces dix cas, les comparer à l'affaire en cours et déterminer si ces différents meurtres peuvent être liés. Certains éléments comptent plus que d'autres dans la comparaison des divers crimes : par exemple, si l'assassin a écrit un message sur le corps ou la manière dont il a démembré la victime importent plus que l'emploi d'une arme similaire lors de plusieurs assassinats.

Les informations obtenues par le VICAP après analyse — par exemple, s'il existe une similitude entre plusieurs crimes commis dans des endroits différents — sont relayées auprès des différents services de police locaux, afin que ceux-ci puissent se concerter et mener une enquête multi-États. Cela est particulièrement nécessaire dans les affaires de *serial killers* nomades. En 1990, le VICAP a mis sur pied une demi-douzaine de conférences concernant des cas de *serial killers* et rassemblant des policiers de juridictions différentes. Charles Sinclair, arrêté en juillet 1990 pour un double meurtre dans le Montana, est suspecté de nombreux autres homicides à Washington et en Californie. Grâce à une analyse du programme VICAP, le FBI organise une conférence au Montana avec 36 enquêteurs de 12 États différents, où sont représentées 25 juridictions policières indépendantes : la plupart d'entre elles ignorent complètement qu'elles avaient affaire à un tueur en série. Cela permet de coordonner des activités telles que l'émission de mandats de perquisition, les interviews ou les résultats d'analyses.

Inauguré le 29 mai 1985, le VICAP connaît tout d'abord un démarrage difficile. Les enquêteurs locaux répugnent à remplir cette première version du rapport VICAP, qui s'intitule alors *VI-CAP Crime Report.* Cette démarche volontaire, qui l'est toujours à l'heure actuelle, exige plusieurs heures de travail pour des policiers déjà submergés par la paperasse. Cette première version du rapport, si elle est complétée, comprend 61 pages et se divise en trois dossiers séparés : « Initial Investigation » (31 pages), « Follow-up Investigation » (19 pages) et « Forensic Laboratory Examinations » (11 pages). Les indications trop détaillées contenues dans ces dossiers étaient également très difficiles à analyser pour les agents du VICAP, qui avaient du mal à établir un lien entre différentes affaires. Le but du VICAP n'est pas d'enquêter sur ces homicides, mais de les analyser. L'efficacité commande qu'on dégage au préalable des tendances générales. On réussit mieux en établissant les paramètres généraux des homicides qu'en reconstituant le crime avec minutie. Il est rare que deux lieux soient similaires, alors que la manière de tuer peut l'être. L'analyse d'un crime et l'enquête sur un meurtre requièrent différents niveaux de spécificité.

La nouvelle version du rapport VICAP voit le jour en juillet 1986, avec un nombre de pages réduit à quinze au lieu des soixante et une du questionnaire précédent. Le but des agents du VICAP était de collecter rapidement des données sur plusieurs dizaines de milliers d'affaires, mais, en novembre 1991, l'ordinateur comprend seulement 5 846 cas. Pourquoi ? Remplir un rapport VICAP, même dans sa nouvelle version, cela demande du temps aux enquêteurs locaux et ce n'est pas une tâche obligatoire. Le FBI cherche à remédier à cette situation et aimerait que l'envoi d'un rapport VICAP devienne obligatoire pour tous les crimes sans motif apparent, les meurtres à caractère sexuel ou les cadavres non identifiés qu'on découvre sur l'ensemble du territoire. Certaines forces de police y contraignent leurs inspecteurs, comme le Metro-Dade Police Department, en Floride. Malgré ce handicap, le VICAP a déjà prouvé son efficacité dans de nombreuses affaires de *serial killers* nomades, des routiers tueurs en série tels qu'Oscar Ray Bolin Jr. ou John Fountainberry.

Portrait-robot psychologique

Ce programme VICAP est complété par une analyse du profil psychologique d'un criminel. Ce portrait psychologique s'applique non seulement aux assassins, mais dans les cas de prise d'otages ou de kidnappings, lorsqu'on étudie le vocabulaire du criminel. Il s'applique aussi aux pyromanes ou aux violeurs en série. Le département d'analyse criminelle du FBI, le Behavioral Science Unit ou BSU compte douze agents spéciaux surnommés « The Dirty Dozen », les « douze salopards », que dirige John Douglas, le modèle du personnage de Jack Crawford dans les deux romans de Thomas Harris, *Dragon rouge* et *Le Silence des agneaux*. Dans la version filmée du *Silence des agneaux*, son rôle est tenu par l'acteur Scott Glenn. Quatre ou cinq de ces agents se réunissent quotidiennement pour étudier les mille cas qu'on leur soumet chaque année. Curieusement, ils rejoignent les détectives de fiction comme Sherlock Holmes ou Nero Wolfe, puisqu'ils étudient les crimes à distance avec des photos et des bandes vidéo.

Les spécialistes du profil psychologique ont établi deux types de meurtriers en série. Le criminel *organisé* planifie ses forfaits de manière consciente et amène ses victimes sur les lieux du crime. Le criminel *désorganisé* est bien moins soucieux d'étabir un plan, et les endroits de ses crimes reflètent son désordre mental. Cette distinction est pratique. Elle offre un portrait mental immédiat et fait preuve d'objectivité dans ses connotations. Naturellement, comme cette méthode d'identification est une combinaison d'expérience et d'intuition, elle n'est pas infaillible. Néanmoins, un élément de comparaison entre les meurtriers arrêtés et le profil psychologique qui en avait été dressé avant leur capture indique un taux de succès de 77 %.

Dans un rapport du FBI de 1990 sur les homicides sexuels, un tableau nous montre les différences entre ces deux types de tueurs.

TUEUR ORGANISÉ	TUEUR DÉSORGANISÉ
Quotient intellectuel élevé	*Intelligence moyenne*
Compétent socialement	*Socialement immature*
Préférence pour un travail qualifié	*Emplois peu qualifiés ; grande instabilité dans le travail*
Sexuellement compétent	*Incompétent sexuellement*
Enfant unique ou aîné de la famille	*Parmi les enfants derniers-nés de la famille*
Emploi stable du père	*Emploi instable du père*
Discipline inconsistante durant l'enfance	*Discipline parentale très dure pendant l'enfance*
Se contrôle pendant le crime	*Disposition anxieuse pendant le crime*
Utilisation d'alcool au moment du crime	*Utilisation minime d'alcool au moment du crime*

TUEUR ORGANISÉ	TUEUR DÉSORGANISÉ
Une situation de stress — financier, marital ou relationnel — précipite l'acte criminel	*Peu de stress*
Vit avec un(e) partenaire	*Vit seul*
Mobile, avec véhicule en bon état	*Vit et travaille près du lieu du crime*
Suit le crime dans les médias	*S'intéresse fort peu aux médias*
Peut changer d'emploi ou quitter la ville	*Ne change quasiment rien à son mode de vie*
Crime planifié	*Forfait spontané*
Victime : un(e) inconnu(e) choisi(e) suivant un type spécifique	*Victime ou lieu connus*
Personnalise la victime	*Dépersonnalisation de la victime*
Conversation maîtrisée	*Pas ou peu de conversation avec la victime*
Le lieu du crime reflète sa préparation	*Lieu du crime en grand désordre : beaucoup d'indices*
Exige une victime soumise	*Une violence soudaine et quasi immédiate est exercée envers la victime*
Victime attachée	*Pas ou peu de liens utilisés sur la victime*
Actes agressifs commis avant de donner la mort	*Actes sexuels* post mortem
Corps caché ou enterré	*Corps laissé en évidence*
Pas d'arme ni de preuves sur les lieux	*Preuves et arme laissées sur place*
Transporte le corps de sa victime	*Corps laissé sur place*

Une classification un peu différente sur quelques points de détail a été établie par le docteur Michel Benezech, professeur de médecine légale à l'université de Bordeaux et psychiatre des hôpitaux. Lui aussi, il a longuement étudié les tueurs en série :

CRIMINEL PSYCHOPATHE	CRIMINEL PSYCHOTIQUE
Père absent, délinquant ou violent	*Mère pathologique*
Antécédents pénaux fréquents	*Antécédents pénaux rares*
Antécédents psychiatriques rares	*Antécédents psychiatriques fréquents*
Usage d'alcool et/ou de stupéfiants	*Chimiothérapie psychotrope insuffisante ou arrêtée*
Vit en compagnie	*Vit seul ou avec ses parents*

CRIMINEL PSYCHOPATHE	CRIMINEL PSYCHOTIQUE
Sociable superficiellement	*Solitaire*
Voyage beaucoup parfois	*Voyage peu*
Antécédents personnels de violences physiques	*Comportement dangereux annonciateur du crime*
Préméditation possible	*Pas de préméditation (sauf pour paranoïaque)*
Victime connue ou de rencontre	*Victime connue ou de proximité*
Complice parfois	*Agit toujours seul*
Long dialogue possible avec la victime	*Peu de dialogue avec la victime*
Tortures ante mortem *possibles*	*Pas de tortures préliminaires*
Utilise l'arme ou le moyen qu'il porte ou qu'il garde	*Utilise l'arme qui lui tombe sous la main*
Maîtrise possible de la victime	*Passage à l'acte désorganisé et très violent (énucléation, castration possibles)*
Sadisme sexuel possible	*Acte sexuel non sadique possible*
Alcoolisation au moment du crime	*Angoisse majeure pendant le crime*
Absence de productions mentales pathologiques	*Syndrome hallucinatoire, délirant et/ou dépressif*
Dissimule parfois le cadavre de sa victime	*Abandonne le cadavre sans précaution*
Quitte les lieux du crime	*Prostration parfois près du cadavre de sa victime*
Suicide rare après le crime	*Suicide fréquent après le crime*
Cherche à échapper à la police	*Se dénonce ou se laisse arrêter sans résistance*
Multiplicité possible des victimes pendant des mois ou des années	*Multiplicité possible des victimes dans un court laps de temps*
Responsable pénalement	*Irresponsable pénalement*

La justice et les serial killers

Lorsqu'un *serial killer* est arrêté, cela ne signifie pas pour autant que justice soit faite. Depuis le début des années 60, et les décisions libérales de la Cour suprême, le système judiciaire américain garantit le droit de chaque citoyen, y compris le pire des criminels, à un juste procès et oblige les policiers à respecter scrupuleusement un certain nombre de règles précises. Ces précautions, tout à fait louables quand elles s'appliquent à un citoyen respectueux des lois, ont parfois un effet pervers dans le cas des *serial killers* qui sont passés maîtres dans l'art de jouer avec le système. Harvey Carignan, condamné à mort pour son premier meurtre, en 1949, bénéficia d'une erreur de procédure pour être relâché en 1960 et tuer à nouveau au moins cinq fois. Larry Eyler, un tueur en série homosexuel, fut pris sur le fait, en 1983, et l'une de ses victimes s'échappa. Mais, les policiers qui fouillèrent son véhicule, pour y découvrir de nombreux indices concernant d'autres assassinats, avaient oublié de se munir d'un mandat de perquisition : du coup, ces preuves accablantes de sa culpabilité ne furent pas jugées recevables lors de son inculpation. Le dossier n'avait plus de raison d'être et Larry Eyler retrouva la liberté. Il tua à nouveau, avant de se faire piéger, cette fois-ci par les policiers de Chicago.

Les *serial killers* qui commettent souvent des actes bizarres, mutilent, dévorent ou violent les cadavres, paraissent idéalement placés pour plaider la folie. Or, fort peu choisissent ce système de défense. Pourquoi ? Selon les statistiques, un meurtrier sur mille, qui plaide non coupable pour raisons de démence aux États-Unis, parvient à ses fins. Sur plusieurs centaines de *serial killers* jugés depuis le début du siècle, moins de vingt ont été déclarés incompétents ou légalement fous. Nombre d'entre eux ont essayé sans succès de plaider la folie, affirmant être victimes d'un dédoublement de personnalité (Kenneth Bianchi ou William Heirens), prétendant entendre la voix de Dieu (Peter Sutcliffe ou Herbert Mullin) ou d'un démon antique réincarné dans le chien d'un voisin (David Berkowitz, le « Fils de Sam »), ou souffrant de psychoses héritées de la guerre du Vietnam (Arthur Shawcross)...

La définition légale de la folie est différente de son diagnostic médical. Par ailleurs, elle varie suivant les États. Dans seize États, on utilise la M'Naughten Rule qui date de 1843 : « Afin d'établir une défense pour des motifs de démence, il doit être prouvé que l'accusé ne connaissait pas la nature et la qualité de son acte, au moment même où il commettait cet acte, ceci étant la conséquence d'une maladie mentale ou parce qu'il avait perdu la raison. Ou, s'il connaissait la nature et la qualité de cet acte, il ignorait que ce qu'il faisait était mal. » Cette règle ne tient pas compte des criminels qui savent distinguer le bien du mal mais ne peuvent pas maîtriser leur comportement. Pour y remédier, certains États ajoutaient le « Irresistible Impulse Test » qui permet à la défense de prouver que l'accusé(e) ne se contrôlait plus au moment du crime, mais une loi fédérale de 1984 a supprimé ce rajout.

De création plus récente, la Brawner Rule de 1972 indique : « Une personne n'est pas responsable de sa conduite criminelle si, au moment où elle commet son geste, elle ne possède pas les capacités suffisantes, soit pour apprécier la criminalité de sa conduite ou pour conformer sa conduite aux lois en vigueur, ceci étant la conséquence d'une maladie mentale ou d'une perte de la raison. » Avec cette loi, l'accusé doit prouver une incapacité *partielle*, et non plus totale comme dans le cas de la M'Naughten Rule. Mais, la Brawner Rule exclut, par exemple, les actes commis par des psychopathes ou des individus au comportement ouvertement asocial.

En 1975, le Michigan établit sa propre loi pour définir la folie. Celle-ci a depuis été adoptée par sept autres États. L'accusé que l'on condamne selon cette règle est pénalement coupable et interné d'office dans un établissement psychiatrique. Lorsque le condamné est jugé guéri, il est transféré dans une prison et commence à y purger sa peine.

D'après les recherches effectuées par le spécialiste Michael Newton, les deux tiers des *serial killers* passés en jugement depuis le début du siècle ont été condamnés à des peines de prison variables. Un quart a été condamné à mort et, sur ce nombre, environ 40 % d'entre eux ont été exécutés. Le restant, soit 7 %, a été condamné à la fois à la peine de mort et à une peine de prison, ce qui se produit lorsque les accusés ont été jugés dans des juridictions différentes.

La peine de mort

La chaise électrique sert pour la première fois, le 6 août 1890 ; depuis cette date, plus de 8000 condamnés à mort ont été exécutés aux États-Unis par la chaise électrique, la chambre à gaz, la pendaison, le peloton d'exécution ou l'injection. En ce moment, plus de 2400 condamnés à mort attendent d'être exécutés dans 36 États mais, parmi ces États qui approuvent la peine de mort, seuls 14 l'appliquent depuis 1976, année où elle a été réinstaurée après son abolition en 1972. Entre 1976 et 1990, 4 États ont exécuté 87 criminels, soit plus des deux tiers du nombre total des exécutions ; dans l'ordre décroissant, il s'agit du Texas, de la Floride, de la Louisiane et de la Géorgie. Par ailleurs, depuis le début du siècle, 3 500 personnes ont été exécutées de façon illégale, principalement par lynchage.

Sur ces 36 États qui exécutent en théorie les condamnés à mort, 20 ont choisi l'injection fatale, utilisée pour la première fois au Texas en 1982, 14 pratiquent encore la chaise électrique, alors que 4 États, dont la Californie, utilisent la chambre à gaz. Pour la première fois depuis le 12 avril 1967, la Californie a exécuté en 1992 un condamné à mort, Robert Alton Harris C'est l'État qui compte le plus de condamnés à mort, avec 300 criminels dans le « Couloir de la mort ». D'autres États offrent la possibilité au condamné de choisir le mode d'exécution.

Depuis 1976, on a exécuté 140 criminels aux États-Unis, alors que dans le même temps 300 000 personnes ont été assassinées. Un tueur sait qu'il a fort peu de chance d'être exécuté, sauf s'il choisit d'opérer dans les États du Sud, en Floride, au Texas ou en Louisiane. Dès qu'un individu est condamné à mort, il existe des procédures automatiques d'appel qui retardent presque toujours son exécution de plusieurs années. Ted Bundy n'a été exécuté que 9 ans après la sentence. Une exécution capitale et son cortège de procédures d'appels ou de procès en révision coûte en moyenne dans les 3 millions de dollars.

Les *serial killers* exécutés légalement depuis le début du siècle se chiffrent à environ 50, dont les plus célèbres sont, dans l'ordre chronologique : Johann Hoch (23 février 1906), Edward Walton (17 juillet 1908), Sydney Jones (25 juin 1915), Arthur Warren Waite (mai 1917), Frederick Edel (1920), Will Lockett (11 mars 1920), Joseph Olden (1920), Roy Mitchell (30 juillet 1923), Earle Nelson (13 janvier 1928), Ludwig Lee (1928), Carl Panzram (5 septembre 1930), Gordon Northcott (2 octobre 1930), Robert Harper (1933), Kenneth Neu (1er février 1935), Albert Fish (16 janvier 1936), Herman Drenth (18 mars 1932), Paul Petrillo (1937), Anna Marie Hahn (20 juin 1938), Albert Dyer (1939), Raymond Lisemba (mai 1942), James Hall (4 janvier 1946), Louise Peete (11 avril 1947), Jake Bird (15 juillet 1949), Raymond Fernandez & Martha Beck (8 mars 1951), William Cook (12 décembre 1952), John Wabble (26 septembre 1954), Stephen Nash (1958), James Donald French (1959), Charles Starkweather (24 juin 1959), Harvey Glatman (18 septembre 1959), Donald Kinman (1960), Melvin Rees (1961), Michiah Shobek (19 octobre 1976), Steven Judy (8 mars 1981), Ernest Dobbert (7 septembre 1984), Margie Velma Barfield (2 novembre 1984), Carroll Edward Cole (décembre 1985), Jay Pinkerton (14 mai 1986), Arthur Gary Bishop (9 juin 1988), Jeffrey Joseph Daugherty (7 novembre 1988), Ted Bundy (24 janvier 1989).

En considérant les chiffres astronomiques des homicides et la pression exercée sur les responsables politiques par l'opinion américaine, favorable à plus de 80 % à la peine de mort, ainsi que la nature même des crimes commis par les *serial killers,* on peut penser que de plus en plus de meurtriers vont être exécutés ces prochaines années, à l'exemple de ce qui s'est récemment passé en Californie.

Le profil psychologique

« Tuer quelqu'un n'est pas chose facile », affirme John Douglas, patron du Département d'analyse criminelle du FBI. « C'est une interaction entre deux personnes : l'assassin et sa victime. Vous avez besoin de savoir ce que la victime a pu faire. Et ce n'est pas quelque chose que l'on trouve dans un livre de recettes. Plus le tueur agira sur les lieux du crime, plus il nous sera facile d'en définir un profil psychologique. Il est évident que, si le meurtrier reste longtemps sur place pour s'occuper de la victime, il laissera d'autant plus de preuves de sa culpabilité. »

Établir le profil psychologique d'un individu n'est pas une fin en soi, puisque cela ne permet pas d'identifier le criminel, mais lorsque ce portrait-robot est correctement analysé, il permet d'indiquer le type de personne le plus à même d'avoir commis un crime comportant certaines caractéristiques définies. Le profil psychologique, tel qu'il est conçu par les agents du FBI, ne prétend pas remplacer une enquête approfondie et correctement planifiée par les détectives sur le terrain. C'est un outil supplémentaire dans la recherche du criminel, la technique d'accompagnement d'une enquête souvent rendue très difficile lorsque la police a affaire à un *serial killer* organisé qui prépare ses crimes avec soin, sans laisser de traces ni d'arme.

Le FBI reconnaît un taux d'échec d'environ 23 %, difficilement mesurable : s'agit-il d'erreurs partielles sur des points mineurs ou sur l'ensemble du profil ? Cet échec n'est pas toujours imputable à un défaut d'analyse des agents du FBI. Les éléments découverts sur les lieux du crime peuvent avoir été dérangés, ajoutés, détruits accidentellement par des policiers sur le terrain. A ce propos, le FBI m'a cité plusieurs exemples d'ambulanciers qui ont dénoué les liens avant d'emmener le corps, ou déplacé d'une pièce à l'autre les vêtements de la victime, jetés en désordre dans un coin alors que l'assassin les avait soigneusement empilés. De tels changements, si minimes soient-ils aux yeux du profane, peuvent bouleverser l'exactitude d'un profil psychologique. Le moindre élément possède son importance et il est capital que l'information soit correctement relayée aux analystes du FBI. Pour l'enquêteur de terrain, le détective local, un profil psychologique peut également comporter un piège : celui de se focaliser sur un certain type de suspect et d'abandonner des pistes prometteuses. Par ailleurs, si l'enquête ne révèle pas un certain nombre de suspects, ce profil psychologique restera sans effet, comme ce fut le cas dans l'affaire du « Green River Killer », meurtrier inconnu à ce jour de 49 prostituées, dans la région de Seattle.

Ce portrait-robot nouvelle manière est un curieux mélange de travail d'enquête sur le terrain, de psychologie, de déduction et d'intuition basée sur des années d'expérience passées à traquer des assassins. Pour faire partie de cette unité d'élite du FBI, le Behavioral Science Unit (BSU) ou Crime Investigative Analysis, basée à Quantico, dans les sous-sols de la National Academy, il faut avoir une longue expérience d'enquêteur de terrain spécialisé dans les homicides. Ainsi, on n'aurait jamais confié à une stagiaire aussi jeune que Clarice Starling, interprétée par Jody Foster dans *Le Silence des agneaux*, le soin d'interroger un tueur en série du calibre d'Hannibal Lecter. Ces analystes se concentrent sur leur travail. Leurs minuscules bureaux cubiques ne permettent pas la moindre distraction : ils se situent dans ce qui était autrefois l'abri antiatomique de l'Académie. Pas de fenêtres, un perpétuel éclairage au néon, un espace très restreint heureusement compensé par l'excellente qualité de la cantine du FBI !

Certaines de leurs déductions paraissent relever de la devinette quand elles sont issues d'années d'expérience et de paramètres établis par l'interview systématique de criminels violents ; un programme du FBI qui se poursuit depuis 1979 :

— si le visage d'une victime est rendu méconnaissable par des coups ou toute autre mutilation, cela indique, dans la plupart des cas, une connaissance préalable entre l'assassin et la victime ;

— lorsque les lieux d'un crime sanglant comportent un élément de très grande netteté, tel qu'une baignoire nettoyée avec soin de toute tache de sang, cela implique très probablement que le meurtrier a été libéré depuis moins de six mois d'un établissement psychiatrique ;

— les sadiques sexuels ont tendance à se déplacer sur de très longues distances avec leur véhicule.

Lorsqu'un profil est bien esquissé, son utilité peut s'étendre bien au-delà de l'arrestation du suspect. Les analystes du FBI conseillent fréquemment la police sur la meilleure manière d'interroger un suspect, et même les procureurs, auxquels ils offrent les moyens de briser les défenses d'un accusé qui témoigne à la barre.

Le processus du profil psychologique comprend cinq stades différents et s'apparente au travail du médecin qui énonce un diagnostic, suivi d'un traitement : des faits sont rassemblés et étudiés, la situation est reconstituée, des hypothèses émises, un profil bien cerné. Ensuite on compare les résultats. La première étape consiste en un examen détaillé du lieu du crime et comporte :

— des photos couleurs desdits lieux ainsi que de la victime s'il s'agit d'un homicide ;

— des photos aériennes afin de situer l'endroit dans son environnement immédiat ;

— une vidéo tournée sur place ;

— un plan dessiné des lieux, mentionnant les distances, directions et échelle ;

— un rapport préliminaire de police indiquant comment le corps a été découvert, à quel moment, des interviews avec d'éventuels témoins et avec les voisins, des renseignements sur le lieu du crime (statut socio-économique, fréquence de crimes dans la région, etc.), si une arme a été retrouvée sur place, la présence d'indices éventuels... ;

— un rapport d'autopsie complet comportant les résultats de tests toxicologiques et sérologiques effectués en laboratoire, ainsi que les conclusions et impressions du médecin légiste concernant la cause et le moment du décès, le type d'arme employé et la succession des blessures infligées ;

— des photos de l'autopsie, y compris des gros plans sur les blessures nettoyées ;

— un rapport le plus complet possible sur la victime, sa « victimologie », comprenant : occupation (passée et présente), lieu de résidence (passé et présent), statut marital, description physique — y compris des vêtements portés au moment du crime —, niveau d'éducation, réputation (sur son lieu de travail et dans le voisinage), statut financier (passé et présent), historique médical, background familial, habitudes personnelles et sociales, utilisation ou non de drogue et d'alcool, distractions, ami(e)s et ennemi(e)s, changements récents dans le style de vie, casier judiciaire.

D'après John Douglas, toutes ces photographies et informations peuvent révéler des éléments aussi importants que le niveau de risque encouru par la victime, l'état émotionnel du meurtrier, son degré de sophistication, ainsi que le self-control dont il a fait preuve, ou non, pendant l'exécution de son acte. En revanche, les analystes ne veulent pas y voir inclus une liste des suspects potentiels : une telle information risque d'influencer leur profil psychologique.

La deuxième étape consiste à classer toutes ces informations et à répondre à un certain nombre de questions :

Classification du crime :

S'agit-il d'un premier crime commis par quelqu'un d'inexpérimenté ? Ou fait-il partie d'une série ? Est-il l'œuvre d'un homme seul ou d'un groupe de personnes ?

Motif du meurtrier :

Dans cette phase, les analystes déterminent les raisons profondes qui se cachent derrière le geste criminel : a-t-il été commis pour se défendre, par appât du gain, à la suite d'une dispute, pour des raisons religieuses ou fanatiques, ou pour une gratification sexuelle ?

Évaluation du risque de la victime et de son assassin :

Une graduation du risque encouru par la victime permet de mieux cibler le criminel. Ce degré de risque est déterminé par l'occupation et le style de vie, ainsi que par les lieux fréquentés par la victime. Ainsi, une prostituée qui opère dans la rue ou dans les bois, des auto-stoppeurs ou des fugueurs, présentent des occupations à haut risque. Une mère de famille vivant dans un quartier résidentiel est une victime potentielle à bas risque, sauf si son style de vie la place dans une situation à haut risque. Par exemple, si elle fréquente des bars de célibataires pour se laisser draguer par un inconnu à l'heure de la fermeture, ou si elle gare sa voiture dans un parking à trois heures du matin. Des tueurs peuvent traquer des victimes à haut risque dans des lieux où elles sont plus vulnérables, tels que les dépôts de bus, les gares ou des endroits isolés. Cette information sur le risque de la victime aide à générer une image mentale du criminel.

De même, il est important d'y intégrer le risque que le meurtrier prend en commettant son crime. Kidnapper une personne en plein jour dans une rue très fréquentée présente un risque très élevé. Un tel geste peut s'expliquer de diverses manières, si le criminel est :

— persuadé qu'il ne sera pas capturé ;

— dans une situation de stress qui ne lui fait pas prendre en considération les risques encourus ;

— émotionnellement immature ;

— à la recherche d'une excitation dont il a un besoin vital pour commettre son forfait.

L'une de ces quatre hypothèses est comparée aux autres paramètres afin de sélectionner celle qui cadre le mieux. Aucune hypothèse ne doit être examinée de façon isolée, car c'est grâce à une interaction entre les différents éléments qu'un profil psychologique crédible est déterminé.

Facteurs temps :

L'heure à laquelle le crime a été commis, nuit ou jour, peut donner des indications sur le style de vie et l'occupation du meurtrier. Dans le cas d'une série de meurtres, si tous les forfaits sont perpétrés le week-end, on peut penser que l'assassin travaille le reste de la semaine. Si les crimes sont commis la nuit, il y a de fortes chances pour qu'il vive seul et soit célibataire. Le facteur temps intervient également à d'autres niveaux :

— le temps requis pour tuer la victime ;

— le temps passé en compagnie du cadavre pour d'éventuels actes de mutilations *post mortem*, cannibalisme ou nécrophilie ;

— le temps mis à se débarrasser du corps.

Un assassin qui cherche à passer du temps avec une victime se doit obligatoirement de choisir un endroit isolé, qu'il connaît bien, où il se sentira à l'aise.

Facteurs espace :

Il faut savoir où la victime a été vue pour la dernière fois, à quel endroit l'assassin l'a approchée, et s'il a transporté le cadavre à un autre endroit que le lieu du crime.

La troisième étape consiste en une reconstitution chronologique du crime et des comportements de l'assassin et de sa victime. Les analystes considèrent l'aspect organisé ou désorganisé du crime, le choix de la victime, les stratagèmes utilisés pour persuader celle-ci, la succession d'événements qui ont pu se dérouler ou la possibilité d'une manipulation du criminel pour tromper les enquêteurs. En effet, le meurtrier est-il réellement du type désorganisé ou a-t-il modifié le décor du crime pour simuler le désordre mental ? Un exemple concret, tiré d'un article de *Behavioral Sciences & the Law*, « Criminal Profiling from Crime Scene Analysis » (1986) de John Douglas, Robert Ressler, Ann Burgess et Carol Hartman, vous permettra de mieux comprendre ce point précis.

Dans une petite ville, la fille d'un banquier, âgée de 16 ans, disparaît en rentrant de l'école. La police locale commence son enquête et retrouve très vite les vêtements de la jeune fille éparpillés dans un endroit isolé, en dehors de la ville. Les agents fouillent les abords, ils découvrent une carte grossièrement dessinée qui indique une tentative préméditée de kidnapping. La famille reçoit des demandes écrites et téléphoniques exigeant une rançon de 80 000 dollars, et avertissant la police de ne pas utiliser de système électronique pour repérer la provenance des appels.

S'agit-il d'un véritable kidnapping, comme toutes les

apparences semblent le confirmer, ou d'un viol aggravé de meurtre et déguisé en enlèvement ? Cette dernière hypothèse emporte les suffrages des analystes du FBI, à cause des vêtements éparpillés, des traces de pneus et de la carte retrouvée sur les lieux. La découverte de ces objets paraît avoir été planifiée. Pour les limiers du FBI, le suspect possède une expérience des procédures policières. S'il s'agissait d'un ancien policier ? Le FBI conseille à la police locale et à la famille de maintenir la communication avec le suspect, car les analystes pensent à une probable escalade de son comportement et son ego le rendra plus audacieux.

En écoutant de nouvelles conversations du suspect, le FBI affine son profil psychologique : un homme de race blanche, célibataire, âgé de 27 à 35 ans, au chômage, qui a travaillé pour la police il y a moins d'un an. Du type macho, adorant la nature, il possède une automobile récente dont il prend grand soin. Le véhicule ressemble probablement à ceux utilisés par la police et doit être équipé d'une CB.

A l'aide de ce profil du FBI, la police locale découvre deux suspects, parmi les anciens policiers. L'un d'eux est vite éliminé, mais l'autre ressemble de près au profil du FBI. L'homme est placé sous filature. Peu de temps après, on l'observe en train de téléphoner d'une cabine, et, après avoir raccroché, il colle une note sous le téléphone. L'appel a été adressé à un membre de la famille de la jeune disparue. L'homme a indiqué à la famille de se rendre à cette cabine pour y trouver des instructions.

Le suspect arrêté, il finit par avouer l'assassinat de la jeune fille, dont le corps est retrouvé dans un endroit très éloigné du prétendu lieu du kidnapping. Les demandes de rançon étaient une diversion pour diriger les enquêteurs vers une fausse piste dans ce qui était, en fait, un crime sexuel. Le coupable n'avait jamais eu l'intention de collecter l'argent de la rançon. Il fut jugé et condamné.

Au stade suivant, le profil du suspect est établi. Il comprend ses caractéristiques physiques, ses habitudes, ses croyances, son occupation, sa situation familiale, une comparaison entre sa résidence et le lieu du crime, son comportement avant et après le meurtre. Afin de valider tout à fait ce portrait psychologique, il est capital que ses composantes coïncident avec les éléments de l'enquête, les preuves, la reconstitution du crime... Le profil peut contenir des recommandations pour la suite de l'enquête ou sur la meilleure manière d'interroger un suspect.

Au dernier stade du processus, les enquêteurs utilisent ce profil sur le terrain. Leurs suspects sont évalués en fonction du rapport. Si l'un d'eux est appréhendé et reconnaît son crime, les analystes du FBI cherchent à le questionner en détail pour vérifier la validité ou non de leur profil. Par contre, s'il n'existe aucun suspect, si l'on trouve de nouvelles preuves au cours de l'enquête ou qu'on découvre un nouveau meurtre dans le cas d'un *serial killer,* le profil est réexaminé en fonction des nouveaux éléments.

Pour illustrer l'utilité à des fins policières du profil psychologique, deux affaires résolues nous indiquent le cheminement suivi par ce nouveau type d'enquêteurs. Le premier cas est historique : il s'agit de la première utilisation concrète, et réussie, d'une telle technique par le psychiatre et criminologue James A. Brussel, dont les déductions firent arrêter en 1957 le « Mad Bomber », un poseur de bombes en série qui terrorisa New York pendant dix-sept ans. La seconde affaire, plus récente, date de 1979, et montre le travail des analystes du FBI.

Le « Mad Bomber » de New York

Pendant dix-sept ans, entre 1940 et 1956, un terroriste inconnu fabrique une trentaine de bombes, dont certaines n'explosent pas, pour les placer dans divers quartiers de New York. A lui seul il crée une véritable psychose de l'attentat, avant que le docteur James A. Brussel ne mette un terme à ses agissements grâce à un portrait-robot psychologique qui oriente les recherches de la police.

La première bombe artisanale n'explose pas. Des employés de Consolidated Edison Company la découvrent, le 16 novembre 1940, sur un rebord de fenêtre de la 64e Rue. Elle consiste en un tuyau de cuivre bourré de poudre. Une note entourant la bombe indique : « Escrocs de la Con. Edison, ceci est pour vous. »

Cette note intrigue la police : si la bombe avait explosé, la lettre aurait été détruite. Le terroriste savait-il que son engin n'exploserait pas ? Peut-être n'avait-il même pas pensé à la destruction de son message ?

Pour les New-Yorkais, la Consolidated Edison Company est l'équivalent de notre EDF, et la police pense aussitôt que le terroriste a eu un litige avec la compagnie. Entre les employés mécontents ou renvoyés et les abonnés insatisfaits, le champ des recherches est bien trop vaste pour livrer le moindre espoir de résultat.

Tout le monde oublie cet incident lorsqu'on trouve une deuxième bombe en septembre 1941, non loin d'une autre agence de la Con. Edison. Placée dans une chaussette d'homme en laine, le système à retardement ne s'est pas enclenché mais la fabrication de cet engin est identique au premier.

Peu après l'entrée en guerre des États-Unis, le quartier

général de la police de New York reçoit une lettre postée à Westchester, dans le New Jersey :

« *Je ne fabriquerai plus de bombes pendant la durée de cette guerre — Mes sentiments patriotiques m'ont poussé à prendre cette décision — Après, la Con. Edison devra rendre des comptes en justice — Ils paieront pour leurs infâmes méfaits... F.P.* »

Entre 1941 et 1946, plusieurs dizaines de lettres similaires sont envoyées à la police, à la Con. Ed., au *New York Times*, ainsi qu'à des salles de cinéma. Toutes sont signées « F.P. » et parlent d' « infâmes méfaits ». On y reconnaît la même netteté d'écriture et l'emploi de tirets à la place de l'habituelle ponctuation.

Puis, pendant quatre ans, « F.P. » demeure silencieux. Il se manifeste le 29 mars 1950, avec, cette fois-ci, un engin plus sophistiqué. La bombe, qui n'explose pas, est trouvée sur un des quais de la gare de Grand Central Station. Les deux engins suivants fonctionnent à la perfection : en avril 1950, à la New York Public Library et, à nouveau, dans Grand Central Station, dans une cabine téléphonique. Par chance, personne n'est blessé. Puis, jusqu'au mois de décembre, trois autres bombes sont désamorcées à temps dans des immeubles de la Con. Edison et dans une salle de cinéma. Quelques jours avant Noël, le *Herald Tribune* reçoit l'avertissement suivant : « *Au rédacteur en chef du* Herald Tribune — *Avez-vous remarqué les bombes dans votre cité — Si vous êtes inquiet, j'en suis désolé — de même, s'il y a des blessés. Mais c'est comme ça — car justice doit être rendue. Je suis malade, et à cause de cela la Con. Edison doit payer — oui, ils regretteront leurs infâmes méfaits — je les forcerai à se rendre devant une cour de justice — l'opinion publique les condamnera — faites attention, car je placerai bientôt d'autres engins sous les sièges de salles de cinéma.* F.P. »

En janvier 1951, « F.P. » téléphone au *Journal-American* pour se plaindre : ses nombreuses lettres n'ont jamais été publiées. Il raccroche très en colère, il menace de faire exploser les bureaux du quotidien. En effet, sur les ordres de la police, les journaux ne publient pas les lettres du terroriste pour éviter de créer un mouvement de panique. « F.P. » devient un artificier expert. Sur les huit bombes du début deux ont explosé, mais en 1951 et en 1952 les quatre bombes suivantes fonctionnent. Cette fois-ci, on relève de nombreux blessés, et les charges explosives augmentent au fur et à mesure en puissance. Malgré le relatif silence de la presse réclamé par la police, « F.P. » se voit attribuer le surnom de « Mad Bomber », « Terroriste fou », au début de l'année 1953.

Au cours des deux années suivantes, « F.P. » fait sauter huit bombes, la plupart cachées dans le rembourrage de fauteuils de cinéma dont il découpe le fond pour y placer l'engin. En 1955, six bombes explosent, sans que la police ou les médias ne mentionnent les lettres du « Mad Bomber », pas plus que ses griefs envers la Con. Ed. Courant 1956, le rythme des attentats s'accélère, tandis que les lettres deviennent de plus en plus longues et confuses. En mars 1956, il écrit au *Herald Tribune* :

« Pendant que des victimes sautent — la presse pourrie ne mentionne pas ces actes monstrueux — Ces mêmes monstres disent que je suis un psychopathe — si on continue à m'appeler ainsi — ou d'un nom similaire — le châtiment suivra — tout endroit qui s'approvisionne auprès de la Con. Edison — est à présent considéré comme une cible — cinquante-quatre bombes placées à ce jour — quatre coups de téléphone. La série continuera jusqu'au procès de la Con. Edison — Ma vie est consacrée à cette tâche — Ne vous attendez pas à des coups de fil d'avertissement pour les bombes dans les salles de cinéma — car vos actions ne méritent même plus le moindre effort de ma part — Toutes

mes souffrances — Toutes mes pertes financières — devront être intégralement remboursées — Tout ceci doit paniquer — mettre en colère et embêter la presse pourrie et les autorités de New York — ils se rendent compte qu'un individu peut être aussi méchant — dégueulasse et pourri qu'eux. Je ne fais que demander justice. F.P. »

Le 2 décembre 1956, à 8 heures du soir, une énorme explosion blesse grièvement six personnes parmi les spectateurs du Paramount Theater, à Brooklyn. Dès le lendemain, le préfet de police de New York, Stephen Kennedy, annonce dans une conférence de presse que son département va consacrer tous ses efforts pour stopper ces attentats, « même s'il faut, pour cela, utiliser des méthodes inhabituelles ». Le temps presse, car les bombes augmentent encore en puissance, et c'est un miracle qu'elles n'aient pas encore tué.

Parmi les « méthodes inhabituelles » figure une visite de l'inspecteur Howard Finney, directeur du laboratoire de la police de New York, au docteur James A. Brussel, psychiatre de profession et criminologue averti. Le Dr Brussel était déjà connu des services de police pour les nombreuses conventions policières auxquelles il avait participé en tant que conférencier. En un peu moins de deux heures, Finney expose l'affaire au Dr Brussel, avant de le laisser étudier les maigres indices qu'il possède : les photos des bombes et les lettres du « Mad Bomber ». Brussel a exposé de manière détaillée cette journée dans un chapitre de son ouvrage, *Casebook of a Crime Psychiatrist*[1] (1968).

Comment définir un tel homme ? Le Dr Brussel est certain que le terroriste est un homme. L'inconnu pense que la Con. Ed. a commis une grave injustice à son égard et lui a causé

1. Publié par Tchou, en 1970, sous le titre : *Psychanalyse du crime — Six enquêtes criminelles du Docteur Brussel.*

une maladie grave. Cette idée fixe domine ses pensées depuis dix-sept ans. Il croit même à l'existence d'un complot orchestré contre lui par la Con. Ed. Il lutte seul contre tous. Pour le Dr Brussel, l'homme souffre d'une paranoïa aiguë. A partir de cette donnée mentale de base, le psychiatre lui attribue les caractéristiques physiques suivantes : « Il est bâti de manière symétrique. Ni gros, ni mince. » Il se réfère pour cela aux travaux du psychiatre allemand Ernst Kretschner, qui, ayant étudié près de dix mille malades, en arrive à la conclusion que 85 % des paranoïaques possèdent un corps athlétique et bâti symétriquement. « Il est d'âge moyen, poursuit Brussel, car la paranoïa se développe lentement : elle ne donne généralement pas sa pleine mesure avant l'âge de 35 ans. Comme le " Mad Bomber " pose des bombes depuis dix-sept ans, je dirais que son âge se situe aux alentours de la cinquantaine. »

Les lettres du « Mad Bomber » confirment l'avis du Dr Brussel. L'écriture est nette, précise, impeccable. En tant qu'employé éventuel de la Con. Ed., son travail a probablement été exemplaire. Il a mené une existence tranquille jusqu'à ce que survienne cette supposée injustice. Le style de ses missives dénote une bonne éducation, pas universitaire, non, mais au moins du niveau d'un lycée ou d'un collège. Son utilisation un peu formelle du langage suggère un homme né à l'étranger, ou qui a vécu avec des parents étrangers : il utilise des expressions du genre « infâmes méfaits » ou « Con. Edison », alors que n'importe quel New-Yorkais de souche emploie depuis des décennies l'abréviation « Con. Ed. » Comme tout bon paranoïaque, il trace des lettres parfaites, sauf le W...

Pourquoi cette lettre ressemble-t-elle plus à un double U qu'à un W ? « Le langage est le miroir de l'esprit, explique le Dr Brussel, ce W incurvé me fait penser à une paire de seins vue de devant. Ou à un scrotum. Quelque chose de sexuel doit troubler cet homme. » La clé de ce trouble, le Dr Brussel la découvre dans une des photographies d'un fauteuil de cinéma éventré. Le fait même que le « Mad Bomber » cache ses engins dans une salle dénote une prise de risques qui ne cadre pas avec ses autres lieux de prédilection. Ailleurs il ne perd pas de temps : il dépose son engin et s'en va. Les fauteuils déchiquetés, comme le W incurvé, représentent, aux yeux du Dr Brussel, des anomalies dans l'existence ordonnée du terroriste. Il lui faut découvrir une logique cachée. Ce W et ces gestes irrationnels démontrent que le « Mad Bomber » méprise l'autorité masculine, que ce soit celle de ses anciens employeurs de la Con. Ed. ou de la police. Il n'aimait pas son père. Il le détestait même. Pourquoi cet antagonisme vis-à-vis du père ? Parce que son développement sexuel n'a pas dépassé le stade de l'amour incestueux pour sa mère. Quelle pouvait en être la cause ? « Deux solutions me vinrent à l'esprit, dit le docteur, soit la mère était décédée, ou bien il en avait été séparé dès son plus jeune âge. En déchiquetant les sièges, il exprime son désir de pénétrer sa mère ou de la castrer, peut-être même les deux à la fois. »

En développant cette hypothèse, le Dr Brussel dresse le portrait d'un homme seul, un célibataire que les femmes intéressent peu ou pas. Est-il encore puceau ? Il n'a pas d'amis. Poli, aimable, souriant, il ne va jamais plus loin, il ne dépasse pas le stade d'une relation superficielle.

Il vit très certainement dans une maison : il est plus facile d'y fabriquer des bombes à l'abri des regards. Il vit seul ou en compagnie d'une figure maternelle, une dame âgée qui lui rappelle sa mère, une tante peut-être ? Le Dr Brussel avance l'hypothèse que le « Mad Bomber » est slave. La tradition veut en effet que les bombes et les couteaux soient les armes typiques des peuples de l'Europe centrale. S'il est slave, le « Mad Bomber » doit assister régulièrement à des messes, le dimanche, dans une église catholique. Ses lettres ont été presque toutes postées à New York ou dans le comté de Westchester, ce qui ne signifie pas qu'il habite à Westchester. Bien au contraire, comme cet homme prend de multiples précautions, il les a sûrement postées quelque part entre son domicile et New York. En poussant plus avant ses déductions, le Dr Brussel suggère qu'il habite à Bridgeport, dans le Connecticut, qui possède une très forte concentration de Polonais et dont la route pour New York passe par Westchester.

A cet instant de la réunion, qui dure depuis trois heures, l'inspecteur Finney et les autres policiers restent ébahis, et un peu incrédules. La maladie dont souffre le « Mad Bomber » ? Le Dr Brussel pense qu'il peut s'agir d'un cancer, d'une tuberculose ou d'un problème cardiaque. Il opte finalement pour le problème cardiaque. Enfin, pour clore l'entretien, le psychiatre suggère aux policiers de révéler par voie de presse toutes les ramifications de l'affaire. « Je pense que maintenant il a *envie* d'être découvert. Ses bombes deviennent de plus en plus puissantes. Il se sait intelligent, mais il n'est pas sûr que les autres le savent (...). Son anonymat commence à le frustrer. (...) Comment l'amener à accroître encore ce sentiment de frustration ? Peut-être en défiant cet homme supérieur, en lui disant que nous pensons être plus malins que lui. Pourrait-il résister à un tel défi ? Cela le forcerait peut-être à se découvrir. » Le Dr Brussel demande aux policiers de publier ses théories concernant l'identité du « Mad Bomber », dans le but avoué de le faire réagir par une lettre où il indiquera peut-être son âge exact ou un autre détail, afin de démontrer à quel point la police et ce psychiatre, qui croient tout savoir, se sont trompés. Au moment où les policiers se préparent à quitter le cabinet du Dr Brussel, celui-ci leur donne un dernier indice : « Lorsque vous le capturerez, et je suis sûr qu'il sera pris, il sera vêtu d'un costume trois-pièces au gilet boutonné. »

Les jours suivants, à Noël de 1956, le préfet de police Kennedy tient ses promesses et dévoile ses « méthodes inhabituelles » en rendant publiques les hypothèses du Dr Brussel. Les policiers sont submergés d'innombrables appels. Plusieurs pistes prometteuses se révèlent à la longue décevantes, on interroge en vain des suspects qu'on doit relâcher. Pendant ce temps, la Con. Ed. assigne plusieurs de ses employés à la fouille systématique des monceaux d'archives accumulées depuis les années 30.

Le « Mad Bomber » relève le défi en plaçant une bombe, le 28 décembre, dans le Paramount Theater de Times Square ; elle n'explose pas. Puis, quelques jours plus tard, il téléphone en personne au Dr Brussel pour le menacer s'il n'arrête pas ses recherches. Un quotidien, le *Journal-American,* demande au « Mad Bomber » de se rendre. Celui-ci répond par l'une de ses habituelles lettres et précise qu' « il n'est pas stupide à ce point », sans rien révéler de compromettant à propos de son identité.

Le 18 janvier 1957, Alice Kelly, une secrétaire de la Con. Ed, découvre une piste intéressante dans l'un des dossiers du contentieux. Rien au premier abord ne distingue ce dossier des milliers d'autres, sauf l'utilisation fréquente des termes « infâmes méfaits » dans plusieurs lettres du plaignant. George Metesky a été un employé modèle de la compagnie de 1929 à 1931, mais, le 5 septembre 1931, une fuite de gaz sous pression le renverse. Les médecins ne trouvent aucune blessure apparente, alors que Metesky se plaint de maux de tête fréquents et d'autres symptômes. La Con. Ed. lui paie plusieurs mois d'arrêt-maladie, avant de procéder à nouveau à plusieurs examens médicaux qui ne révèlent rien d'anormal. George Metesky est finalement renvoyé à cause de ses trop nombreuses absences et, le 4 janvier 1934, il porte plainte contre la Con. Ed., indiquant que l'accident l'a rendu tuberculeux. L'action en justice est rejetée, car du point de vue médical elle n'a aucun sens. Jusqu'en 1937, George Metesky inonde la Con. Ed., les autorités et divers médias de lettres d'injures et de menaces, avant de se taire, en apparence, définitivement.

Alice Kelly informe ses supérieurs qui téléphonent immédiatement à la police. George Metesky a 54 ans, il est d'origine polonaise, catholique et suit régulièrement les offices du dimanche. Il est célibataire. Il habite à Waterbury, dans le Connecticut (non loin de Bridgeport), en compagnie de deux sœurs aînées, également célibataires. Il est bien proportionné et ne travaille plus depuis son accident ; ses parents sont tous deux décédés.

Entre-temps, le 15 janvier 1957, le *Journal-American* lance un nouveau défi au « Mad Bomber » qui lui répond le 21 janvier : celui-ci fait preuve de sa morgue habituelle, mais il révèle au passage un important indice. Dans sa lettre, le « Mad Bomber » avoue qu'il a été blessé dans un accident à la Con. Ed. le 5 septembre 1931. Il estime que la police ne peut pas retrouver son identité à partir de cette date qui ne figure, de toute façon, que dans son dossier personnel. Et puis l'incident, à l'époque très mineur, n'a jamais figuré dans aucun journal. Grâce à la découverte par Alice Kelly du dossier de George Metesky, la police est maintenant persuadée que le « Mad Bomber » et Metesky sont bien une seule et même personne.

Peu avant minuit, le 21 janvier 1957, quatre officiers de police sonnent à la porte de la maison de George Metesky. Celui-ci les accueille poliment et les convie en souriant à s'installer. Lorsque les policiers lui demandent un échantillon de son écriture, Metesky déclare : « Je sais pourquoi vous êtes ici. Vous pensez que je suis le " Mad Bomber ". » Pour toute réponse, Metesky se contente de sourire. Un inspecteur lui demande la signification des initiales « F.P. » et Metesky indique « Fair Play ». Invité à s'habiller pour accompagner les policiers, Metesky se présente impeccablement vêtu d'un costume trois-pièces dont le gilet est boutonné. Lors de son inculpation, George Metesky est jugé mentalement malade et incarcéré à l'asile psychiatrique de Matteawan.

Son profil psychologique correspondait parfaitement aux caractéristiques mentales et physiques de sa personne. Le Dr James A. Brussel ne s'était trompé que sur un seul point : il penchait pour un problème cardiaque du « Mad Bomber » alors que George Metesky souffrait en fait de tuberculose.

Le FBI et les profils psychologiques

Afin de montrer concrètement les applications du profil psychologique d'un tueur, nous allons maintenant examiner une affaire, tirée des archives du FBI, et publiée dans la revue *Behavioral Sciences & The Law* (vol. 4 n° 4, 1986).

Sur le toit d'un immeuble du Bronx, on découvre, le 12 octobre 1979 à quinze heures, le corps nu d'une locataire de 26 ans, Francine Evelson. Elle a été étranglée avec la sangle de son sac et son visage porte la trace de nombreux coups. Les bouts des seins ont été sectionnés après la mort et déposés sur sa poitrine. Les mots « Fuck You » sont écrits sur son ventre, tandis que la partie intérieure d'une de ses cuisses porte le message suivant : « Vous ne pourrez pas m'arrêter. » Les poignets et les chevilles de la victime ont été attachés avec ses propres bas nylon. Son slip lui couvre le visage et l'assassin a emporté un pendentif porte-bonheur. Un stylo à encre et un parapluie sont enfoncés dans le vagin, tandis qu'un peigne est retrouvé accroché dans ses poils pubiens. Ses boucles d'oreilles ont été placées de manière très symétrique de chaque côté de son visage qui présente de nombreuses fractures. Les mâchoires et le nez sont brisés, plusieurs dents déchaussées. Le meurtrier s'est acharné sur la jeune femme. Il l'a mordue aux cuisses, il l'a frappée, lacérée, puis il a déféqué non loin du corps, en recouvrant ses étrons avec des vêtements.

D'après les rapports préliminaires, le meurtrier s'est uniquement servi d'objets appartenant à la victime, que ce soit le peigne ou le stylo feutre avec lequel il a signé ses messages. Il n'avait pas préparé son crime puisqu'il n'avait pas emporté d'arme, de liens ou de bandes adhésives pour réduire sa proie au silence. Il ne s'attendait sans doute même pas à la rencontrer ce matin-là. Le lieu du crime indique clairement un événement spontané. La première rencontre entre l'assassin et la jeune femme s'est probablement déroulée dans l'escalier qui mène au toit.

En ce qui concerne cette jeune femme de race blanche et d'apparence menue, un mètre quarante-cinq pour quarante-trois kilos, son emploi du temps a été reconstitué. Elle s'est levée à 6 heures 30, elle a pris un petit déjeuner léger, du café et un jus de fruits, puis elle est partie à son travail, dans un centre pour enfants handicapés. Elle habitait avec ses parents. Cette institutrice menait une vie sans histoires.

L'autopsie démontre l'absence de sperme dans le vagin, bien que l'assassin se soit masturbé pour éjaculer sur le corps. Il a d'abord étranglé la jeune femme avec ses mains, puis il lui a serré le cou avec la courroie de son sac. Il l'avait d'abord frappée au visage, elle a dû s'évanouir, ce qui explique qu'aucun des locataires n'ait entendu de cris. Les blessures et les lacérations n'étaient pas profondes et provenaient d'un canif que l'assassin devait avoir en poche.

Alertés par la découverte du portefeuille de Francine Evelson dans l'escalier de l'immeuble, ses parents téléphonent à son employeur. On leur répond qu'elle n'est pas venue de la matinée. La mère, la sœur de la victime et un voisin explorent l'immeuble et découvrent le corps en milieu d'après-midi. Le voisin téléphone à la police. Aucun témoin n'a vu Francine Evelson après son départ de chez elle.

Sous la pression des médias, la police de New York mène une enquête de grande envergure, elle interroge systématiquement tous les locataires des différents immeubles de ce groupe de HLM. Malheureusement, l'enquête ne donne aucun résultat concret et, au début du mois de novembre, la police s'en remet au FBI. L'agent spécial John Douglas va définir un profil psychologique de l'assassin.

Le *style* du crime est celui d'un homicide simple, à motivation sexuelle. Le lieu du crime indique par son organisation et sa sophistication que le meurtre a été *planifié* jusqu'à un certain degré. L'idée de commettre un assassinat mûrit probablement depuis très longtemps dans le cerveau du tueur. Les fantasmes sexuels exprimés par ses actes le prouvent.

La *victimologie* révèle que la jeune fille était tout à fait consciente de son handicap de taille et qu'elle ne sortait quasiment jamais avec des hommes. Francine Evelson vivait en recluse, tandis que son apparence physique et son style de vie indiquent clairement qu'elle ne s'est pas débattue contre son assaillant. Elle a été aisément dominée par l'assassin. Son profil de victime potentielle montre qu'elle présentait un faible risque de se faire agresser dans ce coin plutôt tranquille du Bronx. L'immeuble fait partie d'un ensemble de vingt-trois HLM dont le mélange de races donne les proportions suivantes :

— 50 % de Noirs ;
— 40 % de Blancs ;
— 10 % d'Hispaniques.

Aucun crime similaire n'a été commis dans le quartier.

Le meurtrier a pris d'énormes risques. Le crime est exécuté en plein jour, à une heure où de nombreux locataires se rendent à leur travail. La victime a rencontré l'assassin par hasard, car Francine Evelson se décidait toujours au dernier moment entre l'escalier et l'ascenseur.

Le *temps* passé par l'assassin en compagnie de la victime est considérable, augmentant encore les possibilités de se faire prendre. Il enlève les boucles d'oreilles, découpe les mamelons, se masturbe, écrit sur le corps, enfonce un stylo et un parapluie dans le vagin, organise toute une mise en scène qui lui a pris beaucoup de temps. L'*endroit* sélectionné pour commettre son forfait suggère qu'il se sent à l'aise en ces lieux, peut-être qu'il en est un familier.

L'étude du lieu du crime indique que le meurtre est un événement unique et n'appartient pas à une série. Il s'agit sans doute d'un premier crime, car l'assassin n'a pas le profil d'un tueur organisé. Le forfait montre à la fois des éléments d'organisation et de désorganisation.

L'assassin tue Francine Evelson pour satisfaire ses violents fantasmes sexuels. Il se trouve en un lieu familier et a donc une raison pour y être à 6 heures 30 du matin : il habite sur place ou y travaille en tant qu'employé. Il est probable qu'il a choisi la victime pour le peu de résistance qu'elle pouvait lui offrir. Comme elle ne se débat pas, ne tente pas de s'enfuir ou de crier, il ne semble pas qu'elle ait trouvé dangereux son futur meurtrier. Elle le connaissait peut-être, ou elle l'avait déjà rencontré. Son allure inoffensive ne l'avait pas alarmée quand elle l'avait croisé dans l'escalier. On peut supposer que le meurtrier portait un vêtement de fonction, celui de concierge ou de postier...

L'assassin assomme d'abord Francine Evelson. Il l'étrangle. Il la transporte sans mal sur le toit, vu sa petite taille. Il installe le corps, le déshabille, établit un rituel pour assouvir ses fantasmes sexuels et se masturber. Il reste longtemps sur place, car il sait avec certitude que personne ne viendra le déranger à cette heure de la matinée. Il connaît très bien les lieux pour s'y être rendu souvent.

Le crime n'est pas planifié. Ce rituel de fantasme sadique entraîne la motivation sexuelle du meurtre. L'assassin a exercé une domination totale sur sa victime. Il n'éprouve aucun remords puisqu'il place le cadavre dans une posture dégradante. Le fait de recouvrir ses propres matières fécales indique que cet acte ne participe pas au rituel, mais cela prouve que l'assassin est resté longtemps sur place et qu'il savait que personne ne le surprendrait.

La position de la victime suggère que le meurtrier reproduit une scène qu'il a déjà vue, peut-être dans un magazine pornographique de *bondage*. Le pendentif volé ? Un trophée qu'il garde probablement sur lui.

Le profil du tueur

A partir de ces informations, l'agent du FBI John Douglas établit un profil du criminel : un homme blanc, entre 25 et 35 ans, d'apparence anodine. L'assassin ne doit pas être plus jeune, car les crimes sexuels d'adolescents ont tendance à être plus impulsifs et plus violents, or, dans ce cas précis, les violences ont été calculées, délibérées, signe d'un homme plus âgé. Le temps passé auprès de la victime indique qu'il habite dans l'immeuble ou en est un familier. D'après l'étude d'innombrables cas, Douglas est pratiquement certain que le meurtrier connaissait Francine Evelson, ou du moins qu'il l'avait déjà rencontrée, car le visage de la victime a été frappé au point de le rendre méconnaissable. Quand un assassin connaît déjà sa victime, il a tendance à vouloir la dépersonnaliser, à l'oblitérer, en *effaçant* les traits de son visage.

D'intelligence moyenne, ce tueur a abandonné ses études en cours, qu'elles aient été scolaires ou universitaires. Il n'a pas fait son service militaire et se trouve peut-être au chômage. Quand il travaille, cet homme est un col bleu ou occupe un emploi qualifié. L'alcool ou la drogue ne tiennent pas une grande place dans son existence, on le devine à cause de l'heure matinale du crime.

Il est probable que le criminel habite seul, car son forfait a les caractéristiques d'une personne étrangère à un milieu familial. La nature détaillée du rituel — le stylo et le parapluie dans le vagin, le slip couvrant la tête, les graffitis sur le corps — définit un homme qui fantasme sur le sexe et est un lecteur avide de revues pornographiques dont il doit posséder une importante collection. Le suspect éprouve beaucoup de difficultés à établir une quelconque relation personnelle avec les femmes. S'il obtient des rendez-vous, il s'agit très certainement de femmes plus jeunes que lui qu'il peut mieux dominer. Il n'a pas une grande expérience sexuelle, et le peu de relations qu'il a connues ne lui ont pas donné grande satisfaction. Il est donc certainement célibataire. Ses tendances sexuelles virent au sadisme, comme l'indiquent le parapluie dans le vagin et le fait de se masturber sur le corps de sa victime : ce sont des actes de substitution, des gestes qui démontrent une agression contrôlée, mais où la haine envers les femmes se manifeste avec évidence. Ce n'est pas le rejet des femmes qui l'a poussé à ces actes, plutôt une curiosité morbide.

L'assassin avait une raison pour se trouver en ces lieux si tôt le matin. Travaille-t-il pour la gérance de ces immeubles ? Est-il facteur ? Plombier ? Simple locataire ?

Qu'il ait pratiqué des mutilations sadiques sur une femme inanimée indique un tueur *désorganisé*, donc un homme confus, qui a connu de sérieux problèmes mentaux. Il est tout à fait incapable d'établir une quelconque relation avec une personne vivante. L'étude de ses actes prouve qu'il s'est senti autorisé d'agir ainsi. L'homme n'est pas sophistiqué, il lance un défi à la police avec des messages écrits sur la peau de sa victime. Cette « signature » laisse craindre qu'il ne récidive.

L'enquête

A cause de la nature du crime, sous la pression des médias, une cellule de vingt-six détectives se constitue pour mener l'enquête. Près de deux mille habitants du quartier sont interrogés, mais au bout de treize mois, rien de précis n'a pu être découvert à l'encontre des vingt-deux principaux suspects. L'analyse comparée de leurs écritures ne permet pas de conclure. En dernier recours, le New York Police Department fait appel au FBI... Le profil psychologique s'achève par quelques suggestions : les détectives ont très certainement déjà questionné le suspect et il serait utile de relire les différents dossiers en tenant compte du portrait établi par le FBI.

Le détective Foley s'aperçoit que le profil correspond à un acteur sans emploi de trente ans, Carmine Calabro, dont le père possède un appartement dans l'immeuble et à qui il rend souvent visite. Foley et ses collègues l'avaient éliminé de la liste des suspects, car Calabro se trouvait dans un hôpital psychiatrique au moment du meurtre. Une enquête plus poussée permet cependant de découvrir que les malades peuvent facilement quitter l'asile sans se faire remarquer, à cause du manque de personnel de sécurité.

La mère de Carmine Calabro est morte d'une crise cardiaque alors qu'il avait 19 ans. Il a souvent redoublé des classes avant d'abandonner le lycée. Enfant unique, il ne s'est jamais marié et une fouille de son appartement met au jour une collection de revues pornographiques. Ses voisins ne lui ont jamais connu de petites amies ni la moindre relation féminine. Il n'a pas fait son service militaire. Il a tenté de se suicider à maintes reprises, par asphyxie ou pendaison. Calabro a déjà été interné en hôpital psychiatrique et il souffre régulièrement de dépression.

Bien qu'ayant toujours nié son crime, Carmine Calabro est jugé et condamné à vingt-cinq ans de prison. Les preuves les plus accablantes ? Les empreintes de ses dents relevées sur le corps de la victime.

Le profil psychologique n'est pas une science exacte. Un détective doit garder à l'esprit qu'un suspect qui colle au profil n'est pas forcément le coupable. Il ne faut appliquer cette technique d'investigation qu'aux meurtres « sans motif apparent », où le lieu du crime reflète la présence d'une psychopathologie à l'œuvre. Les analyses psychologiques ne remplaceront jamais les principes de base d'une enquête bien menée : toutes les pistes sérieuses doivent être épuisées avant de faire appel à une telle technique.

Le procédé est évolutif, car il est sans cesse affiné grâce à des programmes systématiques d'interviews de différentes catégories de criminels : *serial killers*, violeurs en série, terroristes responsables de détournements d'avion ou pyromanes. Les résultats sont par la suite intégrés dans les applications concrètes de cette technique. Plus les analystes du FBI comprendront le mode de pensée des criminels, plus ils seront à même de les capturer. Le profil psychologique, qui demeure un art déductif et intuitif, se développe petit à petit pour devenir une science et un instrument déterminants dans la lutte contre les *serial killers*.

Roger Depue :
quinze ans à traquer
les « **serial killers** »
pour le FBI

Diplômé de l'université, Roger L. Depue a passé vingt-deux ans au service du FBI, d'abord dans les forces spéciales, puis au sein du Département d'analyse criminelle qu'il a dirigé pendant neuf ans avant de démissionner. Il préside désormais « The Academy Group », une compagnie privée chargée de régler les problèmes de sécurité pour les grosses entreprises. Il recrute d'anciens agents du FBI et de la CIA pour combattre les terroristes ou les maîtres chanteurs, mais il s'occupe également d'affaires criminelles, kidnappings ou meurtres. Sous son autorité le FBI a instauré son fameux programme d'étude systématique des tueurs en série, le National Center for the Analysis of Violent Crime (NCAVC), et initié le système VICAP dont nous avons déjà parlé. Avec une touche d'humour typiquement anglo-saxonne, le logo de sa compagnie, située à Manassas, en Virginie, reprend le dragon rouge cher au roman homonyme de Thomas Harris sur Hannibal Lecter, le plus terrifiant des *serial killers* de romans.

« Quand avez-vous débuté dans la police ?

— Au début des années 60, dans la petite ville de Clare, dans le Michigan, dont je suis devenu par la suite chef de la police. J'ai démissionné de ce poste en 1967 pour entrer au FBI, où j'ai fait partie du Special Weapons and Tactics " Spider One ". A partir du milieu des années 70 jusqu'en 1989, je me suis occupé du Département d'analyse criminelle à Quantico. Un service que j'ai dirigé à partir de 1980.

— Depuis vos débuts dans la police, avez-vous constaté une évolution du crime en Amérique ?

— Lorsque j'ai démarré ma carrière dans la police, les statistiques officielles recensaient environ 8 000 meurtres annuels aux États-Unis. Trente ans après, nous en sommes à 23 438 pour l'année 1990. Plus frappant encore, le pourcentage des affaires résolues atteint 93 % en 1962, ce qui implique que 600 assassinats sont demeurés sans solution. A présent, ce chiffre est tombé à 68 %, soit 7 000 meurtres impunis. Les homicides ont augmenté de 280 % lors de ces trois dernières décennies, tandis que le pourcentage des meurtriers qui nous échappent a augmenté de 1 200 %. Ceci est dû, pour une bonne part, à la croissance des crimes où l'assassin et sa victime ne se connaissaient pas (« *stranger to stranger murders* »). On peut penser que les *serial killers* sont responsables d'un pourcentage non négligeable de ces crimes violents.

« N'oublions pas que 90 % des arrestations proviennent de témoignages ou d'informations glanées auprès du public. Ces derniers temps, la méfiance s'est installée entre la police et les citoyens, surtout dans ces ghettos urbains où il est quasiment impossible à un policier de rompre la loi du silence. Je souhaiterais que nous puissions retrouver un respect mutuel qui permettrait d'enrayer cette spirale meurtrière du nombre des victimes.

— La grande majorité des crimes aux États-Unis sont commis par des hommes de race noire, alors que les *serial killers* sont à 90 % des hommes de race blanche : comment expliquez-vous cette différence ?

— Commençons par le sexe. Plus de 90 % des crimes violents sont perpétrés par des hommes. On pourrait réduire ce chiffre à une tranche d'âge, celle des 15-24 ans. Les jeunes sont dangereux : ils commettent 90 % des crimes violents aux États-Unis. Ils traversent une période de transition, ils passent de la dépendance à l'indépendance, ils sont rebelles, avec des émotions à fleur de peau. Pour moi, la personne la plus dangereuse dans tout système est le garçon de 18-19 ans. Ceci est dû, à mon avis, aux changements sociaux. Nous avons tendance à devenir des étrangers les uns pour les autres. Au début du siècle, la majorité d'entre nous vivait et travaillait dans des fermes familiales. Depuis, les petites villes et les campagnes américaines se sont dépeuplées. Cette énorme migration s'est accompagnée de profonds changements de la cellule familiale. Le père de famille a quitté sa ferme, il travaille aujourd'hui pour un patron, il s'absente du foyer, ses enfants ont perdu leur modèle paternel. Ce père, on ne peut plus aller le voir sur son lieu de travail, à trente ou quarante kilomètres du logis.

« Au fil des ans, la famille américaine a perdu son point d'ancrage et ses repères traditionnels. Autrefois, les membres d'une même famille vivaient à proximité les uns des autres. On se connaissait entre voisins, souvent depuis plusieurs générations. Cette convivialité a disparu au profit d'une société d'étrangers. Nous sommes devenus des nomades. Chaque année, près de 36 millions d'Américains déménagent, ce qui représente un peu plus de 10 % de la population. En moyenne, une famille déménage douze fois avant que les enfants aient atteint leur majorité. Autrefois, les voisins se rendaient visite à l'improviste, après leur journée de travail, pour échanger quelques mots ou boire un verre ensemble. De nos jours, cette même visite on la redoute, et pire : on s'en méfie. Après une éprouvante journée de travail et un long retour dans les embouteillages, le père de famille moderne n'aspire qu'à s'isoler pour regarder la télévision en buvant une bière.

« Quant au problème de race, je dirais que le *serial killer* organisé appartient davantage à une classe qu'à une race. Il est évident que les crimes violents, les homicides en particulier, prédominent au sein des classes défavorisées. Aux États-Unis, si vous examinez des Noirs ou des Hispaniques des classes moyennes, ils ne sont pas plus responsables de crimes violents que les Blancs de ces mêmes classes. Il est certain que la majorité des Noirs et des Hispaniques se situent dans les couches les plus pauvres de la société américaine.

— Existe-t-il beaucoup de femmes *serial killers* ?

— Non, les femmes représentent moins de 10 % des *serial killers*, un pourcentage que l'on retrouve dans la plupart des crimes violents, mais je pense que ce chiffre va augmenter, car les femmes occupent de plus en plus d'emplois transitoires et mobiles. Comme leur pouvoir augmente sur le lieu de travail et dans leur vie privée, on connaîtra un nombre croissant de femmes *serial killers* qui cèdent à une motivation de puissance. Toutefois, elles n'approcheront jamais du potentiel de violence qu'incarnent les hommes.

— Je crois que certains métiers sont plus représentés que d'autres parmi les *serial killers* ?

— Ces derniers temps, nous avons capturé un certain nombre de *serial killers* camionneurs. Ce n'est pas le métier de routier qui les change du jour au lendemain en *serial killers*, mais des tueurs qui choisissent une profession idéale pour eux : ils sont constamment en mouvement, ils échappent aux différentes juridictions, avec leurs énormes dix-huit roues, et ils rencontrent aisément des victimes potentielles à hauts risques, prostituées ou auto-stoppeurs. En ce moment, et grâce à l'ordinateur du VICAP, le FBI a instauré un programme spécial pour étudier les trajets de certains routiers. Ils sont en train de comparer les feuilles de route de John Fountainberry, qui a tué dans différents États. Dans les régions qu'il a traversées, on a constaté près de quatre cents meurtres non élucidés. Et si certaines dates correspondent, il sera peut-être possible de confondre Fountainberry pour de nouveaux crimes.

— Existe-t-il plusieurs sortes de *serial killers* ?

— Nous avons développé au FBI une distinction entre le criminel organisé et le criminel désorganisé. Nous avons appliqué ce concept aux *serial killers* et aux violeurs en série. Le criminel organisé est le plus intelligent, le plus rusé. Il prépare avec minutie ses coups, il sélectionne ses victimes avec un minimum de risques et il laisse très peu de traces, sauf s'il pratique un rituel, comme ceux qui mordent leurs victimes. Le criminel organisé emporte très souvent un " kit " avec lui, c'est-à-dire une corde et des bandes adhésives précoupées, des menottes, des gants, des vêtements de rechange, une arme à feu, un couteau...

« En revanche, le criminel désorganisé, moins expérimenté ou moins intelligent, commet plus d'erreurs. Ce type d'individu ne songe pas à son éventuelle capture. Il commet son crime à partir d'une hallucination. Le lieu du crime reflète son désordre mental. L'assassin ne transporte pas le corps de sa victime. La plupart du temps, il ne prépare pas son acte, dû à l'impulsion du moment : il voit quelqu'un dans la rue et décide sur-le-champ de l'attaquer. Les armes d'un tueur désorganisé dénotent cette improvisation : morceau de bois, planche, pierre ou meuble plutôt qu'une arme à feu ou un couteau. Parfois, une personne intelligente agit de manière désorganisée. Un homme qui tue son épouse et cherche à déguiser le crime en un cambriolage qui a mal tourné ; mais la police sait distinguer un vrai cambriolage d'un faux, et, dans ces cas-là, le coupable est presque toujours un proche de la victime. Le degré de sophistication est important. Si l'assassin est intelligent, mais inexpérimenté, il tente après son crime de couvrir ses traces. Si c'est son premier crime, il commet fatalement plus d'erreurs. Ainsi, s'il quitte le lieu du crime en abandonnant son couteau, il peut décider de retourner le récupérer. Au lieu de le jeter dans une rivière, il va se contenter de le lancer au loin dans des fourrés où, fatalement, nous le retrouverons.

« Certains tueurs mêlent quelquefois l'organisation et la désorganisation, comme Ted Bundy ou Ed Kemper, deux *serial killers* organisés. Bundy mordait ses victimes et Kemper les mutilait ou en mangeait un morceau, des caractéristiques que l'on trouve plutôt chez les tueurs désorganisés. Le criminel désorganisé n'est pas bien difficile à arrêter. Le criminel organisé est autrement plus menaçant.

— Les fantasmes, la notion de rituel, c'est aussi important pour le *serial killer* ?

— Les fantasmes dominent les crimes sexuels. Je vais vous parler de la genèse de ces fantasmes du point de vue de la psychologie du développement de l'enfant. Peut-être, lorsque vous étiez petit, aviez-vous un grand frère ou des enfants plus âgés dans votre entourage : ils exerçaient sur vous une pression contre laquelle vous étiez impuissant, parce que plus petit et plus faible. Dans votre tête d'enfant, vous imaginez ce que vous auriez aimé leur faire. Tous les enfants maltraités développent une vie fantasmatique très riche autour de ce qu'ils pourraient faire. Si l'abus est fréquent, non seulement physique, mais aussi sexuel et psychologique, l'imagination est en activité constante. Les professeurs, les camarades de classe, les frères et sœurs, les parents font tous partie de votre vie imaginaire. Nous pensons que cela peut être à l'origine de la psychopathie sexuelle. Les fantasmes commencent à se développer quand le sexe et la violence sont entremêlés. D'après mon expérience, quand les concepts du sexe et de la violence sont liés, il est presque impossible de les séparer à nouveau.

« Il est capital que le jeune adulte apprenne que le comportement sexuel doit allier l'amour et la tendresse, sans violence. La plupart des *serial killers* ont une vie fantasmatique hyperdéveloppée. Regardez ce qu'ils lisent ! Si vous leur rendez visite, vous découvrez du matériel pornographique, généralement axé sur le *bondage* ou le sadomasochisme. Pour eux, cette vie fantasmatique remplace la réalité. Quand il commet ses crimes, le *serial killer* cherche à réaliser ses fantasmes. Parce que la réalité n'est jamais à la hauteur de ces fantasmes, la quête devient perpétuelle.

— Le sexe n'est donc pas forcément le moteur du *serial killer,* mais plutôt un désir de puissance ?

— Les recherches menées au FBI indiquent que le *serial killer* est plus intéressé par le sexe qu'un violeur en série. Le violeur éprouve l'envie de soumettre. Un *serial killer* veut s'approprier la vie de sa victime. Pour lui, le viol est secondaire, mais non le sentiment de puissance, ce désir de domination qui, pense-t-il, l'assimile à Dieu.

— Quel est le degré d'intelligence d'un *serial killer* ?

— Les textes standards ne nous permettent pas toujours d'évaluer le degré d'intelligence et les capacités de manipulation de certains criminels violents. Pour vous citer un exemple, je me souviens d'un jeune violeur en série de race noire, dont le QI atteint péniblement la barre de 74, un niveau intellectuel très bas. Je le considère pourtant comme quelqu'un d'intelligent. Dès qu'il s'installe dans une nouvelle communauté, il s'inscrit dans un programme de désintoxication, bien que n'ayant aucun problème de drogue. Il sait fort bien que les participants à ce genre de cures sont protégés par l'anonymat ; la police ne peut pas avoir accès à leurs dossiers confidentiels. Il habite donc dans le centre et réagit naturellement fort bien au traitement. Lorsque le désir de violer une femme le reprend, il quitte le centre avec un surveillant, en prétendant avoir des ennuis gastriques ou toute autre maladie. Il sait qu'on va lui faire subir une série de tests et d'examens à l'hôpital le plus proche. Généralement, après plusieurs haltes dans des laboratoires ou des bureaux, il redevient libre de toute surveillance. Son gardien reste dans le hall d'attente et s'assure simplement que l'homme ne s'enfuit pas de l'hôpital. Nous lui avons demandé comment il faisait pour trouver une victime, il nous a répondu : “ Dans tous ces endroits, on trouve une petite pièce avec ‘ Femmes ’ marqué sur la porte, et si on cherche des femmes, c'est là qu'il faut aller. ” Les toilettes pour femmes. Sur une feuille de papier il inscrit “ hors service ”. Il s'installe ensuite dans le couloir en attendant une femme de son choix. Dès qu'elle pénètre à l'intérieur, il colle le papier sur la porte et la suit pour la violer. Une fois, il a été surpris en plein viol par une autre femme. “ La connasse ne savait pas lire ”, nous a-t-il expliqué. Elle est sortie dans le couloir, elle a crié au secours, des gens se sont attroupés devant la porte... Notre homme est plein de ressources. Il quitte les toilettes en tenant la victime par le cou et en criant : “ Si jamais je te reprends à me tromper à nouveau, je te tue. ” Dans nos cultures, il est rare que nous intervenions dans une querelle de couple, surtout si celle-ci se déroule en public. Et les badauds se sont écartés pour le laisser passer. Une fois dans l'escalier, il a relâché sa victime avant de s'enfuir. Cet homme a un quotient intellectuel de 74 mais il est intelligent à sa manière, une intelligence acquise sur le tas.

— Lorsqu'un tueur se laisse aller à un rituel, il doit être plus facile de définir son profil psychologique et d'identifier sa “ signature ” ?

— Oui, parfois le *serial killer* organisé agit de façon

irrationnelle, car en proie à ses propres fantasmes. Il va mordre, laisser de la salive ou du sperme. Nous en avons la preuve dans la manière dont il se débarrasse du cadavre : il l'emporte pour le jeter à l'eau, afin de le purger du sperme ou d'autres éléments qui pourraient l'identifier.

« Le *serial killer* laisse des preuves sur les lieux du crime. Je pense que ce comportement est à la fois conscient et subconscient. Si les journaux rapportent que l'assassin a agi de telle ou telle façon, le *serial killer* peut ensuite changer sa manière de tuer, mais il existe également un niveau subconscient qui opère en lui. S'il l'ignore, il ne pourra pas le modifier. Un autre facteur capital pour identifier la signature d'un *serial killer* est le concept du rituel qui reflète son comportement habituel. Le rituel représente ce qui lui permet de retirer de la satisfaction de l'acte en lui-même. En conséquence, le *serial killer* va continuer son rituel, car s'il l'arrête, la satisfaction disparaît. Prenons un *serial killer* qui s'introduit dans la maison d'une femme seule. Il ne la viole pas tout de suite. Il lui faut passer par la phase du rituel. Il la regarde dormir, il explore les pièces, ouvre des tiroirs, examine la lingerie. Il ressent un pouvoir de domination sur un autre être humain. Bon nombre de *serial killers* nous ont affirmé qu'ils considéraient comme essentiel de rester debout à regarder leur victime, pour éprouver cette impression de puissance. Ils prolongent cet instant, ils le savourent. Le viol est le moment le moins satisfaisant de leur mise en scène.

« Les chercheurs négligent trop le " comportement répétitif " du *serial killer*. Si vous jouez au golf et que vous ratez un putt de deux mètres, votre cerveau ne l'oublie pas. Le lendemain ou les jours suivants, vous rejouez constamment ce putt dans votre tête en vous répétant : " Si seulement je l'avais frappé plus fort et un peu sur la droite, je l'aurais réussi. " Il en est de même pour les *serial killers*. Ils rejouent les cassettes de leurs crimes dans leur tête, en y apportant des ajustements et des critiques. C'est un mécanisme de *debriefing*, un déroulement du film après l'action, où ils repensent à leurs gestes, réfléchissant au moyen d'améliorer leurs fantasmes. C'est un ensemble de facteurs complexes. Lorsque nous ne comprenons pas certaines choses, il nous est possible de questionner des tueurs emprisonnés. La recherche prend alors toute sa valeur. La plupart du temps, le *serial killer* apprécie ce genre d'échange, car lui aussi cherche à savoir. Je suis persuadé que les tueurs ressassent avec beaucoup de plaisir leurs moindres faits et gestes. Avant que la justice ne prenne la décision de relâcher un assassin, il faudrait qu'elle puisse savoir si ses fantasmes l'obsèdent toujours. En prison, les *serial killers* parlent souvent de leurs meurtres, comme des anciens combattants qui ressassent leurs souvenirs de guerre dans un pub. Il faudrait imaginer un système semblable à celui qu'utilisent les psychiatres pour les violeurs et les tueurs d'enfants : ils branchent des électrodes au pénis du criminel, et un appareil mesure le flux de sang qui pénètre dans l'organe lorsqu'on montre au sujet des photos d'adultes et d'enfants nus. Si celui-ci préfère la photo de l'enfant, les fantasmes sont toujours présents. Cela ressemble à un détecteur de mensonges. Nous avons besoin de ce genre d'idées neuves pour vérifier la permanence des fantasmes. Si le fantasme existe toujours, le tueur peut se réveiller.

— Les *serial killers* sont-ils tous capables de berner la justice et leur entourage ?

— Sans aucun doute. Le *serial killer* organisé est très sociable, il s'intègre à la société sans éveiller de soupçons. A l'époque où il tuait, Ed Kemper fréquentait un bar en face du commissariat de Santa Cruz. Extrêmement intelligent, avec un quotient intellectuel dépassant les 140, Kemper offrait des tournées aux policiers, et, en discutant, il se tenait au courant des derniers développements de l'enquête. Cela alimentait ses fantasmes, pensez donc ! Être assis avec vos poursuivants et leur payer un coup à boire ! Kemper en tirait un plaisir énorme. Quand on demande à ces assassins s'ils mentent à leurs avocats et aux psychologues, presque tous prétendent savoir manipuler leur prochain. Les psychiatres spécialisés, comme les docteurs Stanton Samenow ou Donald Lunde, parviennent à déjouer les pièges, mais la majorité des avocats ou des psychologues manque d'expérience face à des *serial killers* qui réussissent à les convaincre de leur innocence. Ted Bundy était très persuasif. Bel homme, astucieux, charmeur, beau parleur, il se tournait parfois vers la caméra pour déclarer en souriant : " Jamais je ne serais capable de faire une telle chose. " Beaucoup le croyaient. Il a même eu ses fans, qui cherchaient à empêcher son exécution et à le faire libérer. C'est un peu le syndrome de Stockholm. Parfois, des victimes s'attachent à leur bourreau. Il a tenu leur vie entre ses mains et leur a permis de s'enfuir. Les victimes, confuses, en éprouvent de la gratitude. Cette manœuvre reste psychopatique, toujours destinée à subvenir aux besoins du criminel, et jamais à quelqu'un d'autre. »

Portraits de « serial killers »

Comme nous l'avons souligné, le terme général de *serial killer* englobe plusieurs catégories très différentes de criminels.

Pour illustrer des diverses catégories, je vais vous présenter six cas peu connus, dont deux ont été enrichis par des entretiens personnels avec les tueurs Edmund Emil Kemper et Ottis Toole dans leurs prisons de Californie et de Floride. Les autres ? J'ai pu avoir accès aux interrogatoires de la police, à des vidéos de leurs aveux ou à leurs dossiers psychiatriques.

Albert Fish, père de famille de six enfants, est âgé de 64 ans quand la police l'arrête en 1934. Tueur d'enfants et cannibale, il a voué son existence à la perversion, allant jusqu'à s'enfoncer vingt-sept aiguilles de marin dans le corps. Pour la première fois, ici même, vous pourrez lire des extraits de sa correspondance obscène.

Relâché par la justice après le meurtre de deux enfants en 1972, Arthur Shawcross, lui, incarne à merveille les talents de manipulation des *serial killers* et les failles du système. Comme Jack l'Éventreur, Shawcross s'attaquait à des prostituées qu'il tuait sans remords.

Authentique psychotique, Richard Chase est un exemple

rare de buveur de sang qui lui vaut le surnom de « Vampire de Sacramento ». Il souffre d'hallucinations, il croit que de l'acide ronge son foie ou que ses organes se déplacent. Il se suicide en prison en 1980.

Géant de plus de deux mètres, Edmund Emil Kemper possède du génie, mais il a souffert de terribles abus durant son enfance. Tueur organisé, Kemper montre également des éléments de désorganisation : il mutile ses victimes, il ne recule pas devant la nécrophilie et le cannibalisme. Tout à fait lucide, il s'auto-analyse quand il évoque son cas. Ed Kemper est une exception : il s'est livré de lui-même à la police.

Le culte de Matamoros est l'exemple rare d'un groupe de *serial killers,* à l'image de Charles Manson et de sa « famille ». Rites magiques, sacrifices humains, tortures, la secte est dirigée par Adolfo de Constanzo et Sara Aldrete dont la relation crée une sorte de « folie à deux ».

Autre folie à deux, celle du couple homosexuel que forment Ottis Toole et Henry Lee Lucas. Leur saga meurtrière court d'un bout à l'autre des États-Unis et met en lumière les problèmes de communication entre les polices locales. Toole, au quotient intellectuel très bas, est un criminel désorganisé.

ALBERT FISH : LE GRAND-PÈRE TRANQUILLE

Le lundi 11 mars 1935, lorsque débute, à Westchester, le procès d'Albert Fish, les spectateurs sont sidérés par l'apparence inoffensive de ce vieillard que la presse a surnommé

« l'Ogre ». Le visage émacié, les cheveux gris épars, une mince moustache grise, ses yeux bleus larmoyants fuient le contact avec la foule. Son corps tassé et fatigué n'est pas celui d'un homme de 65 ans. Il est gris, terne, banal, il porte un costume mal coupé couleur cendre et une cravate rayée hâtivement nouée autour d'un cou décharné. Le contraste est d'autant plus frappant avec l'atrocité des crimes dont il est accusé dans le discours d'ouverture du procureur.

La famille Budd, pauvre mais unie, vit dans un appartement de New York. Il y a deux enfants, Grace, 10 ans, et Edward, qui cherche du travail pour l'été. Il a fait passer une annonce, le 27 mai 1926 : « Jeune homme de 18 ans désire travailler à la campagne. Contacter Edward Budd, 406, 15e Rue Ouest. »

Wisteria Cottage : la maison de l'horreur

Dès le lendemain, un certain Frank Howard se présente au domicile des Budd. Il possède une ferme à Farmingdale, à Long Island, il est marié et père de six enfants. Il cultive surtout des légumes et conduit son tracteur. Howard engage Edward et lui verse une avance sur salaire, puis il explique aux parents Budd que sa sœur organise une fête pour l'anniversaire d'un de ses enfants et il demande la permission d'y emmener la petite Grace. « J'adore les enfants, dit-il, et je vous ramènerai la jeune fille avant la nuit. » Les Budd hésitent, mais enfin ils acceptent de laisser partir Grace qui a si peu l'occasion de s'amuser. Pour les rassurer, Frank Howard leur donne l'adresse de sa sœur, un immeuble de

Columbus Avenue, près de la 137e Rue. Les Budd ignorent que Columbus Avenue ne dépasse pas la 110e Rue.

Main dans la main, Howard et l'enfant se dirigent vers la station de métro de la 14e Rue. En chemin, le prétendu fermier s'arrête devant un kiosque à journaux pour récupérer un lourd paquet ficelé de couleur marron. Il remercie le marchand de le lui avoir gardé et lui glisse une pièce dans la main. Arrivés à Grand Central Station, l'homme et la fillette prennent un train en direction d'Irvington, dans le comté de Westchester. Une fois qu'ils sont arrivés, et descendus sur le quai, la petite Grace remonte en vitesse dans le wagon et reparaît quelques secondes plus tard : « Ton paquet ! Tu avais oublié ton paquet ! »

Ils s'en vont à pied dans Mountain Road, à Greenburgh. Au bout de la rue, une maison à l'écart des autres, proche des bois : c'est Wisteria Cottage. A l'intérieur cela sent le renfermé et Howard ordonne à Grace d'aller jouer dehors, le temps qu'il trouve sa sœur.

Au premier étage, une pièce au papier peint décollé, mal meublée d'une table et de deux chaises bancales. A l'une des deux fenêtres qui donne sur les bois, « Frank Howard » observe Grace qui cueille des fleurs. Il se déshabille complètement, défait le paquet marron et en sort ce qu'il appelle dans ses aveux « les instruments de l'Enfer » : une petite scie, un couperet et un long couteau de boucher. Penché à la fenêtre, Howard demande alors à Grace de venir le rejoindre. Il a raconté la suite :

« J'ai pris soin de refermer la porte de la chambre jusqu'à ce qu'elle arrive en haut des marches. Puis, j'ai ouvert la porte. Lorsqu'elle m'a vu complètement nu, elle a cherché à s'enfuir. Elle voulait redescendre l'escalier, mais je l'ai rattrapée. Elle m'a déclaré qu'elle allait le dire à sa mère. Une fois dans la pièce, je l'ai allongée par terre, sur un morceau de toile que j'avais préparé. Puis, je l'ai étranglée de mes mains. J'ai mis un genou sur sa poitrine pour la tuer plus vite. Je lui ai retiré ses vêtements. J'ai alors pris mon couteau et je lui ai tranché la gorge. Entre-temps, j'avais placé un pot de peinture vide de vingt kilos sous sa tête. Elle avait de longs cheveux qui ont absorbé le sang. Le reste a coulé dans le pot dont je me suis débarrassé par la suite. Puis j'ai coupé le corps en trois, d'abord la tête, ensuite le tronc, juste au-dessus du nombril.

« Dans les bois, il y a des cabinets. Les toilettes étaient propres et j'y ai caché la paire de chaussures blanches et la tête coupée. J'ai vérifié qu'un éventuel occupant des toilettes ne puisse pas les apercevoir. Le tronc et les jambes, je les ai coincés derrière la porte avant de la refermer. Ceci fait, je me suis lavé les mains dans le jardin. (...) Je suis revenu sur les lieux quatre jours plus tard. Le corps commençait déjà à sentir de manière notable. Par la fenêtre, j'ai jeté les deux morceaux qui se trouvaient encore à l'étage, puis je suis descendu dans le jardin, je les ai ramassés pour les ranger près d'un mur de pierres, derrière la maison. Mais je ne les ai pas cachés, pas plus que la tête, dont les cheveux étaient raides de sang séché, et que j'ai déposée au même endroit. Le corps était pratiquement reconstitué. Alors, je suis retourné chez moi. »

La description du meurtre de Grace Budd, telle qu'elle figure dans le rapport de police signé par Albert Fish, omet un certain nombre de détails macabres que le vieillard devait par la suite raconter à son psychiatre, le Dr Fredric Wertham. Après avoir démembré le cadavre, il en découpe une partie de l'avant-bras et divers autres morceaux qu'il enveloppe dans un mouchoir. Dans la poche de sa veste, il prend du coton qu'il imbibe avec de l'essence à briquet contenue dans un flacon. En se penchant en avant, il s'enfonce le coton dans l'anus, avant d'y mettre le feu avec une allumette.

Sous l'effet de la douleur, « Frank Howard » se met à danser et à hurler de façon incohérente, tandis qu'une odeur de chair brûlée se mêle maintenant aux senteurs cuivrées du sang répandu. Il a alors un orgasme et éjacule.

Le lendemain matin, de retour à New York, il se rend chez un épicier pour y acheter un kilo d'oignons, du persil, des carottes et trois livres de pommes de terre. Dans sa cuisine, il vide le contenu du mouchoir sur une table et découpe avec un fendoir le morceau d'avant-bras en quatre parties, avant de les jeter dans une marmite d'eau, où il place les légumes agrémentés d'un bouillon cube.

Pendant neuf jours, il dévore ainsi diverses parties du corps de Grace Budd. Parfois il découpe de nouveaux lambeaux de chair. Afin de varier ses menus, il cuit au four, avec du bacon, des lanières de peau prises sur les fesses. Il avoue à son psychiatre que ces repas le mettent dans un état d'orgasme permanent, au point qu'il en rêve la nuit. Il se revoit au moment du crime, quand il s'est brûlé le derrière :

« La douleur est tellement magnifique. Si seulement ça ne faisait pas si mal ! »

L'enquête piétine

Malgré la ténacité du détective William King, l'enquête ne donne aucun résultat pendant des années. Personne ne comprend pourquoi Grace Budd a été enlevée ; les Budd ont des revenus trop modestes pour qu'on l'enlève, et d'ailleurs aucune demande de rançon n'est parvenue à la famille. Régulièrement la presse relance l'affaire, à cause de la vague de kidnappings qui submerge le pays. L'indignation des citoyens atteint son point culminant avec l'enlèvement du bébé de Charles Lindbergh, le 1er mars 1932.

La police interpelle des suspects, se perd dans d'innombrables fausses pistes. Le 11 novembre 1934, plus de six ans après son enlèvement, l'affaire Grace Budd rebondit. Sa mère, Delia Budd, reçoit cette lettre :

Ma chère Mrs Budd,

En 1894, un ami à moi servit en tant que matelot de pont sur le « Tacoma » capitaine John Davis. Ils partirent de San Francisco pour Hong Kong. Une fois arrivés à destination, lui et deux compagnons descendirent à terre pour se soûler. A leur retour, le bateau était déjà parti sans eux. A cette époque, la famine régnait en Chine. N'importe quelle sorte de viande se vendait entre un et trois dollars la livre. Les plus démunis souffraient tellement qu'ils vendaient à des bouchers leurs enfants de moins de 12 ans, afin qu'ils soient découpés et revendus. Dans n'importe quelle boutique on pouvait obtenir du steak, des côtelettes, ou un ragoût de viande. On vous découpait alors le morceau de votre choix sur le corps nu d'une fille ou d'un garçon. Le derrière, qui est la partie la plus tendre, vendu comme côte de veau, était le morceau le plus cher. John resta si longtemps à Hong Kong qu'il en acquit un goût prononcé pour la chair humaine. A son retour à New York il enleva deux garçons de 7 et 11 ans qu'il emmena chez lui. Il les déshabilla et les ligota dans un placard, puis il brûla leurs vêtements. Plusieurs fois, jour et nuit, il les fessa et les tortura pour attendrir leur chair. Il tua d'abord l'aîné car son cul était plus dodu. Chacune des parties de son corps, il les a cuites et dévorées, sauf la tête, les os et les intestins. L'enfant a été rôti au four (tout son cul), cuit, bouilli, frit et mis en ragoût. Le plus petit y passa à son tour et de la même façon. A cette époque, j'habitais au 409, 100e Rue Est, près du côté droit. John me parlait si souvent de la délicatesse de la chair humaine que je me décidai à y goûter. Le dimanche 3 juin 1928, je suis venu chez vous, au 406, 15e Rue Ouest. J'avais apporté du fromage et des fraises. Nous avons déjeuné ensemble. Grace s'était assise sur mes genoux pour m'embrasser. Je m'étais décidé à la manger. J'ai inventé un anniversaire et vous lui avez donné la permission de me suivre. Je l'ai emmenée dans une maison abandonnée de Westchester que j'avais repérée. Lorsque nous sommes arrivés, je lui ai dit de rester dehors. Elle a cueilli des fleurs sauvages. A l'étage, je me suis complètement déshabillé pour éviter les taches de sang. Quand tout a été prêt, je me suis approché de la fenêtre pour demander à Grace de me rejoindre. Je me suis caché dans un placard jusqu'à son arrivée. Lorsqu'elle m'a vu tout nu, elle s'est mise à pleurer et a voulu s'enfuir. Je l'ai rattrapée, elle a menacé de tout dire à sa maman. Je l'ai déshabillée. Elle s'est débattue, beaucoup, en me mordant et en me griffant. Je l'ai étranglée avant de la découper en petits morceaux pour emporter sa viande chez moi, la cuire et la manger. Je ne peux pas vous dire à quel point son petit cul rôti au four était tendre et délicieux. J'ai mis neuf jours à la manger en entier. Je ne l'ai pas baisée, *bien que j'aurais pu en avoir l'occasion, si je l'avais souhaité. Elle est morte vierge.*

Cette lettre, ou plutôt son enveloppe, livra une piste. L'en-tête avait été maladroitement barré, et très rapidement, le policier William King déchiffra l'adresse de la « New York Private Chauffeur's Benevolent Association », au 627 Lexington Avenue. Malheureusement, après enquête, aucun des membres de l'association, ne connaissait un certain « Frank Howard », ni personne qui répondît à sa description physique.

« *J'ai toujours eu ce désir d'infliger de la douleur* »

Le détective William King convoque tous les membres de l'association. Un jeune homme, Sicowski, concierge bénévole, reconnaît avoir dérobé six mois auparavant quelques enveloppes et du papier à en-tête pour les ramener chez lui, au 622 Lexington Avenue. Là non plus, personne ne connaît le dénommé « Frank Howard ». King interroge à nouveau le jeune homme : à l'époque il habitait encore à son ancienne adresse, une chambre meublée au 200, 52e Rue Est. Sicowski se rappelle un autre détail : quand il a déménagé, il a laissé les enveloppes sur une étagère. En examinant le registre des locataires du meublé, le policier constate que la chambre a été louée à un vieillard dont le signalement correspond à celui de « Frank Howard ». L'homme a signé sous le nom d'Albert H. Fish. Contretemps, Albert Fish vient de quitter sa location le 11 novembre, date à laquelle Mrs Delia Budd a reçu la lettre. Malgré tout, King conserve une lueur d'espoir, car Fish a indiqué à la propriétaire qu'il attendait un chèque de vingt-cinq dollars de son fils et qu'il passerait le chercher. Le détective William King n'a plus qu'à attendre. Aidé de plusieurs collègues, il monte une planque dans une chambre du 200, 52e Rue Est. Le 4 décembre, un inspecteur du service des postes les prévient qu'une lettre adressée à Albert Fish vient d'arriver au centre de tri postal.

Le 13 décembre 1934, un vieillard se présente pour récupérer son chèque. William King l'arrête. Lorsqu'il a aperçu le détective, Albert Fish l'a menacé d'une lame de rasoir, mais King a balayé d'un geste cette arme dérisoire. L'arrestation met un point final à plus de six ans d'enquête et le policier se contente de déclarer : « Je t'ai finalement eu. »

Presque immédiatement, Albert Fish reconnaît être « Frank Howard », l'auteur de l'assassinat de Grace Budd, mais ses aveux ne vont pas en rester là, l'affaire Budd révèle une existence vouée au meurtre et aux perversités les plus insensées.

Né en 1870, Albert Howard Fish perd son père à l'âge de 5 ans d'une crise cardiaque en gare de Pennsylvania Station, et sa mère se met au travail pour nourrir les douze enfants de la famille. Albert se retrouve à l'orphelinat de St. John's Refuge où il devient très vite un enfant instable et nerveux. Il fait pipi au lit, il se gave de nourriture, il fugue sans cesse. En deux générations, ainsi que nous l'apprend le Dr Fredric Wertham, sept autres membres de la famille Fish ont connu des troubles mentaux. Deux de ses oncles meurent dans des hôpitaux psychiatriques — l'un d'eux souffrait d'une « psychose religieuse ». La mère d'Albert entend des voix dans la rue et a des hallucinations visuelles. Un de ses jeunes frères, considéré comme « faible d'esprit », meurt d'hydrocéphalie. Un autre frère est alcoolique au dernier degré, l'une de ses sœurs sombre dans la démence. A la fin d'études difficiles et brouillonnes, Albert Fish n'obtient jamais des emplois qualifiés. Encore adolescent, le voici commis dans une épicerie, et apprenti d'un peintre en bâtiment. Cette profession de peintre, ou de décorateur, va lui servir de prétexte pour assouvir ses perversions en toute impunité : ce « déguisement », ajouté à une apparence des plus banales, le rend quasiment invisible aux yeux de témoins éventuels.

Âgé de 5 ans, Albert Fish est souvent puni par la directrice de l'orphelinat qui fesse les enfants à nu. Il en ressent un tel plaisir qu'il s'arrange pour être puni le plus souvent possible ; il adore aussi assister aux punitions des autres. Les autres orphelins se moquent d'Albert, car les flagellations lui donnent toujours une érection. L'institution étant mixte, les conversations tournent souvent autour du sexe et Albert est rapidement initié à la masturbation, ainsi qu'à d'autres jeux sexuels plus pervers. Ses camarades et lui ont ainsi l'idée de mettre le feu à la queue d'un cheval qu'ils avaient d'abord imbibée d'essence. Cet incident marque beaucoup l'enfant et, lorsqu'il quitte l'orphelinat à l'âge de 7 ans, le sadomasochisme l'attire : « J'ai toujours eu envie d'infliger de la douleur aux autres, et que les autres me fassent aussi souffrir. Toute ma vie, j'ai adoré tout ce qui faisait mal. »

De retour chez sa mère, qui a obtenu un emploi auprès du gouvernement, Albert Fish fait une chute grave alors qu'il grimpe dans un arbre. Il en ressent des vertiges, des maux de tête, un bégaiement tenace. Il continue à faire pipi au lit, ses camarades de classe se moquent de lui. C'est à cette époque qu'il change de prénom, et d'Hamilton devient Albert afin d'éviter le sobriquet moqueur de « Ham and Eggs ». Un de ses frères aînés, Walter, engagé dans la marine, montre à Albert des dessins d'hommes et de femmes nus, et il lui raconte ses aventures avec des cannibales. Subjugué, Albert oblige son mythomane de frère à lui répéter constamment ces histoires dont il rêve la nuit. Il se met à suivre dans les journaux la rubrique des affaires criminelles, il découpe les articles les plus détaillés. Lorsque William King l'arrête pour le meurtre de Grace Budd, il trouve chez Albert toute une collection de coupures de presse sur Fritz Haarmann, le « Boucher de Hanovre », un tueur en série cannibale. Il découvre également les *Histoires extraordinaires* d'Edgar Allan Poe, avec une passion particulière pour « Le puits et le pendule » dont les pages sont très usées à force d'avoir été feuilletées : bien sûr, puisque c'est un long récit de supplice...

En 1882, Albert Fish fait la connaissance d'un jeune télégraphiste qui l'excite en lui racontant ses aventures sexuelles dans des bordels. Ils entretiennent une relation homosexuelle. Son amant initie Albert à d'autres pratiques en lui faisant boire son urine ou manger ses excréments. Lorsqu'il s'installe à New York, en 1890, Albert devient un prostitué mâle et il passe ses week-ends à fréquenter les bains publics ou les piscines pour y lorgner les jeunes enfants. C'est à cette époque qu'il viole son premier garçon, tandis que son premier meurtre date de 1910, à Wilmington, où il tue un homosexuel. En 1898, lorsqu'il accompagne un de ses amants dans un musée de cire, Albert Fish est fasciné par un tableau médical montrant la bissection d'un pénis. Il retourne plusieurs fois de suite et reste des heures entières devant ce pénis « coupé en deux ».

Correspondance obscène

Dans son rapport psychiatrique, le Dr Wertham dresse une liste des perversions sexuelles d'Albert Fish : sadisme, masochisme, flagellation active et passive, autocastration et castration des autres, exhibitionnisme, voyeurisme, actes piqueurs, pédophilie, homosexualité, coprophagie, ondinisme, fétichisme, cannibalisme et hyperhédonisme. En 1898, Fish se marie avec une jeune femme de 19 ans, qui lui donne six enfants et le quitte après vingt ans de mariage. Il ne prend pas la peine de divorcer et se remarie illégalement à trois reprises. Fish s'occupe toujours de ses enfants qu'il élève seul, même s'il connaît parfois des difficultés financières. Ainsi, au moment de son arrestation, il n'a pas d'emploi et le détective William King prend pitié des gamins en bas âge, qui sont visiblement mal nourris, et il leur donne un dollar pour qu'ils aillent s'acheter de quoi manger. Fish adore aussi ses cinq petits-enfants, mais cet amour est marqué, comme toujours chez lui, par un côté pervers, ainsi qu'en témoigne une lettre adressée à la petite Mary Nichols :

Ma très chère adorée Mary, la petite chérie de Papa,

J'ai bien reçu ton adorable courrier. J'aurais déjà dû te répondre depuis longtemps, mais entre les radios, les médecins et mon avocat, j'ai été très occupé. Et puis, tu sais que j'ai 65 ans et que mes yeux ne sont plus comme autrefois. Ainsi, ma petite chérie adorée aura 18 ans le 28. J'aimerais bien être présent, car tu sais très bien ce que je te donnerais. J'attendrais que tu sois couchée dans ton lit, pour venir t'administrer dix-huit bonnes grosses fessées sur ton derrière nu (...). Mary chérie, dans quelques jours, je vais recevoir un chèque du gouvernement. Dès sa réception, je t'enverrai 20 dollars. Je ne peux pas t'acheter une montre, mais, comme cela, tu la choisiras toi-même. J'espère que ta chère

Maman que j'adore et que j'aime toujours va pour le mieux. Tu me racontes que tu assistes à des grands matches. Ici, à New York, il y en a constamment. Dans les lycées et au YMCA, ils ont de grandes piscines. Si un homme ou un jeune garçon veut y plonger, il doit se déshabiller complètement pour nager nu. L'une des plus grandes des États-Unis se trouve au YMCA de la 8ᵉ Avenue et de la 57ᵉ Rue Ouest. Parfois, il y a plus de 200 hommes et garçons, tous complètement nus. N'importe qui peut aller les voir pour 25 cents. *Et tu sais très bien, ma petite chérie adorée, que la plupart des filles aiment regarder un garçon nu. Surtout, les grands garçons. Sais-tu, ma chère Mary, ce que les filles font pour assister au spectacle? Beaucoup d'entre elles ont des coiffures masculines. Elles s'habillent avec les vêtements de leurs frères et coiffent une casquette. Très souvent, un garçon sort de l'eau pour s'approcher d'une fille habillée en garçon. Il est si près qu'elle peut toucher son corps nu. La plupart des hommes et des garçons savent que des filles les regardent, mais ça leur est égal. Fais très attention quand tu sors, surtout s'il y a de la neige. N'oublie pas d'enfiler tes bottes en caoutchouc. Maintenant, ma petite chérie, je serais fâchée si tu ne m'écris pas bientôt une autre de tes adorables lettres. Si tu me fais trop attendre, je reviendrai te voir pour te donner une autre grosse fessée — et tu devines où!*

Mary Nichols est citée comme témoin par la défense. Au procès, elle raconte les divers jeux auxquels ses frères, ses sœurs et elle-même avaient été soumis par leur père d'adoption :

« J'avais 12 ans à l'époque et il nous faisait jouer à " Buck-Buck, How Many Hands Up ". Il se déshabillait complètement, à l'exception d'une paire de caleçons marron. Puis il se mettait à quatre pattes au centre de sa chambre. Il nous donnait un bâton et il fallait s'asseoir sur son dos. Nous devions, avec nos doigts, montrer un chiffre entre un et dix; s'il ne devinait pas juste, ce qui arrivait toujours, nous le frappions autant de fois avec ce bâton que le chiffre choisi

(...). Maman était presque toujours présente pendant ces jeux. Celui-là se poursuivait tous les soirs pendant une heure environ (...). Il y avait aussi " Sack of Potatoes Over " où il était également vêtu de ses caleçons. Il nous faisait grimper sur ses épaules et nous nous laissions glisser le long de son dos, en le griffant de nos ongles. Lorsque le jeu était fini, son dos avait complètement rougi. Une fois, il voulut qu'on y joue en mettant des aiguilles sous nos ongles, mais ça nous faisait trop mal et nous avons arrêté (...). La nuit venue, et les jeux terminés, il se rendait dans les toilettes pour y prendre tout le rouleau de papier cabinet. Puis, il y mettait le feu, sur le plancher, au centre d'une pièce. Et il le faisait toutes les nuits. »

Un autre membre de sa famille précise que le vieillard a dormi plusieurs nuits de suite enroulé dans un tapis du salon. Lorsqu'on lui en demande la raison, il déclare que saint Jean l'Apôtre le lui a ordonné.

En épluchant les petites annonces de journaux ou d'agences matrimoniales, Fish écrit un nombre considérable de lettres obscènes, en utilisant divers pseudonymes, dont les plus fréquents sont Frank Howard, Robert Hayden, Thomas A. Sprague ou John W. Pell. Il se présente souvent comme un réalisateur de films à Hollywood. Certaines de ces lettres sont conservées dans les archives du comté de Westchester. En voici quelques extraits, parmi tant d'autres :

J'aimerais que vous puissiez me voir en ce moment. Je suis assis nu sur une chaise. La douleur se situe dans mon dos, juste au-dessus des fesses. Lorsque vous me déshabillerez, vous pourrez admirer une forme parfaite. Cher miel de mon cœur, je goûte déjà votre délicieuse pisse, votre délicieux caca. Il faudra faire pipi dans un verre que j'avalerai devant vous jusqu'à la dernière goutte. Dites-moi quand vous voudrez faire la grosse commission. Je vous allongerai sur mes genoux, afin de lever votre jupe, baisser votre culotte et placer ma bouche contre votre délicieux gros cul de miel pour avaler votre beurre de cacahouètes aussitôt qu'il jaillira, frais et chaud à la fois. Voilà comment ils le font, là-bas, à Hollywood.

(1929)

Mon fils unique, Bobby, a été rendu infirme, à l'âge de 9 ans, par une attaque de paralysie infantile. Il a besoin d'être fouetté régulièrement, et pour son propre bien, avec un chat à neuf queues. Mais, je vous assure qu'il ne fait pas pipi, ni caca au lit ou dans ses vêtements. Il vous dira quand il a besoin d'aller aux toilettes, que ce soit pour le n° 1 ou le n° 2. Pour le n° 1, il faut déboutonner son pantalon et lui sortir son petit singe. Pour son derrière, il suffit de défaire trois boutons au fond de son pantalon. Cela gagne du temps et évite de le déshabiller complètement. C'est commode quand il s'agit de le fesser (...). Le docteur déclare que trois ou quatre solides fessées par jour sur son cul dénudé lui feront le plus grand bien, car il est plutôt bien dodu à cet endroit. Cela l'aidera énormément. Répondez-moi que vous n'hésiterez pas à vous servir d'une canne ou d'un chat à neuf queues quand le besoin s'en fera sentir.

(1930)

Ma très chère et délicieuse petite fille Grace,

Je viens de recevoir ta lettre où tu m'appelles Cher Robert. Cher miel de mon cœur, tu m'as capturé. Je suis ton esclave et tout ce ce que je possède est à toi. Bite — couilles — cul et tout l'argent que tu désires. Si tu étais seulement ma délicieuse épouse, tu n'aurais pas peur de moi. Ô fille de mon cœur comme je t'adorerais — et comment. Embrassades-baisers-fessées, puis t'EMBRASSER là où je viens de te fesser ! Ton délicieux-gros-cul-magnifique (...). Tu n'auras plus besoin de papier cabinet pour te torcher ton délicieux gros cul, car j'avalerai tout, puis lécherai ton délicieux cul jusqu'à ce qu'il soit propre avec ma langue !

Robert Hayden

(9 novembre 1934)

Chère Madame,

Je suis un veuf avec trois garçons, 13-15-19 ans, que je désire mettre en pension jusqu'à ce que les deux plus jeunes en aient terminé avec l'école. Je veux une nourriture solide, des lits propres et qu'on lave leur linge. Je préfère une veuve, qui ait une fille suffisamment âgée pour l'aider. Henry et John m'ont causé pas mal de problèmes en manquant l'école. Leur directrice, Miss Bruce, m'a affirmé que s'ils avaient été ses propres enfants, elle leur aurait donné à chacun trois bonnes fessées tous les jours pendant un mois, John ayant droit à un supplément avec le chat à neuf queues, juste avant de se coucher. C'est lui qui est surtout à blâmer. Je n'ai pas le temps de le faire moi-même et, de plus, je pense que fouetter les enfants est un travail de femme. Je désire une femme maternelle, qui peut et souhaite assumer la complète responsabilité de ces garçons. Faites-vous obéir et, lorsqu'ils ne veulent pas baisser leurs pantalons, punissez-les en conséquence par une bonne fessée. N'hésitez pas à les marquer à la peau et servez-vous du chat à neuf queues, dès que vous pensez que c'est nécessaire. Robert est faible d'esprit à cause d'une chute. Bien qu'approchant les 20 ans, costaud et fort, il est plus facile à fesser ou à fouetter que Henry. Il donne des coups de pied de mule quand il est ainsi puni. Je veux une femme qui puisse fouetter l'un d'entre eux, ou même les trois en même temps, si cela s'avère nécessaire. Notre propre docteur affirme que si Bobby n'est pas fessé ou fouetté lorsqu'il devient capricieux, il se pourrait fort bien qu'il perde l'esprit. Aussi, doit-il être fessé lui aussi. En ce moment, il se trouve à Phila Pa, et c'est une femme noire que je connais depuis vingt-cinq ans qui s'occupe de lui. Elle a une fille de 17 ans, et les deux femmes le punissent énormément. Henry et John sont à Upper Darby Pa ; deux sœurs, encore jeunes filles, s'occupent d'eux. Elles dirigent toutes deux une pension pour garçons et filles de moins de 17 ans. Elles sont très sévères et tout garçon ou fille qui n'obéit pas est puni par une fessée devant toute la classe. John est un grand garçon pour son âge et cela lui fait honte de devoir baisser son pantalon et d'être fessé devant de nombreuses jeunes filles. Je veux un endroit où ils puissent être tous ensemble. Je suis prêt à vous payer 35 $ pour les trois et par semaine, *avec un supplément de 15 $ lorsque je serai présent. Mais si vous les prenez en charge, vous devez m'assurer que vous utiliserez la pagaie et le chat à neuf queues. Je désire une femme qui ne soit pas embarrassée lorsqu'elle déshabille Bobby, pas plus que Henry ou John. Aussi, si vous êtes intéressée, indiquez-moi comment rejoindre votre établissement par la route.*

A. H. Fish

(21 novembre 1934)

Vingt-sept aiguilles enfoncées dans le corps

En pur masochiste, Fish s'inflige diverses punitions, comme s'enfoncer des roses, avec les épines, dans le scrotum ; ensuite, il en mange les pétales. Le plus spectaculaire de ces actes de piqueur consiste à placer des aiguilles de marin dans diverses parties de son corps, et, en particulier, autour du pelvis et des organes génitaux. Après son arrestation, un examen aux rayons X, le 28 décembre 1934, fait apparaître vingt-sept de ces aiguilles, dont certaines s'y trouvent depuis des années. Elles sont insérées dans la peau et n'ont pas été ingurgitées. Quelques-unes se situent dans des zones extrêmement dangereuses pour la santé physique de Fish, tout près du côlon, du rectum ou de la vésicule. L'un de ses fils indique lors du procès avoir découvert des aiguilles cachées dans un volume de nouvelles d'Edgar Allan Poe, au début des « Aventures d'Arthur Gordon Pym ».

En 1922, à 52 ans, Albert Fish est la proie d'hallucinations religieuses. Par moments, il se promène en hurlant « Je suis le Christ ! », et il essaie de se purger de ses péchés en s'automutilant ou en pratiquant des sacrifices humains :

« “ Heureux soit celui qui prend ses petits enfants pour leur fracasser le crâne avec des pierres. ” J'entendais des voix qui me parlaient ainsi, ou quand je ne comprenais pas tout, j'essayais d'interpréter le reste par mes lectures de la Bible. Béni soit l'homme qui corrige son fils en le fouettant, car il sera récompensé. J'avais cette idée de sacrifice humain qui m'était venue d'Abraham offrant son fils Isaac. J'ai toujours su qu'il me faudrait offrir aussi un enfant en sacrifice, pour me purifier des abominations et des péchés que j'avais commis aux yeux de Dieu. J'avais des visions de corps torturés, quelque part en Enfer. »

La famille Fish devinait certaines des perversions sexuelles du vieillard. Son fils aîné, Albert Jr. en a témoigné lors du procès. En 1929, rentrant dans l'appartement qu'il partage avec son père sur la 74e Rue, Albert Jr., âgé de 30 ans, fait une étrange découverte sous l'évier de la cuisine. Son pied heurte une pagaie grossièrement fabriquée, d'environ soixante centimètres de long, qui se termine par des clous dont les pointes dépassent. En les examinant de plus près, Albert Jr. constate qu'ils sont tachés de sang et en parle à son père. Celui-ci refuse tout d'abord de lui répondre, mais, finalement, devant l'insistance de son fils, il avoue : « Je m'en sers sur moi-même. De temps en temps, je ressens ces pulsions irrésistibles et, à chaque fois, il faut que je m'en débarrasse en me torturant avec cette pagaie. »

Les deux hommes n'abordent plus jamais le sujet, mais un jour de 1934, Albert Jr. surprend son père en pleine action. Complètement nu, le vieillard se tient debout au centre de sa chambre, aux volets clos. D'une main il se masturbe, de l'autre il se flagelle le dos avec cette pagaie cloutée. A chaque coup, il sursaute et hurle de douleur, le visage couvert de sueur, et du sang coule le long de ses fesses.

Une autre partie du témoignage d'Albert Fish Jr. produit une telle sensation que les journalistes affublent le vieillard du pseudonyme de « Moon Maniac ». Parfois, lors des nuits de pleine lune, Albert Sr. ressent une irrésistible envie de manger de la viande crue et, d'après son fils, « son visage devenait terriblement rouge, ce qui était plutôt bizarre, car il n'avait pas mis les pieds dehors de la journée. L'expression de ses yeux donnait l'impression qu'il avait vu quelque chose qui lui avait fait peur. Comme si quelqu'un le pourchassait ».

Albert Fish a été officiellement arrêté à huit reprises entre 1902 et 1933. La première fois pour une tentative d'escroquerie. Une autre fois pour avoir puisé dans la caisse d'un magasin où il travaille. Pour des chèques sans provision, il reçoit des condamnations assorties d'un sursis. Son envoi frénétique de lettres obscènes lui vaut une condamnation à quatre-vingt-dix jours de prison. Il fait également trois séjours en hôpitaux psychiatriques, dont l'un, en 1930, plus de deux ans *après* l'assassinat de Grace Budd ; il est relâché au bout d'un mois, le diagnostic indiquant : « Il n'est pas fou, ni dangereux ; personnalité psychopathique, de caractère sexuel. » Six mois après sa libération de l'hôpital de Bellevue, il est à nouveau arrêté par la police pour avoir envoyé du courrier obscène à la directrice d'une école privée. Lorsque les policiers fouillent son appartement, ils découvrent, cachés sous son matelas, d'autres lettres, un chat à neuf queues, ainsi qu'une carotte et une saucisse de Francfort dont l'état de pourriture dégage une odeur nauséabonde qu'accentue la chaleur de cette journée de l'été 1931. En examinant de plus près la carotte et la saucisse, un des policiers constate qu'elles sont recouvertes de matière fécale. Dégoûté, il questionne Fish à ce sujet : « Je me les fourre dans le cul », ricane le vieillard. Cela lui vaut dix jours d'hôpital psychiatrique.

« *Au moins cent victimes* »

Lorsque le Dr Wertham lui demande à combien d'enfants il s'est attaqué, Albert Fish répond : « Au moins cent. » Comme dans le cas de Jeffrey Dahmer, le « Cannibale de Milwaukee », la plupart des victimes de Fish proviennent des couches les plus laborieuses de la population, surtout des enfants noirs, car, selon lui, les autorités s'en préoccupent peu lorsqu'ils disparaissent. A plusieurs reprises il paye les services d'une petite fille noire à qui il donne cinq dollars à chaque fois qu'elle lui amène un jeune garçon. D'après ses dires, il se serait rendu dans vingt-trois États différents, « de New York au Montana. Et j'ai eu des enfants dans chacun de ces États ». Parfois, il doit rapidement quitter les lieux « parce que des rumeurs au sujet de disparitions d'enfants commençaient à circuler ». Il est même interrogé à plusieurs reprises, mais jamais réellement suspecté, parce qu'il a « l'air tellement inoffensif » !

A la suite de son arrestation et de ses aveux concernant l'assassinat de Grace Budd, Albert Fish reconnaît qu'il a commis d'autres crimes, sans pour autant en spécifier la nature ni le nom des victimes. Le détective William King le suspecte, rien que pour l'État de New York, de cinq autres meurtres de fillettes dans les quartiers de Brooklyn et du Bronx : Florence McDonnell, Barbara Wiles, Sadie Burroughs et Helen Sterler. La cinquième, Yetta Abramowitz, âgée de onze ans, a été violée, poignardée et étranglée sur le toit d'un immeuble. Le meurtrier présumé de Helen Sterler, un vagabond noir du nom de Lloyd Price avait été arrêté, condamné à mort, puis exécuté, malgré ses protestations d'innocence. La police commence à croire maintenant à la culpabilité de Fish à propos de ce crime. Le juge qui instruit son procès estime qu'Albert Fish aurait tué entre seize et cent victimes, une approximation qu'approuve le détective William King. Le Dr Fredric Wertham, quant à lui, pense que le nombre des enfants assassinés par son patient doit se chiffrer à plusieurs centaines, peut-être même à quatre cents, ce qui en ferait le criminel le plus prolifique de tous les temps.

Pendant la préparation de son procès, Fish écrit une lettre à son avocat, James Dempsey, dans laquelle il avoue avoir tué Billy Gaffney, âgé de 4 ans, le 11 février 1927 :

Il y a une décharge publique à Astoria, sur Riker Avenue. On y jette des tas de choses depuis des années. Voici mon plan : il y a quelques années de cela, je vivais au 228, 81e Rue Est, au dernier étage. Supposons que je vous avoue avoir [...] le petit Gaffney (le verbe est absent de la lettre de Fish). *De la même façon que la fille B. Cela ne changera rien, puisque je suis déjà inculpé de ce crime. Je dois cependant admettre que le conducteur de tramway qui m'a identifié en compagnie du jeune garçon a raison. Je peux vous dire qu'à ce moment-là j'étais à la recherche d'un endroit satisfaisant pour effectuer mon travail.*

Je me rendis donc à la décharge de Riker Avenue. On y distingue une maison isolée, pas très loin d'où je l'emmenais. J'avais peint cette maison pour son propriétaire, quelques années auparavant. Il est ferrailleur. J'ai oublié son nom mais vous pourrez le demander à Henry, mon fils, qui lui a acheté une voiture. Le père de cet homme vit dans la maison. Gene, John et Henry m'ont aidé à peindre la demeure. A l'époque, un certain nombre de vieilles voitures étaient garées le long de la route.

C'est là que j'ai emmené le garçon et l'ai déshabillé avant de le réduire à l'impuissance, pieds et poings liés, et de le bâillonner avec un chiffon sale trouvé sur place. Puis j'ai brûlé ses vêtements, jeté ses chaussures dans une benne à ordures, et je suis retourné chez moi par le tram jusqu'à la 59e Rue. Il était deux heures du matin et j'ai fait le reste du chemin à pied.

Le lendemain, vers deux heures de l'après-midi, j'ai emporté mes instruments, ainsi qu'un solide chat à neuf queues. Fabriqué maison. Avec un manche court. J'avais coupé une de mes ceintures en deux, puis chaque moitié en six lanières d'environ vingt centimètres de long.

J'ai fouetté son cul nu jusqu'à ce que le sang coule sur les jambes. Coupé les oreilles, le nez, agrandi la bouche d'une oreille à l'autre. Sorti les yeux des orbites. Il était déjà mort, à ce moment-là. Enfoncé le couteau dans le ventre et placé ma bouche pour boire son sang.

J'ai ramassé quatre vieux sacs de pommes de terre et des pierres. Puis je l'ai démembré. J'avais emporté une pince avec moi. Elle m'a servi à lui couper le nez, les oreilles et quelques morceaux de son ventre. Puis j'ai coupé le tronc juste en dessous du nombril. Ensuite les jambes à environ cinq centimètres en dessous de son derrière. Tranché la tête, les pieds, les bras, les mains et les jambes en dessous du genou.

J'ai tout mis dans les sacs avec des pierres, les refermant avec de la ficelle, avant de jeter le tout dans les étangs stagnants que vous verrez le long de la route allant à North Beach. L'eau y est profonde d'environ un mètre cinquante. Ça a coulé tout de suite.

Je retournais chez moi, en emportant la viande. J'avais le devant de son corps, avec mes morceaux préférés. Son singe, ses rognons et un délicieux petit derrière bien grassouillet pour le rôtir au four et le dévorer. J'ai préparé un ragoût avec ses oreilles, nez, morceaux du visage et du ventre. J'y ai mis des oignons, des carottes, des navets, du céleri, du sel et du poivre. C'était bon.

Puis, j'ai coupé les fesses en deux, de même que son singe et ses pee wees et je les ai lavés. Les ai mis dans un plat au four que j'ai allumé. Ayant coupé des lanières de bacon, je les ai posées sur chacune des fesses. Épluché quatre oignons et, au bout d'un quart d'heure de cuisson, j'ai versé un demi-litre d'eau pour le jus de la sauce, avant d'y mettre les oignons. A intervalles fréquents, j'ai arrosé de jus son derrière avec une cuillère en bois. Pour que la viande soit meilleure et plus juteuse.

Au bout d'environ deux heures, les fesses étaient cuites, bien rôties. Jamais je n'ai mangé une dinde rôtie qui ait été à moitié aussi bonne que son délicieux petit cul grassouillet. Le plat fut terminé en l'espace de quatre jours. Son petit singe était exquis, mais ses pee wees étaient trop durs : je n'arrivais pas à les mâcher. Je les ai jetés dans les toilettes.

Vous pouvez donner cette lettre à mes enfants et, si nécessaire, me faire témoigner à son sujet.

Je pourrais raconter les détails comme si je discutais du temps qu'il fait.

L'endroit que j'ai décrit est idéal pour un acte de cette nature. Et si vous en parliez à plusieurs journalistes, dites-leur que Dieu m'a ordonné de me purger de ce péché et que je devais me mettre à sa Merci. Conduisez-les à cette décharge. Ils vont être comme fous. Quelle nouvelle sensationnelle. Gene, John et Henry, qui ont travaillé avec moi dans cette maison, pourront vous confirmer mes dires. Ou pensez-vous que je devrais faire appel au père Mallet de l'église de Grace P.E., à White Plains, et me confesser à lui ? Puis, vous direz tout.

Écrivez-moi pour m'indiquer ce que vous voulez que je fasse. Si cela peut vous aider, demandez au directeur de la prison Casey ou au docteur (symptômes d'empoisonnement dû à du plomb), Cellule 1-B-14, appel d'urgence à 7 heures du soir.

Pendant que je me trouvais au quartier général de la police, les 13-14 décembre, je n'avais pas encore avoué à quiconque. Lorsque l'officier F. W. King a quitté la salle d'interrogatoires, le sergent Fitzgerald m'a frappé durement au ventre alors que j'étais assis. Je peux vous le montrer lors de l'audience. Et il m'a dit, même si tu es un vieillard, si tu n'avoues pas, je t'emmène avec moi en bas et tu goûteras à ma matraque. Je voudrais que vous l'attaquiez pour moi.

Demandez à l'officier King de vous donner ma pagaie de torture. C'est lui qui l'a. Prouvera mon état d'esprit. Planche avec des clous qui dépassent.

« *J'aimais les entendre crier de douleur* »

Fish explique en détail à Wertham comment il s'arrange pour attirer ses petites victimes dans les caves d'immeubles où il peint, en leur offrant des friandises ou de la menue monnaie. Il les réduit à l'impuissance en les ligotant, avant de les violer et de les battre. Quelquefois il les torture plusieurs jours de suite avant de les tuer et de démembrer leurs cadavres. Il les bâillonne parfois, « mais je préférais ne pas le faire, car j'aimais les entendre crier de douleur ». L'une des pires atrocités commises par Fish se déroule en 1911, à Saint Louis. Il fait la connaissance de Kedden, un vagabond de 19 ans, beau mais plutôt retardé mentalement.

« Il voyageait à bord d'un train de marchandises en provenance du Sud qui transportait des bananes. Dans son wagon il y avait cinq hommes noirs avec lui et ils ont passé tout leur temps en s'amusant à toutes sortes d'activités sexuelles, surtout de la fellation et de l'homosexualité.

« J'ai fait sa connaissance et l'ai ramené chez moi. Il était couvert de vermine. Je lui ai rasé tous les poils de son corps, y compris ceux de son pubis. Pendant environ deux à trois semaines, nous avons fait des tas d'actes sadiques et masochistes. Il me fouettait et nous faisions des jeux érotiques — le père et le fils, le professeur et son élève. Il m'urinait dessus et je buvais sa pisse ou mangeais ses excréments ; puis, je l'obligeais à le faire aussi.

« Nos jeux ont pris une tournure plus sadique. Je lui ai coupé à plusieurs reprises les fesses pour en boire le sang. Un jour, je l'ai attaché à une chaise, et me suis arrangé pour qu'il soit en état d'érection, avant de commencer à lui trancher le pénis avec une paire de ciseaux, mais j'ai changé d'avis. Le garçon avait l'air de tellement souffrir que je n'ai pas pu supporter son regard de douleur. Je lui ai bandé son membre blessé, et, après avoir déposé dix dollars sur le lit, je me suis enfui en direction d'une autre ville. »

Condamné a mort

Le 22 mars, le jury, après quatre heures de délibération, rend son verdict : Albert Fish, malgré d'évidentes preuves de sa folie, est condamné à mort. La réaction de Fish est à la hauteur du personnage.

« Quelle joie cela sera de mourir sur la chaise électrique. Ce sera l'ultime frisson. Le seul que je n'ai encore jamais essayé. *(Puis après un moment d'hésitation.)* Mais, ce n'était pas le bon verdict. Vous savez, je ne suis pas vraiment sain d'esprit. Et mes pauvres enfants, (...) que feront-ils sans moi pour les guider ? »

Malgré une ultime tentative du Dr Fredric Wertham et de James Dempsey, l'avocat de Fish, la date de l'exécution est confirmée pour le 16 janvier 1936, à la prison de Sing Sing. Pour son dernier repas, Albert Fish demande du poulet rôti qu'on lui sert désossé pour éviter toute tentative de suicide. En effet, quelques mois auparavant, Fish s'était tailladé les poignets avec l'os d'un T-bone steak. Vers onze heures du soir, Albert Fish s'installe sur la chaise électrique. Il aide les gardiens à fixer les électrodes sur ses jambes rasées, il donne quelques feuilles de papier à l'un de ses avocats qui refusera d'en indiquer le contenu à la presse : « Jamais, je ne montrerai ce texte ! C'est le plus innommable tissu d'obscénités que j'aie jamais pu lire de toute ma vie. »

A 11 heures et 9 minutes, le courant est enclenché pour le plus vieux condamné à mort de la prison de Sing Sing. La première décharge ne fonctionne pas. Un journaliste new-yorkais, présent sur les lieux, raconte que des nuages de fumée entourent la tête de Fish : les vingt-sept aiguilles métalliques contenues dans son corps auraient causé un léger court-circuit. La seconde décharge expédie Fish dans l'autre monde.

Un des plus grands pervers de l'histoire du crime était mort. Il emportait avec lui son secret : combien de victimes avait-il réellement tuées ?

ARTHUR SHAWCROSS : L' « ÉTRANGLEUR DE ROCHESTER »

Pendant vingt et un mois, de 1988 jusqu'à janvier 1990, un tueur inconnu plonge la ville de Rochester et sa région dans la terreur. Onze victimes reconnues, pour la plupart des prostituées, sont étranglées et leurs corps déposés sur les rives de la Genesee River ou dans les sous-bois des environs. D'autres disparitions, notamment celles de prostituées noires telles que Kim Logan ou Rosalie Oppel, n'ont jamais pu être élucidées.

Rochester, dans l'État de New York, est le siège de l'empire Eastman-Kodak qui, après un énorme boom économique, a connu une grave récession au début des années 80, au point de supprimer un très grand nombre d'emplois. A quelques pâtés de maisons de l'usine Kodak, Lake et Lyell Avenues représentent le quartier chaud d'une prostitution à bas prix. Ces deux artères n'ont rien d'attractif, avec leur alternance de vendeurs de voitures d'occasion, de boîtes de strip-tease et de bars à l'apparence louche. Les prostituées, généralement assez jeunes, sont presque toutes droguées ou alcooliques. Habillées en jeans, elles sont indépendantes, car leurs tarifs sont si bas qu'elles n'attirent pas la convoitise de protecteurs. Dix dollars pour une fellation, trente dollars pour « *half and half* » (« moitié-moitié ») — une pénétration et une fellation. La nuit, le quartier est totalement désert, ce qui les rend vulnérables.

Pendant plusieurs mois, la police se demande si elle a affaire à un seul et unique tueur. Cela concerne principalement une des victimes, Dorothy Keller, âgée de 58 ans, qui ne correspond pas au profil des autres infortunées. Ni droguée, ni prostituée, les restes squelettiques de Keller ont pourtant été découverts en octobre 1989, dans la Genesee River, près de six mois après sa disparition. Une autre femme, June Stott, diffère aussi de la norme de ces prostituées qui ont payé de leur vie l'erreur de choisir le mauvais client. Âgée de 30 ans, June Stott était légèrement débile et n'avait jamais exercé ce métier.

Le manque flagrant d'indices donne naissance aux rumeurs les plus folles dans une affaire qui ne quitte plus la une des quotidiens locaux. L'assassin est un habitué des prostituées. Il cherche, selon les uns, à se venger après avoir attrapé le sida lors d'une passe. Pour d'autres, c'est un policier qui est connu des « filles ». Il les attire sous des prétextes ou les place en état d'arrestation. Ou l'homme déteste les femmes. En tuant des prostituées, il se débarrasse en fait d'une mère ou d'une sœur aînée qu'il haïssait. Le meurtrier doit appartenir à un culte satanique du style de celui de Charles Manson, ou bien il se déguise en pasteur pour mieux tromper ses victimes.

Malgré tous les efforts de la police, qui a même obtenu une coopération totale de la part des prostituées sur le terrain, aucune piste n'aboutit. Une collaboration active et réciproque entre policiers et prostituées est cependant plutôt rare dans ce genre d'affaires, ainsi qu'on a pu, malheureusement, le constater dans le cas du « Green River Killer », un tueur inconnu de quarante-neuf prostituées dans la région de Seattle. En désespoir de cause, les autorités locales font appel au FBI qui dépêche l'agent spécial Gregg McCrary. Le profil psychologique du *serial killer*, établi par le FBI, s'avère déterminant sur un point : il recommande aux policiers de surveiller avec un maximum d'attention les endroits où des cadavres ont été déposés, et surtout les alentours du fleuve Genesee, proches de Rochester, car le tueur a de fortes chances d'y revivre l'excitation de ses crimes.

Les hypothèses les plus absurdes circulent pendant des mois, jusqu'à ce mercredi 3 janvier 1990, où, vers 11 h 40, une patrouille en hélicoptère repère un homme d'une quarantaine d'années debout sur un pont de Salmon Lake, à Ogden, une banlieue résidentielle de Rochester. Sous ce pont, à environ six mètres en contrebas, les policiers aperçoivent un cadavre de femme. Le suspect monte ensuite à bord d'une Chevrolet Celibrity grise pour se rendre dans une maison de repos de Wedgewood. Deux motards, dépêchés par radio, identifient le propriétaire du véhicule : Arthur Shawcross, né le 6 juin 1945, qui leur présente un permis de conduire périmé. Il n'aurait pas eu le temps de le renouveler, il vient de sortir d'un long séjour en prison.

La présence de Shawcross près d'un cadavre ne suffit pas et ne prouve rien, mais la police croit rarement à de telles coïncidences, d'autant que le casier judiciaire de Shawcross leur apprend qu'il est en liberté conditionnelle depuis 1987, après quinze ans de prison pour meurtre de deux enfants, Jack Blake, 10 ans, et Karen Ann Hill, 8 ans, dans sa ville natale de Watertown. Karen a été molestée par Shawcross. Voici comment il décrit lui-même ces deux premiers crimes dans des aveux consignés en 1972, puis réitérés à la police de Rochester, le 4 janvier 1990 :

« J'avais été invité à une soirée d'anniversaire en famille. Comme il faisait beau, je décidais de couper à travers champs pour prendre un raccourci, au lieu de suivre la route. Je me préparais à partir quand ce gosse frappe à la porte, en demandant si je voulais l'accompagner à la pêche. Je lui réponds que ce n'est pas possible. Je referme la porte et sors par l'arrière de la maison, en passant par un champ, vers le centre commercial.

« Un peu plus loin, je me retrouve dans les marais et j'entends un bruit derrière moi. Le gosse m'avait suivi. Je suis retourné l'aider à sortir de l'étang où il était tombé. " Écoute, arrête de me suivre ! " Il refuse de m'entendre et me dit qu'il va où il a envie, que personne ne peut l'en empêcher. Je le laisse et je continue mon chemin. Je franchis une barrière de fil de fer barbelé, puis un autre étang. J'entends un nouveau splash. Il a chuté à nouveau dans cet étang. Je suis *vraiment* furieux maintenant. Je commence à l'injurier, en lui disant de retourner chez lui. Il me répond : " Je vais où j'en ai envie ". Alors j'ai perdu tout contrôle. Je l'ai frappé d'un coup de poing à la tête. Il est tombé et je suis parti. Plus tard, je suis arrivé chez ma belle-mère pour la fête. Nous sommes rentrés à la maison vers les 11 heures du soir. Il devait être vers les 2 ou 3 heures du matin lorsque la mère du gosse est venue me demander où se trouvait son fils : " Je ne l'ai pas vu depuis ce matin. " J'ai su d'instinct qu'il devait toujours être là-bas. Trois ou quatre jours plus tard je suis allé m'en assurer. Il était dans l'eau. J'ai essayé de cacher son corps avec des feuilles, avant de retourner à Watertown. J'avais peur, mais je décidais de ne plus y penser (...) Je suis retourné le voir et il n'y avait plus qu'un squelette. »

Le médecin légiste, qui autopsie le corps de Jack Blake, pense que celui-ci a été forcé à se déshabiller avant son décès ou qu'il l'a été après sa mort. La police soupçonne aussi qu'il a subi des violences sexuelles. Par la suite, Arthur Shawcross donnera une version différente du meurtre de Jack Blake, mais celle-ci est à prendre avec des précautions, car enregistrée par les soins des psychiatres de la défense. Au moment de son procès, en 1990, Shawcross tente de se faire passer pour un cannibale, victime d'abus sexuels très graves durant son enfance : sa mère l'aurait violemment sodomisé avec un manche à balai, elle lui aurait rompu la paroi anale, mais aucune preuve médicale ne permet de soutenir cette thèse. Shawcross ajoute qu'il a appris à tuer et à mutiler des femmes au Vietnam. En pleine audience on projette une vidéo qui le montre sous hypnose. La défense cherche à prouver que Shawcross n'est pas responsable de ses actes et qu'il doit être envoyé en hôpital psychiatrique. Shawcross, bien que possédant un quotient intellectuel moyen de 96, est un criminel endurci par plus de quinze années de prison, et il sait embobiner les autorités judiciaires ou psychiatriques. A l'image de la plupart des *serial killers,* il connaît à merveille les réponses que les psychiatres ou les psychologues attendent d'individus comme lui. Jamais Shawcross n'avait mentionné des abus sexuels ou son goût du cannibalisme quand les policiers l'ont interrogé, ni en 1972, ni en 1990. Écoutez donc cette nouvelle version de l'assassinat de Jack Blake :

« Je l'ai frappé à la tête et à la gorge avant de l'étrangler, dit Shawcross. Ça m'a fait le même effet qu'ici à Rochester, car j'ai coupé des morceaux de son corps pour les manger. J'ai emporté son pénis, ses testicules et son cœur pour les dévorer. J'ignore pourquoi j'ai agi ainsi. J'ai également violé son cadavre. Pareil avec toutes les filles de Rochester. Je me suis même allongé un moment auprès de certaines d'entre elles. Je n'arrive pas à m'expliquer mon attitude, mais c'est comme ça. »

En janvier 1990, les détectives Blythe, Militello, Barnes,

Borriello et Campione questionnent Arthur Shawcross sur le meurtre des deux enfants. Il répète quasiment mot pour mot ses aveux de 1972, à Watertown — il n'y est pas question de cannibalisme, ni de mutilation *post mortem* :

« Art, demande le détective Blythe, tu as eu des rapports avec ce garçon ?

— Non, répond Shawcross.

— Tu le connaissais bien ?

— J'allais souvent pêcher avec lui.

— Et la petite fille, tu peux nous dire comment elle était ?

— Oui. Elle avait des cheveux blonds ou châtain clair. Ils lui descendaient jusqu'aux épaules.

— Elle était développée pour son âge ? Avait-elle de la poitrine ?

— Je ne m'en souviens plus. Mais elle était de taille moyenne.

— Elle était jolie ?

— Oui.

— Et ça s'est passé où exactement ?

— Près de Mill Street, à Watertown. J'y pêchais depuis deux heures environ. C'est à l'embranchement avec la Black River. Il faisait très beau ce jour-là. Et je l'ai aperçue. Je lui ai demandé si elle n'avait pas peur d'être toute seule et elle m'a répondu qu'elle venait souvent par ici.

— Tu es resté combien de temps avec elle ?

— Pas plus de dix ou quinze minutes.

— Comment était-elle habillée ?

— Je crois qu'elle avait un short. Ou peut-être un pantalon.

— Tu as eu des rapports sexuels avec elle ?

— Oui.

— Et elle était toujours vivante ?

— Oui.

— Tu étais déshabillé ?

— Non, j'avais baissé mon pantalon.

— Et elle était allongée par terre ?

— Non. Je crois qu'elle était penchée en avant.

— Tu lui as retiré ses vêtements ?

— Juste son short ou son pantalon qui était baissé.

— Tu l'as pénétrée par-derrière ?

— Oui. Je l'ai pénétrée avec ma queue.

— Je sais que c'est difficile pour toi de nous raconter tout ça, dit le détective Militello, et je voulais te dire que nous apprécions ton aide.

— J'essaie d'oublier le passé, soupire Shawcross.

— Où étais-tu quand tu l'as étranglée ? reprend Blythe. Tu la pénétrais toujours ?

— Elle était debout quand je l'ai tuée.

— Et tu penses qu'elle t'a suivi parce qu'elle voulait avoir des rapports avec toi ?

— Non, je ne le pense pas, parce qu'elle pleurait et saignait en même temps... Lorsque je l'ai vue, je n'ai plus entendu aucun bruit autour de moi. Tout était silencieux. La lumière du jour est devenue plus étincelante et j'ai cru qu'il s'agissait de ma sœur Jeannie... Je l'ai d'abord obligée à me faire une fellation avant de la violer. Elle avait peur. Elle hurlait. Puis, voyant ce que j'avais fait, je l'ai étranglée. La luminosité a disparu et j'ai recouvert son cadavre avec des débris et des pierres, avant de quitter les lieux. »

Sans que les enquêteurs lui en fassent la demande, Arthur Shawcross mentionne les rapports incestueux qui le liaient à sa sœur Jeannie :

« J'ai raconté un jour à ma mère que ma sœur et moi étions plus que de simples frère et sœur.

— Qu'as-tu raconté à ta mère ? demande Blythe.

— Ma sœur Jeannie a trois ans de moins que moi. Elle est maintenant mariée à un militaire, et ils ont longtemps vécu en Grèce. (Il hésite, reste silencieux un moment.)

— Tu avais des rapports avec elle? poursuit Militello.

— Non, je la suçais seulement et je la caressais. Ça a duré trois ans, jusqu'à ce qu'elle ait 17 ans.

— Et elle faisait pareil pour toi?

— Non, non. Elle se laissait faire, c'est tout. »

Interrogée par la suite, la sœur d'Arthur Shawcross, Jeannie Williams, nie fermement avoir eu de quelconques rapports sexuels avec son frère.

Pour les meurtres des deux enfants, Shawcross montre encore une fois son habileté. Il passe un marché, que les autorités judiciaires n'auraient jamais dû accepter, en échange de ses aveux volontaires sur les deux crimes, puisque aucune preuve ne le lie directement à ces forfaits. Il est condamné à vingt-cinq ans de prison pour le seul meurtre de Karen Ann Hill. Aucune poursuite n'est engagée à son égard concernant l'assassinat de Jack Blake, pas plus que pour le viol de l'adolescente. On promet aux parents des victimes que Shawcross ne sortira pas de prison avant la fin de sa condamnation et que la commission chargée des mises en liberté ne relâchera jamais un tel criminel, d'autant qu'il a commis ces meurtres alors qu'il était libéré sur parole. On sait ce qu'il advint de cette promesse.

En ce début d'après-midi du 3 janvier 1990, la police apprend avec intérêt que Shawcross travaille de nuit à confectionner des salades pour un traiteur de Rochester. A nouveau, un autre élément coïncide avec le témoignage d'une prostituée inquiète au sujet d'un de ses clients, un certain Mitch qui travaille la nuit pour un traiteur : il ne peut jouir que si sa partenaire feint d'être morte.

L'attitude de Shawcross paraît étrange aux détectives. Placide, débonnaire, tranquille même, il se soucie peu de savoir de quoi on l'accuse. Il explique sa présence sur le pont par une envie d'uriner après le déjeuner. Personne ne le croit. Il se trouve dans un lieu très fréquenté en plein jour. De plus, le pont se situe à moins de cinq kilomètres de sa destination, la maison de repos de Wedgewood, où il aurait pu se soulager. La police pense que Shawcross, sur le pont, regardait le cadavre pour revivre l'excitation du meurtre et en ressentir une forte jouissance. Peut-être se masturbait-il ?

A 13 h 30, Shawcross accorde aux policiers l'autorisation de fouiller son véhicule, avant d'être reconduit chez lui et placé sous surveillance. Pendant la nuit et la matinée du 4 janvier, la police enquête. Des inspecteurs partent dans les quartiers chauds de Rochester, autour de Lyell et de Lake Avenues. Ils y interrogent à nouveau les prostituées, mais, cette fois-ci, ils se munissent de photos d'Arthur Shawcross. Nombre d'entre elles le reconnaissent, c'est Mitch, un habitué qui a beaucoup de mal à bander et à maintenir une érection. L'une d'elles, Joanne VanNostrand, fournit un témoignage capital : elle a fait l'amour dans la voiture de Shawcross, garée dans le parc de Durand Eastman, tout près de la Genesee River. Il lui a affirmé travailler pour G & G Food Service et raconté comment il s'était blessé au pied dans un accident sur le pont de Driving Park. Il portait une armature orthopédique en plastique. Pendant leurs rapports sexuels, VanNostrand a gardé un couteau plaqué contre l'armature du pied de Shawcross, une précaution qu'elle prenait à l'égard de tous ses clients depuis le début de la vague de crimes. Elle a remarqué une lunette de visée télescopique calée entre les sièges avant de la voiture de Shawcross. Avant de partir, Shawcross lui a offert des sacs de patates et de pommes. Quelques jours après la fête de Thanksgiving, le quatrième jeudi du mois de novembre, Joanne VanNostrand a reconnu Shawcross vers 2 heures du matin en compagnie d'une autre prostituée, Elizabeth Gibson. La fille portait un manteau rose. La police découvre le corps d'Elizabeth Gibson, dans le comté de Wayne, à peine onze heures plus tard. Le vernis de la carrosserie de la voiture de Shawcross est parfaitement identique à un éclat de peinture trouvé près du cadavre. Il en est de même pour les traces de pneus.

La fouille de la Chevrolet Celibrity grise permet de découvrir une boucle d'oreille ayant appartenu à June Cicero, dont le cadavre se trouvait sous le pont, le jour où Shawcross a été aperçu par la patrouille en hélicoptère. Dès le matin du 4 janvier, Shawcross est confronté à ces nouvelles preuves. Il avoue à 13 h 8 exactement qu'il a tué Elizabeth Gibson, qu'il connaissait sous le nom de Theresa :

« Je la connaissais depuis mars 1989, elle travaillait sur Lake Avenue. Vers la fin de novembre, elle est montée dans ma voiture et j'ai traversé le pont, en direction de Upper Falls Boulevard, puis vers Saint Paul. En arrivant dans le comté de Wayne, je me suis garé derrière un immeuble. Nous avons discuté un moment et je lui ai raconté que j'avais un problème pour bander. Pas de problème, me répondit-elle, je peux t'arranger ça. Je lui ai demandé combien elle voulait. On verra ça plus tard, me dit-elle. Elle s'est mise à me sucer, mais ça ne marchait pas trop bien. Je la caresse un peu et je vois mon portefeuille par terre. J'ignore si elle l'avait chipé ou quoi. Je l'ai replacé dans la poche avant de mon pantalon pendant qu'elle se déshabillait. Nous étions assis sur les sièges avant de la voiture. Nous avons commencé à faire l'amour, lorsqu'elle m'a brusquement enfoncé ses doigts dans les yeux. Je l'ai repoussée violemment avec mon bras. Et, vous savez, il a dû se passer quelque chose, car elle ne respirait plus.

— Tu poussais sur son cou ? demande Militello.

— Je crois que j'ai paniqué. J'ai pressé sa gorge avec mon bras... J'ai essayé de lui faire du bouche à bouche, mais ça ne marchait pas. Alors, je l'ai transportée dans les bois, près d'un vieux tracteur, avant de la déposer sur le sol. Je suis retourné à la voiture pour prendre Lake Road, en direction de la centrale nucléaire. En chemin, j'ai balancé ses vêtements par la vitre de la voiture. En franchissant Irondequoit Bridge, je me suis aperçu que j'avais toujours son manteau et je l'ai jeté par-dessus le parapet. Et je suis rentré à la maison. »

Shawcross nie toute participation aux autres crimes dont on l'accuse. A 16 heures, le détective Borriello lui montre les deux boucles d'oreilles dans des sachets en plastique différents, l'une découverte sur le corps de June Cicero, l'autre trouvée sous le siège avant de la Chevrolet Celibrity grise, dont la propriétaire est Clara Neal, la maîtresse de Shawcross. A 16 h 5, l'inspecteur Blythe pénètre dans la salle de conférences en compagnie de Clara Neal. Celle-ci reconnaît qu'elle prêtait régulièrement sa voiture à Arthur Shawcross. Elle ne s'explique pas la présence de la boucle d'oreille et supplie son amant de dire la vérité. Leonard Borriello accentue la pression en demandant à Shawcross pourquoi il mêle Clara Neal à cette histoire :

« Tu as des rapports avec Clara Neal ? poursuit Blythe.

— Oui, à peu près une fois tous les quinze jours. Elle m'aide pour mon problème. D'ailleurs, j'ai rencontré deux fois un psychologue.

— Quel problème ?

— Je n'arrive pas à avoir d'érection ni d'orgasme. Je pense que c'est à cause d'un sentiment de culpabilité qui vient de mon passé.

— Pourquoi penses-tu ça ?

— C'est ce que le psychologue m'a dit.

— Tu t'entends bien, sexuellement, avec Clara ?

— Avec Clara, j'arrive à bander plus longtemps qu'avec Rose, parce qu'elle me souffle dans l'oreille et y met aussi sa langue. Mais avec Clara non plus, je n'ai pas d'orgasme.

— Et avec ta femme, c'est comment ?

— Nos relations sont bonnes. Elle se met presque toujours sur moi. J'arrive à bander plus longtemps comme ça.

— Tu regardes des cassettes X ou des revues pornos ?

— Non, ça ne sert à rien. Elles ne m'aident pas. Je n'ai pas d'orgasme parce que ça me fait mal physiquement. C'est pour ça que je n'arrive pas à maintenir une érection très longtemps. »

Shawcross exige la présence de sa femme Rose et l'inspecteur Militello quitte la pièce pour aller la chercher. Il revient à 16 h 28 en compagnie de Rose Shawcross. Tout comme Clara Neal, elle supplie son mari de dire la vérité, et que, quoi qu'il arrive, elle restera à ses côtés.

« Qu'est-ce qui s'est passé ? lui demande-t-elle.

— Tu te souviens quand je suis rentré un soir à la maison avec des égratignures sur le visage et autour des yeux ?

— Oui, je m'en souviens.

— Eh bien, j'ai été obligé de faire mal à une fille.

— Écoute, Art, dit Militello, tu voulais voir ta femme et nous l'avons ramenée. Maintenant, il vaut mieux pour tout le monde que tu dises la vérité. »

Rose embrasse son mari et quitte la pièce. Il est 16 h 39. Immédiatement après son départ, Shawcross demande au détective Barnes de lui montrer les photos des disparues. William Barnes lui tend les clichés en lui demandant d'indiquer celles qu'il a tuées. Shawcross les place en deux piles. Dans le tas de gauche, il dépose les photos d'Elizabeth Gibson, Dorothy Blackburn, June Stott, Patty Ives, June Cicero, Frances Brown, Darlene Trippi, Maria Welch et Anna Steffen. Il hésite longuement en examinant la photo de Felicia Stephens, une prostituée noire, qu'il n'inclut finalement pas dans sa liste de victimes. Shawcross passe des aveux complets concernant dix victimes, mais refuse avec obstination de reconnaître sa culpabilité dans le meurtre de Felicia Stephens, alors que son cadavre étranglé a été retrouvé près de ceux de June Cicero et Dorothy Blackburn. Il est 21 h 5.

« Je ne prenais pas de Noires, râle Shawcross.

— Pourtant tu as bien parlé à quelqu'un de ta préférence pour les pipes ?

— Non.

— Jamais ?

— Non.

— En novembre dernier, tu ne te souviens pas d'une conversation avec Clara Neal et son fils Robert Lee ?

— Non.

— Tu étais chez elle et tu as dit à Clara que tu aimais que les filles noires fassent des pipes parce qu'elles avaient de grosses lèvres ?

— Non, ce n'était pas moi qui ai dit ça. Je ne touche pas aux Noires.

— Écoute, Art, dit Borriello, on a été sympas avec toi. Je sais que tu es gêné à l'idée que Rose apprenne que tu étais avec une Noire...

— On ne te demandera même pas de signer des aveux, dit Campione, mais nous avons besoin de savoir la vérité.

— Elle n'est jamais montée à bord de la voiture, insiste Shawcross.

— Alors, comment tu expliques ce qui lui est arrivé ?

— Je roulais le long de Plymouth Avenue, vers Main Street, et il était environ 2 heures du matin, le mercredi ou le jeudi après Noël. Je me suis arrêté au feu rouge du carrefour de ces deux rues. La vitre côté passager de la Chevrolet Celibrity était à moitié ouverte. Une femme noire s'est précipitée vers la voiture et a passé la tête à l'intérieur ; j'ai tout de suite enclenché le système de fermeture automatique, la retenant ainsi prisonnière à la gorge. Avec mes deux mains, je l'ai étranglée parce qu'elle criait au viol. Puis j'ai baissé la vitre et, en la tirant par les cheveux, je l'ai entraînée à l'intérieur de la voiture avant de l'achever. Ensuite, je me suis rendu à Northampton Park pour y balancer le cadavre. Je l'avais complètement déshabillée.

— Pourquoi ?

— Je voulais simplement voir de quoi elle avait l'air. »

Shawcross nie toujours farouchement être responsable de la disparition ou de la mort d'autres prostituées noires telles que Rosalie Oppel, Kim Logan ou Gail DeRyke. Pas plus qu'il ne reconnaît avoir eu des rapports avec Felicia Stephens. A 22 heures, le détective Campione apporte une salade et des cuisses de poulet, mais Shawcross refuse de manger.

« Je crois savoir que tu as servi au Vietnam ? demande Coleman.

— Oui et j'ai même trente-neuf morts confirmés avec mon fusil M-16. Et tout un tas d'autres non reconnus parce que j'étais tout seul dans la jungle. C'est l'Oncle Sam qui m'a appris à tuer.

— Tu as eu des problèmes avec les femmes, là-bas ?

— J'en ai tué deux, une jeune fille et une adolescente. C'étaient des Vietcongs. Et je les ai également mutilées.

— Pourquoi ?

— Elles faisaient pareil avec les Américains. »

Le récit des mutilations qui suit provient de souvenirs écrits par Shawcross à l'intention des psychiatres qui l'ont examiné avant son procès.

« A l'époque, j'étais comme dans un brouillard. Dans une vallée non loin de Kontum, j'aperçois cette femme et je la descends. Elle n'était pas encore morte et je l'attache à un arbre. Je prépare un feu de camp. Je remarque alors cet énorme arbre creux : lorsque je l'ai surprise, elle était en train d'y cacher un AK-47. Un petit sentier traverse les bois pour mener à quelques huttes sur pilotis. Il y a plein d'armes, des munitions et de la nourriture. J'entends du bruit dans une des huttes. J'escalade la petite échelle. Une fille en sort. Je la ramène pour l'attacher près de l'autre. Elles sont l'ennemi. Je lui tranche la gorge. Je lui coupe la tête. Les Viets sont superstitieux. J'enfonce sa tête sur un piquet que je plante près de la cachette d'armes. Je ne me reconnaissais plus. Jamais je n'avais fait une chose pareille. Puis je coupe la jambe de cette femme à hauteur de la hanche et jusqu'au genou. Comme un jambon. Je la cuis sur le feu de camp. Ça sentait pas trop bon, mais une fois bien rôti, je me suis mis à en manger. On aurait dit du porc ou du singe. Le reste du corps, je l'ai posé sur une fourmilière. Pendant que je prépare mon repas, l'autre fille s'est évanouie en se pissant dessus. Je l'ai violée, mais en la forçant à me sucer d'abord. Elle ne comprenait pas ce que je faisais, mais son corps, lui, comprenait. Je l'ai détachée avant de la lier à deux arbres plus petits. Ensuite je me suis remis à manger un peu, et à aiguiser mon couteau en la regardant. Elle s'est évanouie à plusieurs reprises. Je l'ai coupée légèrement de la nuque jusqu'au pubis. Elle a crié et chié de terreur. J'ai pris mon M-16, en enfilant une tétine sur le canon pour le rendre silencieux, et, en visant son front, j'ai appuyé sur la gâchette. Finalement, je lui ai coupé la tête en l'installant sur un piquet comme pour l'autre. J'ai suspendu son cadavre par les pieds. Puis je l'ai mutilé comme on le ferait avec une vache. Pourquoi ? Quelques jours plus tard, j'ai dit à certains de nos hommes de passer prendre les armes et les munitions. Ils ont tout brûlé, mais en laissant les têtes. Les Viets ne sont plus jamais revenus. Superstition. Les Viets nous torturaient bien, pourquoi on n'aurait pas fait pareil ? »

Les aveux de Shawcross

Le récit des meurtres qui suit est tiré de deux rapports de police en date du 4 janvier 1990 (New York State Police —

Henrietta — Cas n° 90-004 à 007 — 62 pages ; interrogatoire d'Arthur J. Shawcross enregistré au quatrième étage du Public Safety Building, Monroe County, 79 pages), ainsi que de bandes vidéo qui m'ont été fournies par Charles Siragusa, procureur chargé des poursuites lors du procès d'Arthur Shawcross.

Dorothy Blackburn — 27 ans — décédée en février 1988.

« Tu te souviens de la première que tu as tuée ?

— Oui, dit Shawcross, c'était Dorothy Blackburn. Je l'ai rencontrée à Tent City, sur Lake ou Lyell Avenue. On s'est dirigés sur West Main Street, près des grands immeubles où je me suis garé dans un parking. Et nous avons commencé... elle me faisait une fellation et je sais pas ce qui lui a pris, mais elle m'a mordu.

— Elle t'a mordu le pénis ?

— Ouais. J'étais furieux et je l'ai étranglée.

— Il était quelle heure ?

— En fin d'après-midi. Vers les six, sept heures.

— Tu avais accepté de la payer pour le sexe ?

— Oui. Vingt dollars.

— Et c'était pour quoi ?

— Unc fellation.

— Juste une fellation ?

— Oui.

— Elle était déshabillée ou pas ?

— Elle était complètement nue, et elle m'a dit qu'après la fellation on ferait l'amour. Je lui ai répondu qu'on en discuterait plus tard.

— C'est toi qui l'as déshabillée ?

— Non, c'est elle.

— Et pourquoi elle t'a mordu ?

— Je n'en sais rien.

— Où se trouvaient tes mains pendant qu'elle te suçait ?

— Une derrière sa tête et l'autre dans son dos.

— Elle a eu un problème pendant la fellation ou elle le faisait comme tu voulais ?

— J'avais toujours des difficultés à bander, mais sinon tout marchait bien.

— Comment as-tu fait pour l'étrangler ?

— Avec une main. Ma main droite.

— Et après ?

— J'ai roulé pendant un moment.

— Et qu'as-tu fait d'elle ?

— Elle était assise, morte, à côté de moi.

— Tu n'as pas cherché à la cacher ?

— Non. Je me suis dirigé vers Northampton Park et j'ai balancé son cadavre par-dessus le parapet du pont. »

Dorothy Keller — 58 ans — décédée en mai 1989.

« Après Dorothy Blackburn ?

— Dorothy Keller. Nous avions des relations intimes. Et elle venait souvent chez moi.

— A ton domicile d'Alexander Street ?

— Oui. Elle y est restée plusieurs fois, mais elle a commencé à voler de l'argent et diverses choses, et je lui ai dit. Et elle me répond : " De toute façon, je fais ce que je veux, sinon je parle de nos histoires à ta femme. " Je lui dis : " Bon d'accord, si c'est comme ça... " Un jour, j'étais parti pêcher à Driving Park lorsque je la rencontre sur le chemin qui mène au moulin. Elle m'a accompagné, mais pas pour pêcher. Finalement, on a baisé.

— Fellation, quel style ?

— De tout. Fellation, je l'ai sucée, baisée par-devant, sodomie, enfin tout, quoi.

— Vas-y. Continue.

— Nous avons fait un pique-nique au bord de l'eau et elle m'a dit qu'elle allait tout raconter à Rose. Alors j'ai pris une grosse branche et je lui ai balancé un coup sur le côté de la tête. De toutes mes forces. Je crois que ça lui a brisé la nuque.

— Et après ?

— J'ai pris son corps pour le déposer dans des buissons tout proches, et je suis parti.

— Tu as recouvert le cadavre ?

— Non.

— Elle habitait où ?

— Elle n'avait pas de domicile. Elle vivait dans la rue. Parfois, elle couchait à l'église catholique d'Oxford.

— Elle avait un emploi ?

— Non.

— Et tu la payais quand vous faisiez l'amour ?

— Non.

— Tu es retourné sur les lieux du crime ?

— Oui, un ou deux jours après. Mais, c'était uniquement pour pêcher dans le coin. La routine, quoi. *(Cette expression, « Business as usual », revient constamment dans la bouche d'Arthur Shawcross.)* J'étais même présent quand la police a découvert le corps.

— Tu as été questionné par la police ?

— Non.

— Tu avais vu des reportages aux informations annonçant la découverte du corps ?

— Oui. Je crois que oui.

— Pourquoi n'as-tu pas passé un coup de fil, même anonyme, pour indiquer de qui il s'agissait ? *(Le corps a été retrouvé six mois après le meurtre.)* Après tout, c'était ton amie, tu lui devais bien ça ?

— Je n'avais aucune raison de le faire.

— Cela te gêne-t-il d'avoir tué ainsi une amie ?

— Non, pas du tout.
— Tu n'éprouves pas de remords ?
— Non. »

Anna Steffen — 28 ans — décédée en juin 1989.

Barnes lui montre une photo :
« Tu te souviens de cette fille ?
— Elle était après Dorothy. Je l'ai rencontrée sur le chemin qui descend derrière l'immeuble du YMCA jusqu'au moulin, du côté sud du pont de Driving Park. Elle s'est déshabillée pour aller nager dans la rivière. Elle m'a dit de venir la rejoindre, ce que j'ai fait. On a commencé à s'amuser un peu.
— A vous amuser comment ?
— A s'embrasser, à se toucher. Puis, nous sommes sortis de l'eau pour faire un 69. On a essayé de faire l'amour pendant pas mal de temps. Je dirais environ une demi-heure. Mais je n'y arrivais pas. C'est alors qu'elle m'a fortement poussé dans l'eau. J'étais furieux, et, en remontant sur la berge, je l'ai, à mon tour, violemment poussée. Et elle est tombée sur le côté en hurlant : " Pourquoi tu as fait ça ! Je vais avoir un bébé ! Tu es fou ou quoi ? Attends un peu que je prévienne la police ! " Elle était hystérique. J'ai crié à mon tour. " Si tu es enceinte, pourquoi tu es venue ici pour me baiser ? " " Tu m'as fait mal et je vais aller le dire à la police. "
— Et ensuite ?
— Je l'ai étranglée, avec mes deux mains. Elle ne s'est pas débattue et est morte très vite.
— As-tu remarqué si elle était enceinte ?
— J'ignore si elle était enceinte ou pas. C'est ce qu'elle m'a dit. Son ventre n'était pas enflé. »

Patty Ives — 25 ans — décédée en juillet 1989.

« Parle-nous un peu de Patty Ives.

— Je la connaissais bien, car je la voyais souvent. Je l'avais déjà rencontrée au même endroit, au coin de Lake et de Driving Park, deux jours auparavant. J'étais en bicyclette et on avait discuté un moment. La fois suivante, je venais de descendre du bus quand je l'ai vue. On a parlé un bout de temps et elle m'a demandé si je voulais faire l'amour avec elle.

— Elle voulait de l'argent ?

— On n'a pas parlé d'argent.

— Il était quelle heure ?

— Vers midi.

— Et ensuite ?

— On est allés dans le parc, derrière l'immeuble du YMCA. Quelqu'un avait retourné des mottes de terre qui formaient des gros tas. On s'est cachés derrière un de ces tas. On a commencé à s'amuser.

— Vous avez eu des rapports ?

— Oui. Du sexe normal.

— Tu lui avais retiré son pantalon ?

— Non, pas tout à fait. Juste baissé.

— Tu l'as pénétrée par-derrière ?

— Non, elle avait une jambe écartée. Il y avait des gosses qui jouaient dans le parc, pas très loin d'où nous étions. J'ai dit à Patty de la fermer, parce qu'elle faisait trop de bruit. Elle n'arrêtait pas de bavarder.

— Et ensuite ?

— Elle continuait à faire trop de bruit, alors je me suis fâché et je l'ai étranglée.

— Elle est morte tout de suite ?

— Non, non, elle s'est débattue pas mal de temps. J'étais au-dessus d'elle, avec une main lui couvrant la bouche et le nez, tandis que j'appuyais de toutes mes forces avec mon autre bras.

— A ce moment-là, elle était déshabillée ?

— Non.

— Qu'as-tu fait du cadavre ?

— Je l'ai tiré dans les buissons, près d'une barrière, et j'ai placé une planche de bois par-dessus.

— Personne ne t'a vu quitter les lieux ?

— Non.

— Tu es parti en courant ? Tu avais peur ?

— Non, pas du tout.

— Tu éprouves des remords ?

— Non. »

Frances Brown — 22 ans — décédée en octobre 1989.

« Qui était la suivante ?

— Frances Brown, je crois.

— Où l'as-tu rencontrée, Art ?

— Au coin d'Ambrose et Lake. Il était environ dix heures. Dix heures du soir.

— Tu conduisais la Chevrolet Celibrity ?

— Non, une Dodge Omni. Elle est montée à bord, en me disant de traverser le pont de Driving Park.

— Vous aviez discuté du tarif?

— Non. Elle est juste montée à bord. Je lui ai demandé : “ Combien tu veux ? ” Elle m'a dit : “ On verra plus tard, quand on sera arrivés. ”

— Où êtes-vous allés ?

— On a traversé le pont, Upper Falls Boulevard, et je me suis garé sur un parking juste derrière l'usine Kodak. Elle voulait trente dollars que je lui ai donnés. On a commencé en 69, avant d'avoir des rapports normaux. J'avais reculé le siège, qui était incliné vers l'arrière, et, avec son pied, elle a pété le levier de vitesse. J'étais furieux, d'autant plus que c'était la voiture de Clara. Et je l'ai frappée à la gorge jusqu'à ce qu'elle meure.

— Elle avait enlevé tous ses vêtements ?

— Non, c'est moi qui l'ai déshabillée. Elle n'avait plus que ses chaussettes et je les lui ai enlevées.

— Et après ?

— Elle était sur le siège avant, à côté de moi, complètement nue. Je me suis rendu à Seth Green Drive et je suis resté un moment dans la voiture.

— Il était quelle heure ?

— Minuit.

— Qu'as-tu fait du corps ?

— Je l'ai balancé par-dessus la falaise. En me penchant, j'ai vu qu'elle avait atterri les fesses en l'air. Et j'ai aperçu un tatouage qui indiquait " Kiss off " ou quelque chose dans ce style. Puis, je me suis débarrassé de ses vêtements en les jetant dans une poubelle en ville.

— Où étais-tu garé exactement ?

— Au bord de la rivière, sur un chemin de traverse. C'est un coin où les pêcheurs installent des tables pendant la journée. Ce sont en fait des planches en bois qu'ils déposent au bord de la rivière, la nuit venue. J'y venais très souvent.

— C'est un endroit où tu te sentais bien ?

— Oui.

— Combien de temps es-tu resté assis à côté de son cadavre ?

— Environ une heure.

— Est-ce que tu lui parlais ?

— Non. De toute façon, elle était morte.

— Tu pensais à quelque chose ?

— Non, je ne pensais à rien de particulier.

— Tu écoutais la radio ?

— Oui, de la country music.

— Tu ne t'es pas senti excité ou anxieux ? Tu n'avais pas peur d'être repéré par une patrouille de police ?

— Non, pas du tout. J'y étais déjà venu quelquefois la nuit, et je savais que la police ne passait jamais dans le coin. La routine, quoi. »

June Stott — 30 ans — décédée en octobre 1989.

« Tu connaissais déjà June Stott ?

— Oui, je l'avais rencontrée deux ou trois fois, au Midtown. Je la connaissais juste sous le nom de Jay. Elle était un peu retardée.

— Comment savais-tu qu'elle était retardée ?

— En discutant. J'avais déjeuné une fois avec elle.

— Qu'est-ce qui s'est passé avec elle ?

— On discutait le bout de gras au bord de la rivière, près de l'usine à ciment. Elle m'a dit qu'elle était encore vierge et elle voulait que je lui montre comment on faisait l'amour. J'ai dit d'accord. On a commencé à enlever nos vêtements.

— C'est elle qui s'est déshabillée ?

— Oui, je l'ai juste aidée un peu pour son soutien-gorge.

— Il faisait nuit ?

— Non, on était en plein jour.

— Et il n'y avait personne ?

— Si, mais ils ne nous dérangeaient pas. On a utilisé des bouts de tapis qui traînaient dans le coin pour nous allonger dessus. Nous étions complètement nus. Et je l'ai pénétrée, mais c'était bien trop facile : June n'était pas vierge. Elle m'avait menti et je le lui ai dit. Son vagin ne saignait pas. Je lui ai répété qu'elle se moquait de moi. Elle paraissait bouleversée et s'est mise en colère. Elle m'a frappé et j'ai fait pareil, avant de l'étrangler.

— Qu'as-tu fait de ses vêtements ?

— Je les ai jetés dans la rivière où ils ont coulé tout de suite.

— Tu as gardé quelque chose ?
— Juste un petit couteau qu'elle avait toujours sur elle.
— Pourquoi ce couteau ?
— Je l'aimais bien, c'était un chouette petit couteau.
— Qu'as-tu fait du corps ?
— Je l'ai laissé là où il était.
— Tu es revenu sur les lieux ?
— Oui, trois jours plus tard.
— Dans la journée ?
— Oui, juste avant le lever du jour. Je venais de quitter mon travail. Il y avait encore du brouillard.
— Tu es venu en voiture ?
— Non. Avec le bus. Je crois même que c'était le premier bus.
— Pourquoi revenir sur les lieux ?
— Pour mutiler le corps. Je l'ai ouvert du cou jusqu'au vagin.
— Tu étais en colère après elle ?
— Non, j'aimais bien June. Mais c'était pour que le corps se décompose plus rapidement. Puis, j'ai retourné le corps sur le ventre et posé le tapis sur elle, afin qu'on ne la retrouve pas. *(Par la suite, Arthur Shawcross affirmera à un psychiatre de la défense qu'il a violé le cadavre et en a dévoré certaines parties.)* Le corps était chaud. Il n'était pas encore rigide. Alors, je l'ai encore baisée. Après l'avoir mutilée de la nuque au trou du cul, j'ai découpé sa chatte que j'ai dévorée crue.
— Pensais-tu revenir encore une fois ?
— Oui, une fois décomposée, je serais retourné pour jeter les os dans la rivière.
— Pourquoi ne pas avoir jeté le corps dans la rivière, la première fois ?
— J'aimais bien June.
— Pourquoi ne pas avoir enterré les corps ?
— Je n'avais pas de pelle.

— Et si c'était à refaire ?

— J'aurais aimé trouver un grand trou pour y mettre tous les corps, afin qu'elles soient toutes ensemble.

— Cela aurait été mieux ?

— Oui, ça m'aurait plu.

— Tu as coupé June avec son propre couteau ?

— Oui. »

Maria Welch — 22 ans — décédée en novembre 1989.

« Où as-tu rencontré Maria Welch ?

— Au coin de Lyell et d'Oak Avenue.

— Tu étais en voiture ?

— Oui. La Dodge Omni.

— Vous êtes allés où ?

— Le long de Dewey Avenue, jusqu'au carrefour avec Lake, là où il y a la plage. On y trouve un petit parking qui fait face au lac.

— Que s'est-il passé ensuite ?

— Je lui ai demandé combien elle voulait. Et elle m'a dit : " Vingt-cinq dollars pour une pipe, quarante pour une pénétration et trente-cinq pour moitié-moitié. " " Eh bien, je te donne vingt pour une fellation. " Elle s'est mise à crier et à pousser une gueulante. Je lui ai dit : " Hé ! t'aurais dû me le dire plus tôt. " Alors, elle a pris les vingt dollars. Nous étions encore habillés tous les deux quand elle m'a dit : " Donne-moi cinq de plus et je te laisse me pénétrer. " J'ai dit d'accord et je lui file cinq de plus. On commence à faire l'amour, mais j'avais gardé mon pantalon. Elle avait passé son bras derrière mon dos et je me suis aperçu qu'elle avait piqué mon fric et mes papiers. Elle avait déjà remis le portefeuille dans la poche de mon pantalon ; il dépassait encore à moitié. Je ne sais pas comment elle avait fait. Je lui ai dit de me rendre mes affaires. Sur ce, elle me répond : " Pas avant que j'obtienne ce qui est à moi. " C'est alors que je l'ai attrapée pour l'étrangler.

— Comment as-tu fait ?

— J'étais assis à côté d'elle et je lui ai serré la gorge avec mes deux mains. »

Par la suite, Shawcross devait donner aux psychiatres une autre version de la mort de Maria Welch :

« On ne s'est pas disputés au sujet du fric. Je lui ai refilé trente dollars et elle s'est complètement déshabillée. Mais, quand je l'ai tripotée à l'intérieur, je me suis aperçu qu'elle saignait et avait un Tampax. J'avais jamais baisé comme ça. Je lui ai demandé de me rendre mon fric. Elle m'a répondu d'aller me faire enculer. Je lui ai serré la gorge jusqu'à ce qu'elle s'évanouisse. J'avais une corde dans la voiture, et j'en ai profité pour lui attacher les mains et les pieds. Je lui ai enlevé le Tampax pour mettre une serviette à la place. Nous étions en novembre et j'avais poussé le chauffage au maximum. Il faisait une chaleur à crever à l'intérieur de la voiture. Je suais à grosses gouttes. Elle a repris connaissance, en me demandant de la détacher. J'ai enlevé la serviette et c'était presque propre. Je l'ai baisée. J'arrêtais pas de m'essuyer le visage, la sueur me coulait dessus. Elle m'a dit : " Je t'aime. " Je l'ai embrassée avant de la tuer. »

Darlene Trippi — 32 ans — décédée en décembre 1989.

« Darlene, tu l'as rencontrée quand ?

— Un après-midi. Je ne me souviens plus quel jour. Mais c'était le mois dernier. Il n'y avait pas encore de neige. J'étais sur Daus Alley.

— Que s'est-il passé ?

— Elle s'est approchée de la voiture. Elle m'a demandé si je cherchais quelqu'un. J'ai dit peut-être. Elle est montée à bord et elle m'a fait me garer près de Dewey, à Emerson, là où deux remorques de camions étaient garées à angle droit. Je me suis mis juste derrière et on a commencé à faire l'amour.

— Tu te souviens du tarif?

— Oui, trente dollars.

— Pour une fellation?

— Oui, et aussi une pénétration. Moitié-moitié.

— Et que s'est-il passé?

— Je ne sais pas ce qui est arrivé, mais pas moyen d'avoir un orgasme. Et elle ne voulait pas me rendre mon fric. Ou alors je ne bandais pas, je ne me souviens plus très bien. Elle s'est mise à jouer avec ma queue. Elle m'a dit : " Ton cas est désespéré. " Elle s'est moquée de moi, en me parlant comme à un bébé. Et je me suis mis en colère, je ne sais pas. J'étais gêné.

— C'est compréhensible. Et que s'est-il passé ensuite?

— Elle ne voulait pas me rembourser. J'ai essayé de reprendre mon fric par la force et elle m'a violemment tiré les oreilles. J'ai alors poussé son menton et sa tête en arrière, contre la portière de la voiture. Puis, j'ai jeté son corps à Redman Road. A North Redman Road.

— Elle était habillée?

— Non. Je l'ai déshabillée avant de m'en débarrasser. Les vêtements, je les ai jetés dans une poubelle au coin de la 259e et de la 104e. »

June Cicero — 34 ans — décédée en décembre 1989.

Le détective Blythe montre à Shawcross une photo de June Cicero :

« Tu la reconnais?

— Non.

— Elle se prénommait June.

— Non, ça ne me dit rien. La seule June que je

connaissais, c'est celle dont j'ai vu le nom dans le journal. June Stott.

— Tu étais hier sur le pont, à regarder son corps, quand l'hélicoptère t'a aperçu ? C'est bien toi qui l'as emmenée là ?

— J'ai simplement ouvert la portière et elle est tombée sur la glace en contrebas. Elle était allongée sur le dos. Et j'ai jeté un peu de neige sur elle pour mieux la cacher. C'est tout.

— Comment l'as-tu rencontrée ?

— Elle était appuyée contre la portière.

— Où ça ?

— Du côté passager.

— D'accord, mais où se trouvait-elle ?

— Devant le magasin City Mattress, sur Lyell Avenue.

— Il faisait nuit ?

— Vers les deux heures du matin.

— Tu te souviens de la date ?

— Non.

— Je veux dire, la semaine dernière ou ces derniers quinze jours ?

— Probablement. Je ne m'en souviens plus.

— Elle était habillée comment ?

— Je ne m'en souviens plus. Ah si, des bottes blanches...

— Vous vous êtes mis d'accord sur un prix ?

— Elle voulait cinquante.

— Cinquante ? Et toi ?

— On a fait l'amour et je lui ai donné trente dollars.

— Elle a accepté trente ? Et qu'est-ce que vous avez fait ?

— Ça ne m'a pas plu.

— Pourquoi ?

— Je n'arrivais pas à la pénétrer et elle s'est fichue de moi. Elle a dit que j'étais un mollasson.

— Elle a rigolé ?

— Elle a dit que je ne valais pas mieux qu'un pédé.

— C'était pendant que vous faisiez l'amour ?

— Non, après.

— Vous étiez encore habillés ?

— Non, on était assis complètement nus. Il faisait une chaleur à crever avec le chauffage.

— Que s'est-il passé ensuite ?

— Je l'ai frappée à la bouche et elle a dit qu'elle allait prévenir les flics. Puis, elle a ajouté : " De toute façon, je sais qui tu es. " Je lui ai dit : " Eh bien, tu n'en parleras à personne. "

— Tu as fait quoi ensuite ?

— Je l'ai étranglée.

— Avec tes deux mains ?

— Oui, par-devant.

— Que crois-tu qu'elle voulait dire quand elle a déclaré : " De toute façon, je sais qui tu es " ?

— Le type qui avait tué les autres filles, toutes les autres filles.

— Le *serial killer* ?

— Oui.

— Pourquoi es-tu retourné sur le pont, Art ?

— J'étais curieux.

— Curieux de quoi ?

— Je voulais savoir si elle était toujours là. J'ai regardé par la vitre, mais sans l'apercevoir. Je me suis dit que la glace avait peut-être fondu et qu'elle avait été emportée. »

Par la suite, et pour les besoins des psychiatres de la défense, Arthur Shawcross écrit un mémo dans lequel il affirme être revenu sur les lieux deux ou trois jours après le crime. Voici ce qu'il y indique, sous toutes réserves :

« J'ai dû faire beaucoup d'efforts pour retirer son cadavre qui était pris dans la glace. J'avais emmené une scie à main avec moi. Je voulais découper les organes génitaux pour les donner à Robert Lee, le fils de Clara Neal. (...) J'ai retiré les poils avant d'envelopper le vagin dans une serviette. Je suis retourné en ville où j'ai jeté la scie dans une poubelle de Chili Avenue. Puis je me suis rendu à Turning Point Park où je me suis amusé avec l'organe encore gelé, tout en me masturbant. Après, je l'ai mis dans ma bouche pour le dévorer cru. J'avais perdu tout contrôle. »

Cet acte de cannibalisme ne figure pas dans les interrogatoires écrits ou filmés de la police, malgré des questions très précises au sujet d'éventuelles mutilations *post mortem* des différentes victimes. Revenons, à présent, à l'interrogatoire du 4 janvier 1990 :

« La nuit où tu as jeté son corps, qu'as-tu fait par la suite ?

— Je suis allé prendre mon petit déjeuner au Dunkin Donuts, sur Monroe Avenue.

— Tu y as rencontré quelqu'un que tu connaissais ?

— Oui. Colleen, la belle-sœur du propriétaire. J'allais souvent pêcher avec elle.

— Tu as discuté avec elle ?

— Oui, mais rien de spécial. C'était juste pour passer le temps.

— Tu as eu des rapports avec Susan, c'est elle qui t'a vu en compagnie d'Elizabeth Gibson, mais tu n'as pas essayé de la tuer : pourquoi ?

— Parce qu'avec elle j'étais arrivé à bander.

— Tu en as rencontré d'autres que tu n'as pas tuées ?

— Oui.

— Combien d'autres ?

— Trois. Susan, la blonde qui habite près de Saint Paul Street, Ruthie, et une rousse.

— Elles t'ont satisfait sexuellement ?

— Oui.

— Et tu les payais ?

— Celle d'Ambrose et de Lake, elle m'a toujours dit vingt dollars pour une pipe, si ça marche pas, je te rembourse. Ça n'a jamais marché. Elle se crevait vraiment le cul, mais ça n'a jamais rien donné.

— Avec tous ces meurtres, tu n'avais pas de problèmes pour que les filles te suivent ?

— Non, je n'ai jamais eu de problèmes. Elles me connaissaient bien, je discutais souvent avec elles. Certaines avaient même proposé de me rembourser. J'allais souvent dans le coin en voiture, à bicyclette ou parfois à pied.

— Comment as-tu fait pour les tuer aussi facilement ?

— La plupart du temps, je ne savais pas moi-même que j'allais les tuer. Et puis elles me connaissaient et ne s'y attendaient pas. Je les attaquais très rapidement, ça provoquait chez elles un état de choc. Elles ne se doutaient absolument pas de ce que j'allais faire.

— Où as-tu appris à faire ça ?

— Demandez à l'Oncle Sam.

— C'est pendant ton service au Vietnam ?

— Demandez à l'Oncle Sam.

— Est-ce que tu as eu des contacts avec la police pendant l'enquête ?

— J'étais tout le temps au Dunkin Donuts pour manger, et de nombreux policiers y allaient très souvent. Je discutais avec eux pour savoir comment l'enquête progressait.

— C'était un jeu pour toi ou tu le faisais pour te moquer de la police ?

— Non, c'était la routine, quoi.

— Tu as quelquefois pensé à ces filles et à ce que tu leur avais fait ?

— J'avais appris à faire l'impasse sur les mauvaises choses et à ne pas y penser.

— Est-ce que tu te rendais compte de la portée de tes actes au moment où tu tuais ces filles ?

— Oui, mais ça m'était complètement égal. La routine, quoi.

— Tu as tué beaucoup de monde, Art : tu n'as jamais eu peur de te faire prendre ?

— Je n'y ai jamais vraiment pensé.

— Est-ce que tu suivais les articles dans les journaux pour voir s'ils étaient exacts ?

— Oui, j'en ai vu, mais cela ne m'intéressait pas particulièrement de les lire.

— Tu n'as jamais découpé d'articles ?

— Non. Cela m'importait peu de savoir ce qu'ils racontaient.

— As-tu emporté des objets appartenant aux victimes pour les garder en souvenir ?

— Non, jamais. Sauf pour le couteau de June Stott qui me plaisait bien. Mais après, je l'ai jeté.

— Est-ce que tu penses que ce que tu as fait est terrible ?

— Oui.

— Que devrait faire la police avec quelqu'un comme toi ?

— M'emprisonner pour le restant de mes jours. Si on me relâche, je recommence. »

Au cours d'un procès télévisé en direct, et grâce à un dossier excellemment préparé par Charles Siragusa, district attorney du comté de Monroe, Arthur Shawcross est condamné pour le meurtre de dix femmes. Sa condamnation mentionne « meurtre au second degré » qui est le maximum prévu pour l'État de New York. Il devrait passer deux cent cinquante années en prison avant de pouvoir bénéficier d'une libération conditionnelle, ce qui implique que Shawcross passera le restant de ses jours derrière les barreaux. Ayant eu la chance de rencontrer Charles Siragusa à Washington, celui-ci a accepté de me livrer un certain nombre de réflexions concernant le cas d'Arthur Shawcross :

« Une affaire comme celle de Shawcross, qui a tué en toute

impunité des femmes pendant une période de vingt et un mois, a profondément affecté la communauté. Les habitants de Rochester sont devenus de façon indirecte les victimes de ces crimes, parce qu'ils n'osaient plus se déplacer dans certains quartiers, ni la nuit. Lorsque les gens savent qu'un *serial killer* sévit dans une région, ils espèrent l'éviter. Des restaurants, des boîtes de nuit, des salles de spectacle ont dû fermer faute de clients. Des manifestations, des congrès ont été annulés. Sans oublier le coût phénoménal de l'enquête et du procès d'Arthur Shawcross : je l'estime à bien plus d'un million et demi de dollars.

« Cette affaire a mis en lumière certains défauts de notre appareil judiciaire. On ne devrait jamais permettre à des individus comme Shawcross de sortir de prison. Cette affaire reste une tache pour les citoyens qui respectent la loi. Tout d'abord, je ne comprends pas pourquoi on a autorisé Shawcross, il y a dix-huit ans, à plaider coupable pour une condamnation moindre. Ensuite, parce qu'Arthur Shawcross a été remis en liberté avant d'avoir achevé sa peine. Troisièmement, les citoyens du comté de Monroe ignoraient totalement que Shawcross avait été volontairement placé au sein de leur communauté. Jamais personne n'a prévenu la police de Rochester de la présence d'un individu aussi dangereux, alors que la vague de ses crimes faisait la une de toute la presse. Arthur Shawcross est un parfait exemple des défauts du système et du manque de communication entre les divers rouages de la machine judiciaire et policière. J'espère que cela servira de leçon. »

Pendant que Shawcross purgeait sa première peine, un psychiatre affilié à la commission de libération conditionnelle avait très bien cerné sa personnalité de « tueur psycho-sexuel dangereux pour la société ». Malgré cela, il fut relâché. Lui et d'autres savent ainsi profiter du fonctionnement bureaucratique de la justice.

Les policiers chargés de l'enquête, les témoins objectifs du procès, comme Charles Siragusa, chargé de l'accusation, ne se sont pas laissé apitoyer par les aveux tardifs de Shawcross concernant des actes de mutilation, de nécrophilie ou de cannibalisme :

« Avec Arthur Shawcross, dit Siragusa, vous avez un individu qui s'est servi de ce que son psychiatre lui a dit pour tenter d'établir une défense plaidant la folie. Il affirme avoir été victime d'abus sexuels pendant son adolescence, que les atrocités dont il a été le témoin au Vietnam l'ont poussé en retour à commettre des actes similaires à Rochester, que des agents chimiques tels que le célèbre “ agent orange ” avaient profondément altéré son métabolisme psychique, etc. Je crois, je suis même sûr, qu'il jouait avec les émotions du public afin que l'opinion pense : “ Bon Dieu, si ce pauvre type a subi toutes ces horreurs pendant son enfance, s'il a vécu toute cette violence au Vietnam, peut-être que ce n'est pas sa faute mais celle de la société. ” Par ailleurs, les aveux tardifs de son cannibalisme participent de cette manipulation du système que l'on retrouve chez les *serial killers*. Vous remarquerez qu'aucun des témoignages signés de sa main, et recueillis par les policiers de Watertown en 1972, ou de Rochester en 1990, ne font état de cette perversion. Ce n'est qu'après avoir rencontré un psychiatre appointé par la défense qu'Arthur Shawcross a prétendu avoir dévoré des organes de Jack Blake ou de quelques-unes de ses victimes de Rochester. On ne conçoit pas de meilleur moyen de convaincre un jury que vous êtes fou, si vous déclarez avoir des pulsions cannibales.

« L'avocat de Shawcross prétend que son client souffre de désordres psychiatriques et d'attaques complexes de nature épileptiques qui seraient responsables de ses crises de folie meurtrière. Cependant, nous avons produit devant la Cour les dossiers médicaux scolaires, militaires, psychiatriques et pénitentiaires d'Arthur Shawcross. Dans aucun d'entre eux, il n'est fait mention d'un quelconque problème d'attaques ou de crises d'épilepsie. Par contre, le caractère asocial et dangereux d'Arthur Shawcross y est souligné dès son plus jeune âge : à 7 ans, déjà, il avait menacé ses camarades en brandissant une barre de fer dans le car de ramassage scolaire, avant d'être maîtrisé par un des surveillants. De même, la défense a eu recours à l'hypnotisme pour affirmer que Shawcross avait subi de graves abus dès son enfance. Il régressa ainsi à 6 ans, 10 ans, etc. Mais le résultat fut loin d'être probant car le psychiatre-hypnotiseur guidait trop les réponses de Shawcross. Il a prétendu que sa mère l'avait sodomisé avec un manche à balai et qu'il aurait senti le bout du bois dans sa gorge. Cela aurait laissé d'importantes séquelles physiques, au moins une visite chez un médecin ou à l'hôpital : la défense a été incapable d'apporter ces preuves. Au cours de cette même séance, Arthur Shawcross s'est prétendu possédé par Ariemes, un démon cannibale du XIIIe siècle assoiffé de sang dont il serait la réincarnation !

« Dans cette volonté frénétique de plaider la folie et l'irresponsabilité, Arthur Shawcross a exagéré. Il a écrit qu'il avait fait l'amour avec sa mère, ses deux sœurs, un cousin, une jeune voisine, un adolescent de son quartier, un homme qui l'avait dragué, un poulet, un cochon, une vache et un cheval. Le poulet en était mort. En prison, avant son procès, Arthur Shawcross a correspondu avec sa maîtresse, Clara Neal. Elle nous a remis un certain nombre de lettres qui prouvent amplement le machiavélisme de Shawcross. Dans l'une d'elles il se dévoile : “ On va me faire passer des radios du cerveau et j'espère qu'on va trouver quelque chose, sinon on va me brûler les fesses, les cuire, les frire et les suspendre. Si c'est le cas, n'oublie pas d'apporter le sel ! ” Un accusé possède le droit constitutionnel de s'autocondamner, et je crois qu'Arthur Shawcross a lui-même décidé de la sentence lorsqu'il s'exprime ainsi. »

Cette manipulation de la justice dont fait état Charles Siragusa est assez frappante dans les aveux de Shawcross. Lorsqu'on rapproche les déclarations clés qui concernent directement les crimes, il apparaît que notre assassin rejette la responsabilité sur ses victimes.

N'oublions pas le meurtre du jeune Jack Blake qui aurait persisté à suivre Shawcross et provoqué sa fureur, ou ce « Demandez à l'Oncle Sam » quand les policiers lui demandent où il a appris à tuer et à mutiler. De même, il massacre des femmes au Vietnam « parce qu'elles faisaient pareil avec les Américains ». Arthur Shawcross minimise sa responsabilité, une attitude que l'on retrouve chez la plupart des *serial killers*.

Quelle est la motivation des crimes d'Arthur Shawcross ? La personne la plus à même de répondre à cette question est Charles Siragusa :

« En me fondant sur quinze années d'expérience en tant que procureur, la raison pour laquelle Arthur Shawcross tuait me semble très simple, mais la communauté ne peut pas l'accepter de gaieté de cœur, car elle fait appel aux pires pulsions de notre nature humaine. Arthur Shawcross n'était pas légalement fou. Je ne pense pas non plus qu'il était normal. Ce qui le motivait ? Il adorait tuer. Arthur Shawcross se nourrissait de la violence. Il s'est placé à onze reprises dans une situation qui, fatalement, devait aboutir au meurtre. Shawcross savait exactement où il allait. »

RICHARD CHASE : LE « VAMPIRE DE SACRAMENTO »

Richard Chase manifeste très jeune les signes d'un comportement psychotique dangereux. Il est fasciné par le feu, il est cruel avec les animaux. Il naît en 1950 dans une famille aisée mais le père, un ivrogne, se querelle sans cesse avec sa mère. Elle s'imagine que son mari tente de l'empoisonner. A 21 ans, Chase quitte ces parents pénibles et partage une maison avec des camarades de classe. Constamment drogué, il ne se lave jamais et se croit la victime d'un complot : il va jusqu'à clouer avec des planchers la porte de sa chambre. Pour y entrer ou en sortir, il passe par un trou qu'il a creusé dans le fond de son placard. Il retourne bientôt chez son père ou chez sa mère qui viennent de divorcer. Chase alterne des périodes d'apathie et d'agressivité. La police l'interpelle à plusieurs reprises. Il se rase la tête afin de mieux « surveiller un crâne qui change de forme et dont les os transpercent la peau », et il se rend à l'hôpital car « quelqu'un lui a volé son artère pulmonaire et interrompu sa circulation sanguine ». A la suite de ces déclarations, Chase est brièvement interné dans un hôpital psychiatrique avant d'être confié à la garde de ses parents, malgré l'avis de médecins qui le jugent dangereux. Il bénéficie d'une pension d'invalidité et d'une aide financière de son père, il loue un appartement dans le centre de Sacramento. Il arrête de prendre les médicaments prescrits par les médecins et son comportement se détériore. En 1976, il croit être la réincarnation d'un des membres du gang de Jesse James et il s'endort en plaçant des oranges autour de sa tête « afin que les vitamines C filtrent jusqu'à son cerveau ». A cette époque, il pense que pour survivre il a besoin de sang frais. Il achète donc des lapins dont il boit le sang et avale crus les viscères. Il mélange quelquefois ces deux éléments en les broyant au mixer. Lors d'une de ses visites en avril 1976, son père le découvre trop mal en point et l'emmène à l'hôpital : les médecins se rendent compte qu'il s'est injecté du sang de lapin dans les veines ! On l'interne à nouveau avec un diagnostic sans appel : « paranoïaque schizophrène (...) considéré comme très dangereux ». Encore une fois, ses parents le font libérer et lui louent un nouvel appartement. En 1977, Richard Chase est convaincu que ses organes se déplacent à l'intérieur de son corps, que son cœur rapetisse à cause du manque de sang, que son estomac est en train de pourrir. Il tue d'innombrables chiens et chats dont il mixe le sang et les viscères avec du Coca-Cola pour les boire en cocktail. En mai 1977, il tue le chat de sa mère et, devant celle-ci, se barbouille le visage avec le sang de l'animal. Chase se rend ensuite au Nevada où il est arrêté par un shérif parce qu'il se promène nu, le corps peint avec le sang d'une vache qu'il vient de mutiler. Début décembre, il s'achète un pistolet semi-automatique, calibre 22, qui s'ajoute au fusil de chasse qu'il possède déjà. Son appartement est dans un état de saleté repoussant et il décide de ne plus sortir que la nuit. Pendant toute la fin du mois de décembre, il s'entraîne au tir au pistolet et s'achète de très nombreuses boîtes de munitions. Le 29 décembre, en début de soirée, il prend sa voiture et tire à deux reprises sur un inconnu qui en meurt.

Ses parents le rencontrent le mois suivant, sans se douter le moins du monde qu'il vient de tuer pour la première fois. Fasciné par des articles sur Kenneth Bianchi et Angelo Buono, les « Étrangleurs des collines », Chase découpe des articles de presse et se prépare à une nouvelle expédition meurtrière. Le 23 janvier 1978, près de chez lui, il cambriole tout d'abord une maison, mais il est surpris par le propriétaire auquel il crie en s'enfuyant : « Je cherchais un raccourci ! » Le butin est maigre : 16 dollars, un stéthoscope et une paire de jumelles. Il a quand même eu le temps d'uriner dans un tiroir et de déféquer sur le lit d'un des enfants. Deux heures plus tard, il aperçoit une jeune femme de 22 ans qui pose un sac-poubelle devant son jardin, Theresa Wallin, enceinte de trois mois. Il la blesse de trois coups de feu tirés à bout portant. Pendant que sa victime agonise, Chase l'éventre et lui arrache les intestins qu'il étale par terre. Il lui poignarde le foie, découpe un poumon et le diaphragme, lui retire les reins qu'il va poser sur son lit. Pris de frénésie, il lui porte de nombreux coups de couteau et s'enduit le visage avec son sang. Il se rend ensuite dans la cuisine où il prend un pot de yaourt pour mieux boire le sang de sa victime. Repu, il ajoute une touche finale à son crime en déféquant dans la bouche du cadavre. Chase se lave sommairement et quitte la maison des Wallin sans se faire remarquer.

Cette fois-ci, il n'attend pas un mois, puisque à peine quatre jours se sont écoulés lorsqu'il pénètre dans la demeure d'Evelyn Miroth. Chase abat d'une balle dans la tête la jeune femme de 27 ans, avant d'exécuter Daniel Meredith, l'ami d'Evelyn, et Jason, son fils de 6 ans. A cet instant, il entend des pleurs de bébé, il s'approche du berceau de David Fereira, le neveu d'Evelyn, âgé de 22 mois, et le tue d'une balle dans la tête. Il emporte le corps de la jeune femme dans une chambre à coucher, la déshabille avant de retirer ses propres vêtements et d'enfiler des gants de caoutchouc. Son macabre charcutage achevé, il sodomise sa victime et lui retire un œil avant de boire son sang. Pendant qu'il évide le crâne du petit David dans la baignoire de la salle de bains, on sonne à la porte. Chase a tout juste le temps de se rhabiller et de s'enfuir en volant la voiture de Meredith qu'il range près de chez lui. Il a emporté le cadavre du bébé, toujours sans se faire remarquer, puis il retourne chercher sa propre voiture.

De retour chez lui, Chase décapite le corps de David, en boit le sang et dévore le cerveau cru. Le même jour, en début d'après-midi, la police découvre le massacre. Dès le lendemain, une chasse à l'homme de grande envergure est lancée à travers la ville. Le quartier où réside Richard Chase est systématiquement fouillé : à 5 heures de l'après-midi, un détective sonne à la porte de son appartement, mais Richard n'ouvre pas. Une heure plus tard, sur les conseils d'un voisin, trois policiers prennent position devant la porte de Chase. Toujours pas de réponse, mais comme ils ont entendu du bruit à l'intérieur, les policiers décident de rester en planque. Quelques minutes plus tard, Chasc quitte son domicile, un carton dans les bras. Les policiers l'interceptent et, en tentant de s'échapper, le suspect leur jette le carton dont le contenu s'éparpille sur le palier : il contient des chiffons et une couche de bébé ensanglantés, ainsi que des morceaux de cervelle. Chase est appréhendé et son appartement perquisitionné. Dès que les policiers y pénètrent, une effroyable odeur de putréfaction les assaille. Les murs et les meubles sont couverts de taches de sang, le plancher de la chambre à coucher est parsemé de matières fécales et on découvre des ossements humains dans le salon et dans la cuisine. Sur le lit, une assiette contient des débris de cervelle baignant dans du sang frais, le Frigidaire est rempli de récipients plastiques qui laissent deviner des organes humains ou animaux.

Au cours des interrogatoires, Chase finit par avouer ses crimes, tout en maintenant une attitude incohérente. Pour expliquer son premier crime, il s'excuse : « Le quartier est habité par une bande de nazis et de drogués. Tout le monde vous le dira. En passant devant la maison des Wallin, j'ai senti des menaces... Parfois, au téléphone, j'entends des voix... J'ignore lesquelles... Le téléphone sonne et quelqu'un me dit des choses bizarres... que ma mère m'empoisonne petit à petit et que je vais mourir. » Quand on lui demande pourquoi il dévore les cadavres d'animaux ou d'êtres humains, Chase propose une théorie : « Les nazis ont beaucoup mangé de personnes... Quand je suis passé devant la maison de Theresa Wallin, j'étais affamé et en train de mourir. Mon sang est empoisonné et de l'acide ronge mon foie. Il fallait absolument que je boive du sang frais. »

Le « Vampire de Sacramento » est condamné à la peine de mort. Emprisonné depuis moins d'un an dans le célèbre pénitencier de San Quentin, il se suicide d'une overdose de médicaments le 26 décembre 1980.

Richard Chase, dont le cas étrange est mal connu malgré l'horreur de ses crimes, est l'exemple type d'un tueur psychotique paranoïde. La plupart des psychotiques ne sont pas dangereux, mais chez Richard Chase de redoutables signes avant-coureurs étaient présents dès son plus jeune âge. Ses parents, ses professeurs, les autorités judiciaires, médicales et psychiatriques auraient dû agir en conséquence. Comme le signale le Dr Ronald Markman dans la conclusion de son rapport, lors du procès : « Hélas, nos institutions n'agissent qu'en cas d'urgence, après la catastrophe. La prévention n'est pas notre point fort, surtout quand elle se heurte aux droits civils des personnes. Richard Chase a toujours été bien traité par nos institutions médicales et judiciaires. Pouvons-nous en dire autant des victimes ? »

Je tiens à remercier le Dr Ronald Markman, auteur de *Alone with the Devil,* de m'avoir communiqué les divers rapports d'enquête concernant Richard Chase, lors d'une rencontre à Los Angeles, en novembre 1991.

EDMUND EMIL KEMPER : LE GÉANT « CO-ED KILLER » DE SANTA CRUZ

Lorsque vous vous retrouvez en face d'Ed Kemper, vous le qualifiez tout de suite de bonhomme impressionnant : il a 44 ans et mesure plus de deux mètres pour environ cent soixante kilos. Son quotient intellectuel dépasse 140. A l'occasion du tournage d'un documentaire, *Serial Killers : Enquête sur une déviance,* j'ai eu l'occasion de rencontrer Ed Kemper pendant plusieurs heures en compagnie d'Olivier Raffet, le réalisateur de notre film. Condamné à huit reprises pour meurtre au premier degré, Kemper échappe à la peine de mort qui vient juste d'être abolie dans l'État de Californie (elle a été réinstaurée depuis). Il purge sa peine à Vacaville, non loin de San Francisco, la prison la plus peuplée du monde occidental avec près de dix mille détenus. Ed Kemper appartient à la catégorie des tueurs en série organisés. Toutes les citations de Kemper proviennent de cette interview effectuée en novembre 1991. Interroger Ed Kemper n'est pas une tâche aisée. Quelques jours auparavant, John Douglas, patron du Département d'analyse criminelle du FBI, m'avait relaté l'anecdote suivante : à la fin des années 70, son collègue Robert Ressler rend visite à Kemper, pour la troisième fois, dans sa prison de haute sécurité pour une interview en tête à tête. Au bout de quatre heures, Ressler appuie sur la sonnette pour appeler le gardien. En quinze minutes il sonne trois fois. Pas de réponse. Kemper prévient son interviewer : cela ne sert à rien de s'énerver, c'est l'heure de la relève et du repas des condamnés à mort. Avec une pointe d'intimidation dans la voix, Kemper ajoute, en grimaçant, que personne ne répondra à l'appel avant au moins un quart d'heure :

« Et si je deviens dingue tout d'un coup, tu aurais pas mal de problèmes, n'est-ce pas ? Je pourrais te dévisser la tête et la placer sur la table pour souhaiter la bienvenue au gardien... »

Pas très rassuré, Ressler lui répond que cela rendrait son séjour en prison encore plus difficile. Kemper lui réplique qu'un pareil traitement envers un agent du FBI lui apporterait au contraire un énorme respect auprès des autres prisonniers :

« Tu t'imagines quand même pas que je suis venu ici sans moyen de défense ! dit l'homme du FBI.

— Tu sais aussi bien que moi que les armes sont interdites aux visiteurs », répond Kemper en se moquant.

Au fait des techniques de négociation en cas de prise d'otages, Robert Ressler cherche à gagner du temps. Il parle d'arts martiaux et d'autodéfense. Finalement, le garde fait son apparition et Ressler pousse un grand soupir de soulagement. En quittant la salle d'interview, Kemper lui adresse un clin d'œil et, en posant le bras sur son épaule, lui déclare :

« Tu te doutes bien que je ne faisais que plaisanter, hein ? »

Depuis cet incident, les agents du FBI n'ont plus le droit d'interroger seuls des tueurs en série.

Un désir énorme de vengeance

Élevé par une mère terrible, qui n'hésite pas à l'enfermer dans la cave, Edmund Kemper devient très timide et s'isole de plus en plus. Il rêve de se venger, il songe à des jeux morbides où la mort et la mutilation tiennent un rôle essentiel. Conscient de son insuffisance, il admire son père absent et l'acteur John Wayne — il est d'ailleurs curieux de noter la fascination qu'exerce le « Duke » sur plusieurs autres tueurs en série, que ce soit John Wayne Gacy ou Herbert Mullin qui, lui, haïssait farouchement la vedette.

« John Wayne ressemblait beaucoup à mon père, dit Edmund Kemper, à la fois physiquement et dans sa façon d'agir. Mon père était un costaud qui parlait haut et fort. Comme John Wayne, il avait de très petits pieds. Lorsque je me suis rendu pour la première fois à Los Angeles, je suis tout de suite allé mettre mes pieds dans les empreintes de John Wayne, qui sont immortalisées devant le Chinese Grauman Theater. J'étais fier de constater que mes pieds étaient plus grands que les siens. »

Le père manque à Ed Kemper, qui ne s'entend pas du tout avec sa mère Clarnell. Il est furieux de la voir se remarier, bien que ses beaux-pères successifs l'aient généralement traité avec beaucoup de gentillesse, mais Ed leur en veut d'avoir pris la place légitime de son père naturel :

« J'étais un enfant agité et je ne me suis jamais fait à l'idée de la séparation de mes parents. Je détestais l'idée que notre famille se brise comme ça. J'aimais mes parents de manière égale. Ils se disputaient beaucoup et ma mère prenait généralement le dessus, elle rabaissait constamment mon père, elle lui répétait sans cesse qu'il était un minable sans avenir. Mon père a craqué et il nous a quittés. La nuit, je pleurais souvent en les entendant s'engueuler. Ils ont divorcé. Ma mère buvait beaucoup et cela n'a fait qu'empirer. J'avais deux sœurs. Ma mère me traitait comme si j'avais été la troisième fille, elle me serinait dans les oreilles que mon père était un salaud. J'aurais dû m'identifier à lui mais je n'y arrivais pas. Ma sœur aînée, qui avait cinq ans de plus que moi, me frappait souvent, et ma plus jeune sœur mentait, et j'étais fréquemment puni à sa place. J'avais l'impression que le monde entier m'en voulait, que je tenais le mauvais côté du manche. J'accumulais des frustrations et un gros désir de vengeance. »

« *On jouait à la chaise électrique et à la chambre à gaz* »

A 8 ans, Kemper jouait le rôle de la victime d'une exécution capitale, où ses sœurs tenaient le rôle de bourreaux :

« Nous habitons au Montana dans une maison qui possède une cave immense : on aurait dit un donjon. J'ai 8 ans et mon imagination fonctionne à plein régime. Il y a un énorme fourneau de chauffage central, avec des radiateurs et une tuyauterie qui font beaucoup de bruit. Je suis captivé par ce fourneau, j'ai l'impression que le Diable y vit. Ces bruits inquiètent un gosse de mon âge : le Diable partage ma chambre à coucher et il séjourne dans ce fourneau. Parfois, je me réveille et je regarde, fasciné, la lueur du fourneau qui brille de façon étrange. La nuit venue, mes sœurs et ma mère montent au premier où elles ont leurs chambres. Moi, je dors dans la cave. Pourquoi ? je vais en enfer alors qu'elles montent au ciel... Je me suis mis à développer des jeux morbides avec ma plus jeune sœur. On jouait à la chaise électrique ou à la chambre à gaz. C'était l'époque où Caryl Chessman avait été condamné à mort. Comme je n'ai pas beaucoup de jouets, cela rompt la monotonie ambiante. Je me laisse attacher avec une corde dans un fauteuil, je fais semblant de me tordre de douleur lorsque ma sœur enclenche l'interrupteur. »

Ed Kemper raconte ce jeu de la chambre à gaz comme s'il s'agissait de quelque chose de normal pour un enfant de son âge, un moyen de « rompre la monotonie ambiante ». Sa mère, pas plus que ses professeurs, ne prennent ces fantasmes morbides au sérieux. La plupart des *serial killers* donnent des signes de leur comportement déviant dès leurs jeunes années, mais aucun parent ne pense que son enfant est un futur Jack l'Éventreur. Lorsqu'on parle à des *serial killers*, ils vous avouent avoir voulu tuer et être tués dès leur enfance. Ce n'est pas un fantasme qui surgit brusquement à l'adolescence, à cause de l'alcool ou des drogues. Ils y pensaient déjà à 7 ou 8 ans, comme ce fut le cas pour Kemper. Fasciné par un tour de magie, ses jeux prennent une tournure nettement plus macabre :

« Un jour, dans un magasin, j'assiste à un tour de magie, celui de la fausse guillotine. Vous mettez une pomme de terre sous la lame, tandis que quelqu'un passe son cou dans une ouverture prévue à cet effet. La lame tombe et seule la pomme de terre est coupée en deux. Le magicien demande un volontaire et une belle jeune fille blonde se présente, poussée par son petit ami. Tout le monde rigole. Moi, à cet instant, je flippe complètement et je perds contact avec la réalité. Cela n'aurait pas dû m'arriver. Comment imaginer que l'on puisse couper la tête de quelqu'un dans un magasin ? J'étais fasciné, ce concept de décapitation était tellement excitant à mes yeux qu'il m'a hanté pendant des semaines. Bien avant mon premier crime, je savais déjà que j'allais tuer, que cela se terminerait ainsi. Les fantasmes sont trop forts, trop violents. Je sais que je ne serai pas capable de les contrecarrer. Ils reviennent sans cesse à la charge et ils sont trop élaborés... On parle quelquefois de la face obscure de telle ou telle personne. Tout le monde pense à des choses qu'il garde enfouies au plus profond, parce qu'elles sont par trop cruelles et horribles pour être exprimées : " J'aimerais lui faire sauter la tête, ou tuer ce type. " Nous le faisons tous, un jour ou l'autre. Moi, j'y pensais tout le temps. J'avais constamment des pensées négatives. A un moment donné de votre croissance, vous parvenez à surmonter cette phase morbide. Moi, non. Un adulte peut guider un enfant, en lui montrant une autre voie. Ma mère était là, au contraire, pour m'humilier et me battre. Elle me montrait à quel point les mâles étaient insignifiants. En quelque sorte, elle a précédé de quelques années les mouvements féministes ! Je sais que ce n'est pas juste de parler ainsi d'une morte qui n'est pas là pour se défendre. Son propre père avait été quelqu'un d'insignifiant et elle avait dû prendre les choses en main dès son plus jeune âge. Maman s'occupait de tout. Elle ne savait pas comment agir autrement. »

Fasciné par la décapitation

Constamment en conflit avec sa mère, Kemper ne s'entend guère mieux avec sa sœur :

« Je suis jaloux de ma sœur. Elle a beaucoup d'amis et je n'en ai pas. Ma mère lui accorde son attention, son affection, du respect. Moi, je me fais tout le temps réprimander. En règle générale, elle a tout ce que je ne possède pas. Un jour, on me donne un pistolet à amorces que je ramène de New York. Ma sœur déteste ce pistolet, parce qu'elle n'en a pas. En plus, elle est furieuse de ne pas être allée à New York. Quelques jours après mon retour, prétextant une dispute entre nous, elle prend mon jouet et le jette sur mes pieds. Non seulement le pistolet est cassé mais je suis blessé à l'orteil. Pour me venger, je me précipite dans sa chambre, et je décapite sa Barbie avec des ciseaux, puis je lui coupe les mains et lui rend sa poupée mutilée. »

Kemper tente de rationaliser son fantasme de mutilation de la poupée : il se venge de sa sœur parce qu'elle a cassé son revolver. Il exprime une caractéristique majeure des *serial killers,* qui est leur désir d'apparaître normaux. Lorsqu'il parle des mutilations de ses victimes, Kemper indique qu'il leur coupe la tête et les mains, afin de rendre leur identification impossible, ce qui, au premier abord, peut sembler normal pour un assassin qui cherche à échapper à la police. Cependant, cet acte est contredit par les méthodes d'investigation modernes, où l'on identifie aisément une victime à partir de sa dentition ou de ses empreintes. Le fait de séparer les membres du tronc ne change rien à l'affaire, si ce n'est d'assouvir un fantasme présent chez Kemper depuis la plus tendre enfance. Il feint d'abord de se tuer dans des cérémonies rituelles, avant de mutiler une poupée symbolique. L'étape suivante exige qu'il assassine un être vivant afin de le *posséder*, un mot clé dans la carrière meurtrière d'Edmund Kemper. Quelques mois plus tard, c'est le chat de la maison qui devient sa première victime. Il enterre l'animal vivant, puis lui coupe la tête qu'il ramène fièrement à la maison, où il l'exhibe en trophée dans sa chambre. Malgré son jeune âge, il fantasme sur l'amour et le sexe, ses rêveries érotiques s'accompagnent inévitablement de violence :

« La nuit venue, je quitte subrepticement la maison pour me promener au hasard des rues. J'adore épier des jeunes femmes et les suivre de loin. Je m'imagine les aimer et être aimé en retour, tout en sachant que cela ne sera jamais possible. Quels sont mes fantasmes ? Posséder les têtes coupées de jeunes femmes. Les hommes ne me plaisent pas. »

Un parfait nécrophile

Ne parlant quasiment jamais, incapable d'exprimer une quelconque affection de façon normale, Kemper présente les signes avant-coureurs d'un parfait nécrophile. Un jour, sa sœur le taquine sur l'attirance qu'il ressent pour son institutrice. Elle lui demande pourquoi il ne l'embrasse pas et le jeune Ed lui répond : « Il faudrait d'abord que je la tue avant de l'embrasser. » Il n'est pas loin de réaliser ce fantasme, puisque une nuit il se rend devant la maison de sa maîtresse avec la baïonnette de son beau-père. Il imagine qu'il la tue, la décapite, puis ramène sa tête chez lui et lui fait l'amour. Ses camarades de classe se sentent mal à l'aise en sa présence, car Kemper ne leur parle pas : il se contente de les fixer longuement du regard. Cet ostracisme s'accentue lorsque Kemper a 13 ans, car on le suspecte fortement d'avoir abattu un chien du voisinage. Un second chat, qui préfère la compagnie de sa sœur aînée, devient la victime de ses expériences. Cette fois, l'animal est massacré à coups de machette, et sa mère en découvre les morceaux décomposés dans son placard. Il a découpé le haut du crâne de l'animal pour mieux exposer la cervelle, puis, en le tenant par les pattes, Kemper l'a poignardé d'innombrables fois. Au cours de l'opération, il a été aspergé de sang.

Pendant un temps, Ed veut se venger de ses camarades de classe. L'un de ses beaux-pères, qui le traite avec beaucoup de gentillesse, qui l'emmène pêcher et chasser, n'est pas plus à l'abri des fantasmes meurtriers du jeune Kemper. Un jour, l'adolescent se tient derrière lui, une barre de fer à la main. Il va le tuer, et lui voler sa voiture pour partir en Californie du Sud y rejoindre son père naturel. Il renonce à son projet mais le remplace par une fugue :

« A 14 ans je suis parti de la maison et POURQUOI ? Pour rejoindre mon père. Je veux tout simplement quitter ma mère. Je rêve, pense et fantasme en permanence sur le meurtre. Je ne pense plus qu'à ça. Je n'arrive plus à penser à autre chose. Ma mère mesure plus d'un mètre quatre-vingts pour près de quatre-vingt-quinze kilos, mais elle n'est pas obèse. C'est une femme qui me terrifie. Elle possède des cordes vocales comme vous ne pouvez pas en imaginer. Au bras de fer, elle bat régulièrement les hommes. Elle domine toujours ses maris. Pour mon père c'était pareil. Un jour, il en a eu marre. Je ne dis pas que tout cela est de sa faute. Elle me frappait souvent quand elle jugeait que je ne faisais pas ce qu'il fallait. Un jour, elle m'a frappé durement à la bouche avec sa ceinture, qui s'est brisée. Elle m'a dit de la fermer, sinon les voisins pourraient croire qu'elle me tape dessus ! Vous vous imaginez ça ? Je ne suis pas supposé crier ? Je suis un petit merdeux à ses yeux. Je ne m'oppose pas à elle de front. J'essaye de résister par la bande. Lorsqu'elle ne me donne pas mon argent de poche de la semaine, je le prends quand même. Mais je ne la vole pas. Je pique dix *cents* par là, une autre fois vingt-cinq *cents*. J'attends qu'elle rentre ivre le soir, parce que je sais qu'elle ne comptera pas sa menue monnaie. Puis elle s'en aperçoit et elle prend un malin plaisir à compter l'argent devant moi. Nous jouons ainsi au chat et à la souris pendant près d'un an. Après avoir rendu visite à mon père, je décide de ne plus toucher à son porte-monnaie, ce qui lui fait peur. Généralement, elle me dit : " Nous allons dîner et après je te collerai une sacrée raclée. " Pensez-y un peu... Elle essayait par tous les moyens de m'humilier. »

Ed Kemper part vivre quelque temps avec son père en Californie :

« Je suis ravi de partir du Montana et de retrouver la Californie où je suis né. Le Montana est son État natal, à Elle, pas le mien. Il fait froid en hiver et chaud en été. Les gens sont sympas mais ce ne sont pas *mes* gens. Je suis resté un mois avec mon père et mon demi-frère. Il nous a très bien traités, comme si nous étions des petits hommes. Lui aussi venait d'une famille très matriarcale. Le genre de famille où le fils part à la recherche d'une image maternelle et finit par l'épouser. Mais, moi, j'avais des grands-mères dominatrices des deux côtés de la famille. Avec mon père, les relations étaient excellentes, j'aurais pu avoir une enfance heureuse avec lui. Ces trente jours passés ensemble m'ont ouvert les yeux. A l'époque, je me sentais paranoïaque. Dès que j'entrais dans une pièce, les conversations s'arrêtaient et tout le monde me regardait, parce que j'étais de loin le plus grand type qu'ils aient jamais vu. Ceux qui sont petits ou de taille moyenne m'enviaient, ils auraient aimé qu'on les remarque. Ils croyaient que c'est chouette. Pas moi. J'emmagasine énormément de frustration et de haine. Et je ne sais pas comment les canaliser ou m'en débarrasser. J'imagine souvent que je suis le dernier homme sur terre. Que se passerait-il si vous étiez seul avec toutes ces voitures, ces bateaux et ces avions, sans personne avec qui les partager ? Ne serait-ce pas affreux ? Cette idée m'obsède et j'élabore tout un scénario autour de ce concept. Les gens sont encore présents, mais inanimés. Ils ne peuvent plus m'affecter ou me faire du mal. Au moment où j'ai atteint la puberté, une amie de classe m'a désiré, non pas sexuellement, mais physiquement, émotionnellement ; je ne savais pas comment m'y prendre. Je n'étais pas prêt. Elle était en avance sur moi, belle et agressive. J'ai pris peur et elle m'a laissé tomber. Elle souhaitait une relation physique, elle voulait m'embrasser mais j'avais la trouille.

« J'ai constamment l'impression d'être un étranger, je me sens à l'écart. J'éprouve des tendances suicidaires. Je joue avec la mort. L'un de mes passe-temps favoris, c'est de m'allonger au milieu de la route, comme si quelqu'un venait de me renverser, et j'attends le passage d'une voiture. Je souhaite qu'un conducteur soit assez bourré pour me rouler dessus, mais les types freinent et s'arrêtent devant moi. Ils sont furieux lorsque je me lève pour partir en courant. C'était un jeu. J'en ris maintenant, mais cela vous montre mon état d'esprit de l'époque, et à quel point j'avais peu de respect pour ma propre vie. »

« Je voulais juste savoir ce que cela ferait de tuer Grand-Maman »

Les relations entre Kemper et sa mère Clarnell continuent de se détériorer. Elle juge son fils tout à fait cinglé et l'envoie chez ses grands-parents paternels, dans un ranch en Californie. C'est là, le 24 août 1963, à l'âge de 16 ans, qu'il abat ses grands-parents avec une 22 long rifle. Il poignarde ensuite Maude Kemper avec un couteau de cuisine. Désemparé, il téléphone à sa mère pour la prévenir. Interrogé par la police sur ses motifs, il répond : « Je voulais juste savoir ce que cela ferait de tuer Grand-Maman. » Il regrette de ne pas avoir eu le courage de la déshabiller. Ses déclarations incohérentes lui valent un internement à l'hôpital de haute sécurité d'Atascadero :

« Je passe Noël en compagnie de mon père qui vient juste de se remarier, mais, cette fois-ci, cela se déroule très mal avec ma belle-mère et mon demi-frère. Nous cherchions à attirer l'attention de mon père et son amour. Mais il a maintenant une nouvelle famille. Je suis désespérément à la recherche d'un homme adulte pour me guider. Mon père ne peut pas supporter cette tension et il m'envoie chez mes grands-parents pour se débarrasser de moi. Je suis déjà considéré comme un raté, alors on expédie le gêneur dans les montagnes. Bon, on ne me l'a pas dit comme ça, mais cela revient au même. Je reste plusieurs mois et tout se passe bien au début, surtout parce que je suis loin du Montana. Mais, au bout d'un moment, le vernis se fissure, car ma grand-mère veut m'élever à la dure comme ses trois fils. Elle espère me libérer de l'influence négative de ma mère, en fait, elle la remplace par la sienne. Et je suis totalement incapable d'appréhender des relations psychologiques aussi complexes. Elle ne me laisse aucun répit. Dès que je pars en excursion dans le ranch, il faut qu'elle hurle mon nom toutes les heures pour savoir ce que je fabrique. Elle me parle toujours de la tranquillité de la campagne, de la paix et de l'amour des animaux. La propriété s'étend environ sur quatre hectares, et elle me harcèle constamment en déclarant : “ Ne prends pas la carabine et ne fais pas de mal à nos petits amis. ” *Et vous savez ce que j'ai fait ? J'ai dégommé tout ce qui bougeait !* Les oiseaux avaient l'habitude de survoler la propriété. Au bout de quelques semaines de ce massacre, ils ont dû se donner le mot puisqu'ils ont contourné le ranch. J'en rigole à présent, mais ce n'était pas drôle. Je tirais sur tout ce qui bougeait, je gagnais 25 *cents* à chaque fois que j'abattais un lapin ou un rongeur. A l'époque, j'ai détruit des êtres vivants pour voir si je pouvais y arriver. Les psys adorent ce genre de trucs : un gosse tue des oiseaux et il va devenir un maniaque. Tout cela bouillonne en moi. Les passions, les tensions, les frustrations. Je fantasmais sur la mort de ma grand-mère. Je pensais déjà à lui trancher la tête mais le crime a été spontané comme une explosion. Je ne l'avais pas prémédité. »

En 1969, contre l'avis des psychiatres, Ed est confié à la garde de sa mère.

« Je quitte Atascadero le 30 juin 1969 à midi. On m'enchaîne pour prendre un petit avion en direction de Madera County, où je dois être jugé par unc cour de justice pour mineurs. On m'emprisonne sous le numéro de code 5100, ce qui signifie que j'étais malade en commettant mes crimes, mais que j'en suis légalement responsable. Je représente un danger pour moi-même et pour la société : j'ai besoin de suivre un traitement. Pendant mon séjour à Atascadero, mon code passe de 5100 à 5567, je deviens donc mentalement dangereux et non responsable de mes actes. Il vous suffit dans ce cas d'aller mieux et on vous laisse rentrer à la maison. Je crois être le seul meurtrier à avoir quitté cette institution avec un casier vierge. En fait, les psychiatres ne voulaient pas me relâcher. Ils étaient sur le point de me transférer à Agnew State Hospital, où j'aurais été libéré au bout de nombreuses années, pour être ensuite étroitement surveillé. N'oubliez pas que je n'avais pas encore 21 ans, sans aucune expérience amoureuse ou sexuelle et que je n'avais jamais travaillé de ma vie. Bref, je passe devant le comité qui doit décider de ma libération sur parole. Je demande à être confié à un centre de réhabilitation, loin de ma mère. Raté ! Ils m'envoient chez ma mère pour une libération conditionnelle de dix-huit mois. J'aurais dû les envoyer promener. A l'époque, alcoolique, ma mère est officiellement déclarée mon amie et ma conseillère. Je me dis que les choses seront différentes maintenant que je suis devenu un dur, qu'elle aura changé et qu'elle sera fière de moi : j'ai suivi des études pendant mon incarcération.

« A Atascadero, je m'étais retrouvé, mineur, dans un hôpital psychiatrique pour criminels endurcis. En 1964, l'âge moyen des prisonniers était de 36 ans. D'après la loi, j'aurais dû me retrouver à Napa State Hospital, une institution à la sécurité minimale, mais le juge était tellement outré par mes crimes qu'il avait déclaré " ne pas vouloir envoyer ce jeune homme à Disneyland ". Voilà pourquoi je me suis retrouvé à Atascadero, avec des gens ayant, en moyenne, vingt ans de plus que moi. Croyez-moi, j'ai très vite grandi. J'ai même sauvé la vie d'un gosse qui était en train de se faire étrangler par un adulte.

« De 16 à 21 ans, je suis en prison. C'est l'époque des hippies et de la fin de la guerre du Vietnam. A présent libre, je suis supposé me mêler au monde des adultes, m'insérer dans la société. Les adolescents ont complètement changé pendant mon incarcération. Tout ça s'est mal terminé. Pourquoi ? Ma mère travaille à l'université mais elle refuse que je rencontre des étudiantes parce que je suis un nul comme mon père et que je ne *mérite* pas de les rencontrer. Elle me les décrit trop bien pour moi. De fait, je détruis des icônes. Je lui fais du mal.

« A cause de ma mère, je n'arrive pas à me déterminer en tant qu'homme. Ma vie sexuelle est inexistante et ne peut devenir qu'aberrante. Je ne me suis jamais rendu dans un peep-show, j'avais trop peur. Je me masturbe énormément en fantasmant. J'ai quand même connu trois brèves liaisons, et, deux fois, j'ai attrapé la gonorrhée. Je n'utilisais pas de capotes. Maintenant, je serais un homme en sursis à cause du sida. »

« *Je veux frapper la société là où cela lui fera le plus de mal* »

Clarnell Kemper s'est installée à Santa Cruz où elle travaille pour l'université locale. Au début des années 70, Kemper donne l'impression de s'insérer dans la société après quelques emplois mineurs, du genre pompiste, il est engagé dans les Ponts et Chaussées de l'État de Californie. La nuit, il parcourt en voiture les autoroutes et met au point sa technique d'approche des jeunes auto-stoppeuses, qu'il embarque par dizaines. Kemper sait maintenant comment mettre à l'aise ces possibles victimes qui ne se doutent pas qu'elles sont soumises à un questionnaire scrupuleux, car il ne les choisit pas au hasard. Il avoue au psychiatre Donald Lunde qu'il a préparé avec soin une liste des caractéristiques physiques et morales de ses futures victimes. Elles ne doivent pas être des « sales hippies » mais des jeunes femmes de bonne famille. Parmi les questions de cette liste, il y a le métier du père, leur lieu d'habitation, si elles suivent des cours à l'université, etc. Il faut absolument que sa victime corresponde à l'image que Kemper se fait des étudiantes que sa mère lui interdit de fréquenter. Après le meurtre d'Aiko

Koo, il est pris d'un doute quant à la respectabilité de sa victime, au point de se rendre à son domicile en voiture pour vérifier le genre de maison où elle habitait. En deux ans, Kemper estime à environ trois ou quatre cents le nombre de jeunes femmes qu'il a prises en auto-stop. Comme tant d'autres *serial killers,* Kemper prépare avec minutie ses forfaits, choisit son type de victimes, et va jusqu'à aménager sa voiture : la porte du côté passager peut être bloquée grâce à un système de sa fabrication qu'il actionne par un levier sous son siège.

« Je savais comment me procurer des victimes, mais je n'étais pas intéressé par ces sales hippies que l'on voyait un peu partout à l'époque. Cela aurait été trop facile. J'aurais pu aisément en tuer des tas. Évidemment, la tâche aurait été plus facile avec des hippies, mais ce n'était pas mon but. Je voulais frapper la société là où cela lui faisait le plus de mal, en lui prenant ce qu'elle avait de plus précieux, les futurs membres de l'élite, des gosses de riches, avec leurs airs supérieurs, des garces hautaines. »

D'autres soirs, il fréquente un bar local où il se lie d'amitié avec des policiers dont certains mèneront l'enquête sur ses futurs crimes. Pendant qu'il commet ses meurtres, Ed Kemper sort même avec la fille du chef de la brigade criminelle de Santa Cruz, qui l'invite à plusieurs reprises à dîner, le jugeant un parti respectable pour sa fille !

« Que se serait-il passé si j'avais accepté son invitation ? Je me serais rendu chez eux, assis à leur table, et, dans mon esprit, je me voyais sortir mon revolver et les abattre les uns après les autres. J'aurais placé leurs têtes coupées dans les assiettes et je serais tranquillement parti après m'être nettoyé. Le lendemain, le flic ne se rend pas à son travail. Ses collègues s'inquiètent. Pas de nouvelles. Ils vont chez lui et découvrent le massacre. Ils en restent comme deux ronds de flan. Après tout, c'est lui qui dirige l'enquête. Voilà dans quel état d'esprit je me trouve en permanence, à cette époque. Et pourquoi ne s'est-il rien passé ? Lui-même m'a posé la question, après mon arrestation. Je lui ai répondu qu'il m'avait traité avec gentillesse, tout comme sa fille, d'ailleurs. »

Le 7 mai 1972, Kemper embarque deux auto-stoppeuses de 18 ans, Mary Ann Pesce et Anita Luchessa. Après de multiples détours, il les conduit vers un cul-de-sac et les poignarde.

« Quelque chose m'attire chez Mary Ann, qui me hante. Ce n'est pas pour dire que j'éprouve de la compassion pour elle lorsque j'en parle. En fait, elle représente justement ce qui me pousse à commettre ces crimes... Elle est hautaine, un peu dédaigneuse. Je revois une jeune fille ni belle ni laide. Une Californienne. Et elle joue la distante avec moi... Mary Ann était experte en auto-stop. Elle ne voulait pas monter à bord lorsque je me suis arrêté, mais j'avais mis au point une technique infaillible d'approche. Je regarde toujours ma montre, l'air du type qui se dit : " Est-ce que j'ai le temps de m'arrêter ? " C'est incroyable à quel point cela marche. Mary Ann monte avec sa copine. Nous roulons et je l'observe dans mon rétroviseur. Elle me regarde droit dans les yeux. Je porte des lunettes de soleil qui ne sont pas totalement opaques. Nos yeux se croisent, et, au lieu de me demander pourquoi je la regarde, de me dire que peut-être il vaudrait mieux que je m'arrête pour les laisser descendre, elle continue à m'examiner. Cela fait partie de ce jeu, de cet échange qui existe quand un homme et une femme se mesurent. Cela participait à mes fantasmes, prendre des auto-stoppeuses pour les tuer, mais jusqu'à présent j'avais toujours reculé l'échéance. Je maudis ma faiblesse. Je me dis qu'il faut enfin agir. C'est un peu comme la roulette russe, sauf que je ne risque pas ma vie. Je flirte en permanence avec le danger, une excitation. Je sais que si je sors mon arme, il me faudra les tuer. Je ne peux pas les laisser s'échapper. Trop risqué, Mary Ann Pesce me fait basculer dans le crime par sa sophistication, la distance qu'elle met entre nous. Je ne peux plus supporter. Cela fait cinq ans que je n'ai pas baisé. J'étais trop impatient.

« Lorsque je passe à l'acte, c'est un choc terrible. Je multiplie les bêtises. Je veux l'étrangler, ça ne marche pas. Elle se débat et commence à crier. Je suis frustré. Je prends mon couteau et la poignarde. Elle ne meurt pas. Dans les films, vous êtes supposé mourir sur-le-champ. Dans la vie, ça ne se passe pas comme ça. Quand vous poignardez quelqu'un, le sang coule. La pression sanguine diminue. Je continue à la poignarder un peu partout dans le dos. Elle se retourne et ma main frôle un de ses seins. Je vise son estomac. J'ai peur de la frapper dans la poitrine. Pour moi, c'est embarrassant. Je veux la réduire au silence. Et elle finit par avoir la gorge tranchée d'une oreille à l'autre. Et croyez-moi, je sais ce que cela veut dire. Elle perd connaissance et décède probablement quelques secondes plus tard. Je sors de la voiture, les mains couvertes de sang, en me répétant : " Ça y est, je l'ai fait, ça y est, je l'ai fait. " Maintenant il faut que je tue l'autre. Je reste un moment assis, avec le revolver dans la ceinture. J'aurais pu rester à l'intérieur de la voiture si c'était le sexe qui m'avait motivé. Elle n'est pas encore tout à fait morte, son corps est encore chaud. Il m'aurait suffi de la retourner pour lui faire l'amour. Je suis encore sous le choc et je trébuche en sortant du véhicule. Je manque de peu m'étaler par terre. Pendant que je tue Mary Ann, je sais que sa copine a entendu les cris. A un moment donné, je lui ai couvert la bouche et le nez de mes mains, mais elle continuait quand même ses gémissements. Ça me fait flipper, je ne le supporte pas. C'est quelque chose que l'on n'oublie pas. Les poumons de Mary Ann sont tellement troués que les mots et les sons sortent comme des bulles qui gargouillent. J'ai l'impression que mon cerveau va exploser. C'est comme un cauchemar psychotique. Et je lui ai tranché la gorge. Lorsque je sors de la voiture, j'ai laissé le couteau à l'intérieur. J'ouvre le coffre de la voiture, et l'autre fille m'aperçoit, avec tout ce sang sur les mains. Je bredouille une vague excuse pour essayer de lui expliquer. Je sens qu'elle désire à tout prix me croire, car c'est son seul espoir de survie. Je lui ordonne de sortir du coffre. Elle ne se rend même pas compte que je tiens le couteau à la main. Et je commence à la poignarder. Elle se défend bec et ongles, en hurlant. Je la saisis par le bras en la frappant à deux reprises dans les flancs. Je m'attends à ce qu'elle tombe, mais elle continue à hurler et du sang gicle de sa bouche pour m'asperger le visage. Je lui crie de s'arrêter, ce qu'elle fait. Elle dit plusieurs fois : " Non ! non ! " Je lui couvre la bouche avec une de mes mains. Elle me mord sauvagement les doigts. Je lui enfonce les doigts dans la bouche et c'est à ce moment-là qu'elle perd conscience. Elle est en train de mourir. Ses bras s'agitent dans tous les sens. Et puis, c'est insensé, mais elle reprend connaissance et me demande : " Pourquoi ? " Moi aussi, je veux savoir pourquoi et je m'approche d'elle. Quelques secondes plus tard, elle entre en convulsions, ses bras battent l'air, il y a du sang partout et elle continue à parler. Elle répète alternativement : " Non ! non ! non ! " et " Pourquoi ? pourquoi ? pourquoi ? " C'est complètement fou. Je n'éprouve plus rien, je ne fais plus partie de la race humaine, quelques instants plus tard elle meurt. »

« *Le fantasme des têtes coupées est comme un trophée* »

Kemper emmène les deux cadavres chez lui et les photographie avec un Polaroïd. Il les dissèque, tout en jouissant avec certaines parties des corps :

« Je retourne à mon appartement avec les deux corps dans la voiture. Le coffre est rempli de sang, car une des victimes est transpercée de coups de couteau. L'autre est sur le siège arrière. Le propriétaire est chez moi avec deux amis. Ils discutent entre eux et je m'imagine leur surprise si j'avais balancé les deux corps à leurs pieds. L'idée même me fait flipper... Ayant coupé les têtes, je les emporte dans ma chambre à coucher. Je les pose sur un fauteuil et reste à les regarder longuement, avant de les emmener sur mon lit où je joue avec. L'une des têtes roule par terre, sur le tapis, en faisant pas mal de bruit. Mon voisin du dessous me hait, car je fais toujours beaucoup de bruit jusque tard dans la nuit. Il prend un balai et frappe au plafond. Je lui réponds en hurlant : " Mon pote, je suis désolé, mais j'ai fait tomber ma tête. Désolé... "

« Vivantes, les femmes se montrent distantes avec moi. Elles ne partagent pas. J'essaie d'établir une relation, et, en fait, il n'y en a pas... Lorsque je les tue, je sais qu'elles m'appartiennent. C'est la seule façon pour moi de les posséder. Je les veux pour moi seul. Qu'elles fassent un avec moi. Le fantasme des têtes coupées est un peu comme un trophée. C'est la tête qui *fait* la personne. Le corps n'est plus rien lorsque la tête est coupée. En fait, ce n'est pas tout à fait exact. Avec les femmes, il reste encore pas mal de choses intéressantes, même si la tête manque, mais la personnalité a disparu. »

Le lendemain, Kemper enterre les restes dans les montagnes de Santa Cruz et envoie les têtes dans un ravin :

« Je suis quelquefois retourné sur les lieux où j'ai enterré Mary Ann... Je la souhaite près de moi... Parce que je l'aime et la désire. »

Ne se satisfaisant plus des seules photos de Mary Ann et d'Anita, le 14 septembre, Kemper prend la jeune Aiko Koo à bord de sa voiture. Elle a 15 ans. Il raconte :

« Un moment, je pense surseoir à mes crimes en me satisfaisant des photos, mais leur effet dure deux semaines environ. Pour moi, la victime joue aussi un rôle, celui de la Californienne à qui tout est promis et qui peut tout se permettre. Un sourire éblouissant aux lèvres. Le fait de monter dans ma voiture est plutôt tragique, mais c'est comme si elle avait une pancarte dans le dos me signifiant clairement que je dois la tuer. Ces filles sont suffisamment âgées pour savoir ce qu'elles font, et, *surtout*, ce qu'il ne faut pas faire, comme l'auto-stop. Cela m'a toujours étonné qu'elles aient continué à faire de l'auto-stop, même après la découverte des premiers corps. Elles me narguent du fait qu'elles s'octroient le droit d'agir comme bon leur semble. Cela me démontre que la société est aussi tordue que je le pense. C'est quelque chose qui me dérange : elles se sentent en sécurité dans une société où moi je ne le suis pas.

« J'ai lu que dans l'Ouest américain on tannait la peau des pendus pour en faire des chaussures ou qu'on utilisait le crâne comme encrier. J'ai coupé les cheveux d'une de mes victimes pour en faire une natte. Au bout de deux ou trois semaines, je m'en suis débarrassé, car c'était trop stressant. Cela me rappelait trop la réalité. Je fantasmais beaucoup, mais là, c'était comme un mauvais trip. Je connais des tueurs qui conservent des parties de cadavres dans des bocaux de solution formique. J'ai eu peur, car je savais que, petit à petit, j'allais en arriver à ce stade. Il me fallait arrêter si je ne voulais pas devenir un nouveau Ed Gein. Je teste les limites de mon univers. Je démontre que je peux y arriver au sein de ma communauté. Ils pensaient tous que j'étais un chic type. »

Kemper étrangle Aiko Koo, avant de violer son corps et de le ramener chez lui .

« Je tente tout d'abord de la suffoquer en lui pinçant les narines, mais elle se débat violemment. Je crois y être arrivé quand elle reprend connaissance et réalise ce qui se passe. Elle est prise de panique. Finalement, je l'étrangle avec son cache-col... Après le meurtre je suis épuisé, j'ai chaud et très soif. Je m'arrête à un bar pour boire quelques bières, alors que le corps se trouve encore dans le coffre de ma voiture. En emportant le cadavre chez moi, j'ai failli me faire surprendre par des voisins. La démembrer a exigé un travail méticuleux au couteau et à la hache. Cela me prend environ quatre heures de travail. Trancher les membres, me débarrasser du sang et laver complètement la baignoire et la salle de bains. »

Le lendemain matin, Kemper rend visite à ses deux psychiatres qui le jugent guéri alors que la tête coupée d'Aiko se trouve dans le coffre de sa voiture. Ed parvient à obtenir que son casier judiciaire reste vierge sur la recommandation de ces mêmes psychiatres ! Leur rapport conclut : « Je ne vois aucune raison psychiatrique pour le considérer comme dangereux. En fait, le seul danger qu'il représente réside dans sa façon de conduire sa moto ou une voiture. »

« Je la tue un jeudi soir, poursuit Kemper. Le lendemain matin, je me fais porter malade auprès de mon patron. Je démembre son corps. Vendredi soir, je me débarrasse du cadavre, en gardant la tête et les mains, aisément identifiables. Le samedi matin, je pars de chez moi en les emportant. Je cherche un endroit sûr pour les enterrer. Ce n'est pas facile de se débarrasser de ces choses-là. Plusieurs fois, j'ai été sur le point de me faire surprendre en enterrant les corps, et si un cadavre est découvert, les témoins peuvent se souvenir d'une voiture beige arrêtée non loin de là. Samedi matin, je rends visite à mon psy à Fresno, et l'après-midi, je vois l'autre. Samedi soir je suis avec ma fiancée et sa famille à Turlock, et dimanche soir je rentre chez moi. »

Le « Co-Ed Killer »

Quatre mois s'écoulent avant que le « Co-Ed Killer » frappe une nouvelle fois. Le 9 janvier 1973, l'étudiante Cindy Schall est contrainte, sous la menace d'un revolver, de monter dans le coffre de la voiture de Kemper où elle est immédiatement abattue. De retour chez sa mère, Kemper dépose le cadavre sur son lit et le viole. Ses désirs de nécrophile une fois satisfaits, il démembre le corps dans la baignoire. Les restes sont balancés dans la mer et la tête enterrée sous la fenêtre de la chambre de sa mère.

« Lorsque la police m'arrête, ils découvrent un sabre chez moi, et pour eux, pas de doute, c'est l'arme qui m'a servi à couper les têtes. Ils l'envoient pour des tests au FBI qui leur répond, plutôt vertement, qu'il n'y a aucune trace de sang sur la lame. On comprend leur mécontentement quand on sait que des tests de ce genre coûtent plusieurs dizaines de milliers de dollars. En fait, je leur ai dit que ce sabre n'a servi qu'à frapper un arbre, mais ils ne m'ont pas cru. Et l'homme qui l'a utilisé est justement le chef de la police, le père de ma fiancée, à qui j'avais montré le sabre. Je l'avais aiguisé très souvent, en huilant la lame. Il est vrai que j'avais pensé m'en servir pour couper des têtes. Il faisait partie de mes fantasmes. Un autre expert se trompe également en affirmant qu'une scie électrique a servi à couper les têtes, à cause des marques sur les os. Non. J'ai utilisé un simple couteau de poche, une lame d'à peine dix centimètres. Je dois d'abord enfoncer la lame dans la chair, puis tourner le couteau pour débloquer la vertèbre. On a dit que j'ai toujours tranché les têtes entre les deuxième et troisième vertèbres cervicales. Vous avez déjà essayé de couper entre deux vertèbres ? C'est quasiment impossible. Les flics étaient des imbéciles. »

Dès la fin décembre, des corps ont été découverts. Grâce à

ses fréquentations, au bar où se retrouvent des policiers, Ed Kemper se tient au courant de l'évolution de l'enquête. Et il récidive. Le 5 février 1973 c'est au tour de Rosalind Thorpe et d'Alice Lin de tomber sous les coups du géant de Santa Cruz :

« Thorpe a un front très large et j'essaie d'imaginer à quoi son cerveau peut bien ressembler à l'intérieur de son crâne. Je veux que ma balle la frappe juste au milieu du cerveau. Une seconde avant, elle bouge encore, et la seconde d'après elle est morte. Un bruit, puis le silence, un silence absolu... Lin, qui est assise sur le siège arrière, se couvre le visage de ses mains. Je me retourne et lui tire dessus à deux reprises, à travers les mains. Je la rate. La troisième fois est la bonne, en pleine tempe... Nous passons devant la guérite de la police du campus et j'entends Lin qui meurt sur le siège arrière. Une fois sorti de la ville, je ralentis au maximum, avant de lui tourner la tête sur le côté, et de l'abattre à bout portant. »

Kemper empile les deux cadavres dans le coffre de la voiture et retourne chez sa mère où il mange tranquillement son dîner. Ensuite, Kemper descend décapiter les corps, mais il n'est pas satisfait et retourne chercher le tronc d'Alice Lin qu'il viole sur le sol de la cuisine. Puis il lui coupe les mains dans le coffre :

« Je sais que c'est un risque important de prendre une étudiante directement sur le campus, alors, vous pensez bien qu'en prendre deux multiplie d'autant ce risque, mais je savais que je pouvais y arriver. Une fois, en plein jour, j'en ai pris trois sur University Avenue, à Berkeley, et j'ai failli les abattre. J'aurais pu, sans problème, à cause du vacarme de l'autoroute qui aurait couvert les coups de feu. Je dois m'arrêter, car je perds tout self-control. Je bois de plus en plus. Les flics me connaissent comme un gros buveur dans le bar que nous fréquentons, et c'est peut-être l'une des raisons pour laquelle ils ne m'ont pas suspecté. En public je suis presque toujours ivre, vin ou bière, ou sous l'influence de divers barbituriques, mais je reste sobre pour commettre mes crimes. Pourquoi ? Quand je suis ivre je n'arrive plus à agir. Voilà pourquoi je bois constamment : je veux arrêter cette folie. Mais c'est difficile de rester soûl en permanence. J'ai avalé entre vingt-cinq et trente litres de vin par semaine, deux fois plus que ma mère.

« Environ un mois et demi après avoir tué les dernières étudiantes, je m'impose un test. J'embarque deux filles, qui me font penser à mes victimes précédentes, et nous nous dirigeons sur l'autoroute A-13, en direction de la 580. Elles me demandent de les conduire vers Palomares Drive, où j'ai déjà tué. L'Université se trouve de l'autre côté et elles ne me croient pas quand je leur affirme avec force qu'il faut que nous changions de direction. “ Mais nous voulons aller par là ”, disent-elles. Même si nous n'allons pas à Palomares Drive, si nous nous arrêtons avant, il y a ce cul-de-sac... Et elles seront mortes si mes pulsions reprennent le dessus. Si nous continuons dans cette direction, le test ira trop loin. Nous sommes déjà allés trop loin. J'ai une impression de déjà-vu, comme pour les deux premières. J'ai peur de devoir les tuer. Je tente alors de me débarrasser de mes pulsions, un peu comme quelqu'un qui cherche à s'arrêter de fumer ou de boire. Et nous continuons à nous disputer. Si elles se mettent à crier, je suis foutu, car quelqu'un téléphonera aux flics. Et moi qui leur dis ce qu'il faut faire pour leur sauver la vie. Malheureusement, cela ne marche pas et elles prennent peur. Je leur dis de ne pas s'inquiéter et d'attendre le prochain croisement : “ Si je me trompe, nous prendrons l'autre route, faites-moi confiance. ” Et je me dis “ merde ”. Le revolver est sous mon siège. Nous arrivons sur l'autoroute, un panneau annonce la sortie de Mills College. Elles ont toujours peur. Je n'ai pas suivi leurs indications, *leur route,* et c'est ce qui les terrifie. Je dépose les deux filles devant l'entrée de l'Université et je suis prêt à vous parier qu'elles feront attention avant de se remettre à l'auto-stop. Je suis presque sûr qu'elles ignorent toujours à ce jour à quel point elles ont frôlé la mort. Ce jour-là, j'ai compris que je ne pourrais pas m'arrêter. Je n'arrive plus à me contrôler. Je sais que je vais tuer à nouveau. C'est inéluctable. »

« *J'avais envie de détruire tous mes voisins* »

Kemper boit énormément et se chamaille sans cesse avec sa mère. Il perd en effet tout contrôle et envisage des projets insensés :

« Je voulais faire une démonstration aux autorités de Santa Cruz. Leur prouver que je ne plaisantais pas, qu'ils avaient vraiment affaire à un monstre. J'avais envie de détruire tous mes voisins, une douzaine de familles. Mon attaque aurait été lente, méthodique, silencieuse. Je savais que je pouvais le faire. »

Finalement, lors du week-end pascal, il tue sa mère endormie à coups de marteau avant de la décapiter et d'en violer le corps.

« La semaine qui précède l'assassinat de ma mère, je me fais tout un cinéma dans la tête. Ma mère va mourir. Je vais la tuer. Ensuite je me rendrais à la police avec l'espoir de me faire abattre en plein milieu de la rue. Et ils seront dans la merde. Ce sera à eux de tout expliquer puisque je ne serai pas là pour le faire. Toute la semaine cette conviction m'envahit de plus en plus. Le Vendredi saint je ne travaille que le matin, je rentre à Santa Cruz dans l'après-midi. Je bois pendant la soirée. Je dors quand ma mère rentre à la maison. Les événements se déroulent comme je les avais envisagés. Je me réveille après son retour. Les derniers mots, la dernière dispute. Je vais dans ma chambre pour discuter. Je ne cherche pas d'excuses pour expliquer mon geste. Je veux simplement vous dire qu'au fond de moi je souhaitais pouvoir prononcer les mots qu'il fallait, ou qu'elle dise quelque chose qui aurait stoppé net cette folie. J'avais ce petit espoir naïf en moi. Hélas... Elle est en train de lire, elle pose son livre et me déclare : " Oh, mon Dieu, tu vas rester debout toute la nuit pour me parler ? " C'était une de ses expressions favorites quand je venais dans sa chambre le soir. La plupart du temps, je répondais non et je tournais les talons. Elle savait alors qu'elle m'avait blessé, que le lendemain tout redeviendrait normal. Ce soir-là, j'avais décidé que nous ne parlerions pas. Je retourne dans ma chambre pour m'allonger un moment. Je reste deux ou trois heures sans pouvoir m'endormir. Il doit être 4 ou 5 heures du matin. Je vais dans sa chambre, le marteau à la main, et je lui défonce la tempe, je lui tranche la gorge, je soulève le menton et lui découpe le larynx avant de le jeter dans le vide-ordures : depuis que je suis tout petit, elle n'a jamais arrêté hurler et de m'engueuler. J'ai toujours considéré ma mère comme quelqu'un de très impressionnant, un être quasiment indestructible. Elle a eu une influence considérable sur ma vie. Je suis très surpris de me rendre compte à quel point elle est vulnérable, aussi humaine que mes autres victimes... J'en reste choqué un bon moment, et j'en suis toujours bouleversé, même si sa disparition me soulage. »

La tête, sur le manteau de la cheminée, sert de cible aux fléchettes que Kemper lui lance en l'insultant. Le lendemain, il rencontre un ami qui lui doit dix dollars depuis pas mal de temps. Kemper s'apprête à le tuer mais l'homme le rembourse, ce qui lui sauve la vie.

« *Je sens que je perds tout contrôle* »

Toujours sous l'emprise d'une frénésie meurtrière, Kemper téléphone à Sally Hallett, une amie de sa mère, et l'invite pour un dîner surprise. Dès qu'elle s'assoit, Sally est assommée, étranglée et décapitée :

« Dès son arrivée, elle se laisse tomber sur une chaise en me disant qu'elle est morte de fatigue. Après tout, je l'ai prise au mot. »

Kemper dépose le corps sur son lit avant de s'endormir dans la chambre de sa mère. A son réveil, le dimanche de Pâques, il quitte la maison en voiture et laisse ce mot :

Samedi, 5 heures 15 du matin. Pas besoin qu'elle souffre à cause de l'horrible « Boucher sanglant ». Ce fut bref — elle dormait — je voulais qu'il en soit ainsi. C'est pas du travail négligé et incomplet, les gars. Simplement, un manque de temps. J'ai des choses à faire !!!

Au bout de quarante-huit heures de route, Kemper est surpris qu'on ne l'ait pas arrêté, sauf pour lui donner une contravention pour excès de vitesse. Il se bourre de tablettes de No-Doz pour rester éveillé et poursuit sa route jusqu'au Colorado :

« Je redoutais que le moindre incident me fasse complètement perdre la boule. Jamais je n'avais ressenti une telle impression. J'ai eu peur. »

Il téléphone à ses amis policiers de Santa Cruz pour se rendre, mais, gag ultime, personne ne le croit ! On lui raccroche plusieurs fois au nez. Il parvient tout de même à convaincre un des policiers et on l'arrête. Dans ses confessions détaillées, Ed Kemper avoue son cannibalisme :

« J'ai effectivement dévoré en partie ma troisième victime. J'avais découpé des lambeaux de chair que j'ai mis au congélateur. Vingt-quatre heures après l'avoir disséquée, j'ai cuit la chair dans une casserole de macaronis avec des oignons et du fromage, comme une charogne. Un vautour ou un ours. Vous connaissez le sang noir ? C'est du sang non oxygéné, on le voit l'espace d'un instant, avant qu'il entre en contact avec l'air. Après le sang devient rouge. Lorsqu'il est dans le corps le sang est noir comme du goudron. J'ai mangé un morceau de jambe que j'avais trempé dans du sang noir pendant près d'une journée. Et pourquoi j'ai fait ça ? Ayant chassé des animaux dans le Montana, je ne faisais que poursuivre une expérience en cannibalisme. Lorsque vous étiez enfant, je suis sûr que vous vous posiez cette question : comment réagir sur une île déserte, avec trois autres personnes et sans la moindre nourriture ? Si l'un de vous est malade ? Toutes ces histoires viennent de récits de la Seconde Guerre mondiale. J'en avais entendu parler par des anciens Marines. Et puis, d'une certaine façon, je possède à nouveau ma victime en la mangeant... Vers la fin je devenais de plus en plus malade, assoiffé de sang, et pourtant ces flots de sang m'emmerdent. Ce n'est pas quelque chose que j'ai envie de voir. Ce que je désire ardemment, par contre, c'est assister à la *mort,* et savourer le *triomphe* que j'y associe, mon propre triomphe sur la mort des autres. C'est comme une drogue, qui me pousse à en vouloir toujours plus. Je veux triompher de ma victime. Vaincre la mort. Elles sont mortes et moi, je suis vivant. C'est une victoire personnelle. »

Santa Cruz : « Murderville, USA »

A l'époque où Ed Kemper prépare sa croisade meurtrière, Santa Cruz connaît une vague d'assassinats sans précédent qui lui vaut le titre de « Capitale du crime » aux États-Unis. Le 19 octobre 1970, John Frazier, un tueur psychotique épris d'occultisme, assassine les cinq membres de la famille du Dr Otah, en laissant le message suivant sur le pare-brise de leur Rolls-Royce :

Halloween 1970. Aujourd'hui démarre la Troisième Guerre mondiale déclarée par le peuple de l'Univers Libre. A partir d'aujourd'hui, quiconque polluera l'environnement naturel ou le détruira, subira un châtiment de mort des membres du peuple de l'Univers Libre. Moi et mes camarades lutteront jusqu'à la mort contre quiconque s'opposera à la vie naturelle sur cette planète. Le matérialisme doit mourir ou l'humanité disparaîtra.

Cavalier de Bâton — Cavalier de Coupe — Cavalier d'Épée.

Parallèlement aux crimes de Kemper, un autre *serial killer*, Herbert Mullin, sévit à Santa Cruz et dans les environs. Mullin, comme Kemper, a une mère ultrapossessive qui l'a éduqué selon les principes les plus stricts de la religion catholique. Physiquement, Herbert Mullin est presque l'opposé d'Ed Kemper. Petit, chétif, son chemin croise celui de « Big Ed » quand les deux hommes deviennent voisins de cellule.

Mullin ne manifeste aucun symptôme inquiétant pendant son enfance. Il réussit brillamment ses études tout en menant une carrière sportive. En 1964, à l'âge de 17 ans, il est élu « meilleur athlète » de son lycée. En juin 1965, la mort accidentelle de son meilleur ami assombrit la personnalité d'Herbert Mullin. Il transforme sa chambre à coucher en autel à la mémoire de son ami décédé et il avertit sa fiancée qu'il craint d'être homosexuel.

Fin 1969, son intérêt pour les religions orientales le fait décoller de la réalité, à tel point que ses parents l'envoient à l'hôpital. Son refus de coopérer oblige les psychiatres à le relâcher au bout de quelques semaines. Mullin prend sans arrêt du LSD, il entend des voix dont il suit aveuglément les commandements, il se rase la tête ou se brûle le pénis avec une cigarette. De retour à l'hôpital il rédige des lettres délirantes à des inconnus, dont il trouve les noms dans l'annuaire, et il signe ses diatribes par un « Herb Mullin, un sacrifice humain ». En septembre 1972, ses voix lui ordonnent de tuer.

Le 13 octobre 1972, Mullin assassine Lawrence White, un vieil homme sans domicile fixe. Il lui a fracassé le crâne à coups de batte de base-ball. Le 24 octobre, c'est au tour de la jeune étudiante Mary Guilfoyle de tomber sous les coups de couteau de Mullin. Comme Ed Kemper, il l'éventre avant de jeter les restes près d'une route abandonnée : on ne les retrouve qu'en février de l'année suivante. Le 2 novembre 1972, il se confesse au père Tomei, qu'il poignarde dans l'église de St. Mary's. Le mois suivant, il s'achète un pistolet et se met à la recherche de Jim Gianera, un dealer : Mullin le croit responsable d'un complot destiné à lui détruire le cerveau. Gianera a déménagé, et Kathy Francis, la nouvelle locataire, lui indique sa nouvelle adresse. Mullin s'y rend et tue le couple Gianera avant de revenir abattre Kathy Francis et ses deux enfants.

Alors qu'il se promène, le 6 février 1973, dans les collines des alentours de Santa Cruz, Herbert Mullin entend cette voix qui lui ordonne de tuer. Il abat au pistolet quatre jeunes campeurs. Le 13 février, dans le centre de Santa Cruz, Mullin arrête sa voiture le long d'un trottoir et assassine Fred Perez qui travaillait dans son jardin. Des témoins ont pu noter la plaque d'immatriculation du véhicule et Mullin est arrêté quelques minutes plus tard par une patrouille. Lors de son procès, il reconnaît ses crimes et affirme que « les meurtres étaient nécessaires pour prévenir des tremblements de terre qui auraient détruit la Californie ».

« *Big Ed* » *Kemper et* « *Little Herbie* » *Mullin*

Quand deux *serial killers* du calibre d'Edmund Emil Kemper et Herbert Mullin se rencontrent, que se racontent-ils ? Nous le savons grâce à ce récit de Kemper :

« Mullin a été mon voisin de cellule pendant plusieurs années. A un moment donné, je lui ai même obtenu un emploi dans la cuisine de la prison où je travaillais déjà. C'est un des gardiens qui m'a demandé de le faire, afin de protéger Herbie, je l'ai toujours appelé ainsi. C'est comme moi, jamais je ne me suis présenté sous le nom d'Edmund Emil Kemper III, avant que les autorités ne le fassent pour moi. Herbie était détesté par les autres prisonniers car il les emmerdait constamment. Il se faisait souvent casser la gueule. Un jour, je me retrouve avec lui pour prendre une douche et je constate qu'il a gardé la barre de savon pour lui, alors qu'il s'est déjà lavé.

“ Excusez-moi, Mr. Mullin, auriez-vous du savon ? Il n'y en a plus du tout.

— Non. ”

Cet individu de petite taille me déteste, il a toujours été intimidé par les gens plus grands que lui. Voilà comment nous avons fait connaissance. Je me suis dit : “ Mon petit Herbie, tu ne perds rien pour attendre. ” Et puis je découvre qu'il adore les cacahouètes de la marque Planters. J'en achète une vingtaine de paquets, je lui en donne et il doit se dire : “ Tiens, ce type m'offre des cacahouètes et je n'ai rien fait pour lui ? Je ne le connais pourtant pas. ” Il s'approche de ma cellule, je lui tends le paquet, je vois cette petite main, une main de singe, hésiter entre les barreaux. Il la retire, sans doute parce qu'il pense que je vais lui arracher le bras. Je pose le paquet sur un des barreaux et me recule vers le fond de ma cellule. Il prend le paquet et je continue à lui en donner. Herbie reste des heures entières dans sa cellule à écrire. Mais il embête les autres prisonniers, surtout le samedi soir, lorsqu'ils regardent les programmes de rock à la télé, Herbie se met debout et lit les discours qu'il a écrits pendant la journée. Ce sont d'interminables tirades où il démontre à quel point la télé est mauvaise, et il hurle à tue-tête. Il le fait pendant toute la durée des programmes. Les autres tentent de lui balancer n'importe quoi au visage pour le faire taire, cela les rend fous de rage. Parfois il chante d'une horrible voix de fausset. Même les gardiens sont énervés, au point que l'un d'eux est sur le point de lui envoyer un jet de bombe lacrymogène, alors qu'Herbie et moi sommes enchaînés ensemble. Je lui demande : " Herbie, pourquoi tu fais ça ? " Et il me répond qu'il a le droit d'agir comme bon lui semble. A partir de ce moment-là, je décide de modifier son comportement.

« Quand il est sage, je lui donne des cacahouètes et lorsqu'il se tient mal, je m'arrange pour lui balancer un seau d'eau à la figure, qui le laisse complètement trempé dans sa cellule. Lorsque je n'y arrive pas, je demande l'aide des autres prisonniers qui hurlent de joie à chaque fois que Herbie est touché. Cela prend environ trois semaines avant que son attitude ne s'améliore. Il demande la permission de chanter et ne le fait plus aux heures des shows télévisés, mais ça ne l'amuse plus et il s'arrête généralement au bout de deux ou trois minutes. J'avais trouvé un moyen de le changer. Les flics sont fascinés par mes résultats. Herbie est très coopératif, à présent. Je lui ai montré pourquoi les gens ne l'aimaient pas. Une fois, nous avons été ensemble au mitard et j'ai poursuivi mes expériences. Il était perpétuellement angoissé et il souffrait. Je lui ai posé toute une série de questions du style : " Quand tu te sers de ton arme, est-ce que tu tires à toute vitesse, en séquence rapide ? " Il a été très étonné : " Comment le sais-tu ? " " Parce que je faisais pareil. " Il est fasciné de constater que j'arrive à lire ses moindres pensées, des choses qu'il n'a jamais avouées aux flics. Je vois mon semblable, un type qui faisait les mêmes choses que moi quand j'étais môme. Il avait passé pas mal de temps dans des hôpitaux psychiatriques, il se sentait rejeté par la race humaine. Nous avions pas mal de points communs. Je lui parle de ce qui se passe quand on tue quelqu'un. " Je sais, ils tombent morts ", me dit-il. " Non, Herbie, ils crachent le sang, ils tentent de parler et quelques-uns bougent encore quand tu leur tires dessus... et tu recommences. " " Comment sais-tu tout ça ? tu n'étais pourtant pas là ? " " Je le sais, parce que moi aussi j'ai fait pareil. Et surtout, Herbie, ne me raconte plus toutes ces conneries sur les tremblements de terre ou Dieu qui t'ordonne ceci ou cela. Tout ça c'est du bidon, et tu le sais aussi bien que moi. " " Tu as raison, Ed, mais je ne l'ai jamais dit à personne d'autre. " Voilà quelles étaient mes relations avec Herbie Mullin. »

Depuis sa condamnation en 1973, Ed Kemper enseigne l'informatique et participe activement à un programme de transcription en braille d'œuvres littéraires pour les aveugles, ce qui lui vaut de recevoir plusieurs récompenses de l'administration américaine. Ces trophées, d'un autre genre que ceux collectionnés auparavant, sont exposés dans le hall de réception des visiteurs de la prison de Vacaville. Depuis plusieurs années, Kemper est susceptible d'obtenir une libération sur parole, mais il est quasiment impossible qu'elle soit accordée. Il est d'ailleurs assez lucide sur ce point et il préfère rester en prison.

Le Dr Donald T. Lunde, qui travaille à l'université de Stanford, est le psychiatre qui a le mieux connu Ed Kemper.

Il a été chargé de l'examiner à de très nombreuses reprises, à la suite de son arrestation. Après avoir visionné l'interview de Kemper que j'ai effectuée en compagnie d'Olivier Raffet, dans la prison de Vacaville, le Dr Lunde, qui n'avait plus revu son patient depuis près de vingt ans, a bien voulu nous livrer quelques réflexions le concernant.

« Kemper est très intelligent. Son quotient intellectuel le place dans une catégorie qui représente à peine 1 à 2 % de la population. Il faut être très intelligent pour commettre une pareille série de meurtres sans se faire pincer, puisque c'est lui qui se livre à la police. Pour Kemper et les *serial killers,* il est très important pour leur ego de surpasser en finesse la police. Certains vont jusqu'à narguer les autorités par des lettres, comme Jack l'Éventreur, le “ Fils de Sam ”, ou ces étranges missives codées du Zodiaque qui contiennent des morceaux de vêtements et du sang. Kenneth Bianchi, l'un des “ Étrangleurs des Collines ” a suivi des cours de police à l'université, et il a travaillé sous les ordres d'un shérif, ces tueurs sont fascinés par la police. Lorsque Kemper téléphone pour se dénoncer, le policier éclate de rire : “ Big Ed ? Big Ed Kemper ? Avec qui nous buvons au ‘Jury Room' ? ” Le sergent lui raccroche plusieurs fois au nez, il croit à une plaisanterie. De même, lorsqu'il sort avec la fille du chef de la police et la ramène saine et sauve chez son père, ce qui lui importe c'est de démontrer qu'il est le plus malin. Quand il me racontait cette histoire, Kemper éclatait de rire à chaque fois. On retrouve ces caractéristiques chez la plupart des *serial killers,* mais nous n'avons pas encore suffisamment d'informations à leur sujet. Ils ont connu des expériences similaires avec leur mère durant leur enfance, un mélange d'agression et de comportements bizarres, très éloignés d'une enfance normale. Des mères qui peuvent les battre une minute, puis coucher avec eux cinq minutes plus tard. Du sexe et de l'agression. C'est un âge où l'enfant doit séparer le sexe et l'agression, mais ces individus apprennent justement le contraire.

« Lorsque Kemper déclare : " Je voulais faire du mal à ma mère ", il touche du doigt la clé du problème. Kemper assassine des femmes qu'il associe à sa mère. Celle-ci travaillait à l'Université, il choisit donc des étudiantes. Finalement, le vendredi de Pâques, Kemper tue sa mère et lui coupe la tête qu'il pose sur une étagère. Il passe son samedi à lui hurler des injures : " Je lui ai crié les choses que j'avais voulu lui dire toute ma vie, et, pour la première fois, sans être interrompu. " Sa mère assassinée, il ne ressent plus le besoin de tuer à nouveau. En voyant ces images, Kemper semble plutôt relax et à son aise en prison : sa mission consistait à détruire la mère, mais il n'a pas agi de manière consciente.

— Pourquoi Kemper dissèque-t-il ses premières victimes, pour arrêter par la suite ?

— Il est curieux, dit le Dr Lunde, mais il perd cette curiosité par la suite. Il existe également une autre raison, bien plus déplaisante. Il garde des lambeaux de chair dans son Frigidaire. Il possède aussi un stock de Polaroïds qui montrent les cadavres mutilés de ses premières victimes. Ce même Kemper, qui parle d'une voix si mesurée et semble parfaitement sensé, me racontait ses recettes cannibales : " Je préparais un succulent ragoût en cocotte avec ces morceaux de chair et des macaronis. " Il m'indiquait les proportions de fromage et d'oignons, il me décrivait le goût de ce plat. Il ressentait un réel plaisir à manger ses victimes en regardant les Polaroïds. Au bout de trois ou quatre semaines les pulsions meurtrières redevenaient trop violentes et il lui fallait tuer à nouveau... Lorsque les *serial killers* ne sont pas capturés, cet intervalle de temps entre chaque crime se raccourcit au fil des ans. Un peu comme une drogue...

— Kemper vous raconte, sans rien cacher, les détails les

plus atroces de ses crimes, mais il se montre réticent à propos de sa mère. Il avoue son cannibalisme mais il nie s'être servi de la tête coupée comme la cible d'un jeu de fléchettes. Il s'efforce de paraître sensé mais il explique néanmoins qu'il a découpé le larynx de sa mère, qu'il avait eu du mal à décapiter.

— Sa mère, dit le Dr Lunde, avait une très forte personnalité, elle le rabaissait constamment. Elle possédait une voix tonitruante et l'engueulait très souvent. Kemper s'en est plaint pendant des années. Il a pris la peine de couper cet organe essentiel à la voix pour le hacher menu dans le vide-ordures. Le symbole est évident, même pour un psychiatre débutant. Les *serial killers,* après coup, essaient de rationaliser leur comportement. Kemper a toujours eu du mal à avouer la nécrophilie. Il veut bien qu'on le considère comme un meurtrier, même un tueur cannibale, mais pas comme un pervers sexuel.

— Au cours de l'interview, docteur, il se contredit deux fois lorsqu'il évoque le choix, délibéré ou non, d'un certain type de victimes. Qu'en est-il exactement ?

— Kemper choisissait ses victimes avec minutie. J'ai même vu une liste, écrite de sa main, qui mentionne les caractéristiques que ses futures victimes devaient absolument posséder. Les jeunes femmes qu'il prenait en auto-stop, il les bousculait de questions. Le métier de leur père ? Leur lieu d'habitation ? La description de leur maison ? A quelle université étaient-elles inscrites ? Sa mère lui répétait souvent que des étudiantes de bonne famille, éduquées, belles, intelligentes, refuseraient toujours de rencontrer un minable comme lui : c'est justement ce type de femmes que Kemper recherchait. Lorsque ces jeunes auto-stoppeuses ne correspondaient pas à ses critères, elles repartaient saines et sauves. D'après lui, Kemper en aurait embarqué entre trois et quatre cents à bord de sa voiture.

« Par ailleurs, ses meurtres sont soigneusement préparés, comme ceux de la plupart des *serial killers* non psychotiques. Il avait modifié sa voiture, il pouvait bloquer la portière de sa passagère en actionnant un mécanisme sous son siège. Une fois montée à bord, la fille est prise au piège. Les preuves ? Ces traces de griffures et d'ongles retrouvées sur la portière droite. Ted Bundy, Kenneth Bianchi et Angelo Buono avaient installé des systèmes similaires dans leurs voitures.

— Pensez-vous que Kemper soit encore dangereux à l'heure actuelle ?

— Là où il se trouve, non. Ce qui intéresse Kemper, c'est de tuer des femmes. La prison de Vacaville ne contient que des détenus masculins. Les pulsions meurtrières qui poussaient Kemper à tuer étaient dirigées à l'encontre de sa mère. Celle-ci est morte et je ne pense pas qu'il serait dangereux, maintenant, même s'il rencontrait des femmes. »

MATAMOROS : LE CULTE DE L'ENFER

Le 9 avril 1989, les recherches effectuées conjointement par les polices mexicaine et américaine afin de retrouver Mark Kilroy, un jeune étudiant en médecine du Texas, se terminent par une macabre découverte au ranch Santa Elena, non loin de Matamoros, au Mexique. Dans une cabane, le commandant Juan Benitez trouve un chaudron de fer à l'odeur pestilentielle contenant du sang desséché, un cerveau humain, des mégots de cigares et une tortue rôtie. Tout autour de cette bicoque, les policiers déterrent les cadavres mutilés de Kilroy et de quatorze autres victimes.

Les complices arrêtés avouent qu'ils ont massacré ces personnes sur les ordres d'El Padrino, le Parrain Adolfo de Jesus Constanzo, et de sa compagne Sara Aldrete qui dirigeaient ce gang de trafiquants de drogue selon des rites de magie noire.

Adolfo avait pourtant tout pour réussir : beau, intelligent, charmeur, du charisme et un talent d'orateur. Né le 1er novembre 1962, à Miami, de parents *marielitos,* des Cubains réfugiés, Adolfo est initié dès son plus jeune âge au rituel de la *Santeria* [1], une religion inoffensive, ainsi qu'au *Palo Mayombe,* d'une nature autrement agressive mais qui a de nombreux points communs avec la *Santeria.* Cette religion a été importée à Cuba au XIXe siècle par les esclaves du peuple Yoruba, originaire du Nigeria. Les dieux yorubas, ou *Orishas,* sont au nombre de quatorze. Pour les vénérer, on leur offre des sacrifices : Chango, dieu du tonnerre, reçoit un agneau ou un bouc ; Oggun, le guerrier, qui veille sur les armes et la sorcellerie, se voit offrir du sang, des plumes, une lame d'acier ou des rails de chemin de fer. La *Santeria* compte à peu près cent millions d'adeptes ou *santeros* à travers le monde.

Pour le *santero,* tout événement possède une signification précise. Vous avez un accident ? Il est tout de suite interprété comme la conséquence d'un sort jeté par un ennemi. Au contraire des autres religions, la *Santeria* et ses dérivés ne se pratiquent pas dans un lieu de culte, mais chez soi, là où se trouvent vos objets sacrés. Cette religion ne présente pas non plus un système de valeurs : il n'existe aucune règle concernant le sexe, la drogue, l'alcool ou les délits. Le concept du

1. Pour en savoir plus sur la Santeria, signalons deux excellents ouvrages de Migene Gonzales Wippler : *Rituals and Spells of Santeria* (Original Publications, 1984, Bronx, N.Y.) et *The Santeria Experience* (Prentice-Hall, 1982, Englewood Cliffs, N.J.)

Bien ou du Mal ne fait pas partie de la *Santeria*, et il est laissé à l'appréciation du pratiquant. Dès lors, on comprend pourquoi la *Santeria*, le *Palo Mayombe* ou l'*Abaqua* plaisent aux criminels. Personne ne se rend dans une synagogue ou dans une église pour demander à Dieu ou à un prêtre de tuer son ennemi ou de protéger un arrivage de cocaïne : avec la *Santeria* et le *Palo Mayombe*, c'est tout à fait possible, voire conseillé.

Premiers crimes

Devenu un *mayombero*, magicien noir, Adolfo commence en 1980 à vendre ses services à une clientèle de plus en plus nombreuse dans la région de Miami. Il n'a aucun problème majeur avec la police, mis à part deux arrestations en 1981 pour de banals vols à l'étalage (une habitude héritée de sa mère). En 1983, ses amis bisexuels de Miami lui obtiennent un travail de mannequin à Mexico. Grâce à ses prétendus pouvoirs magiques et à son charisme, il connaît un succès foudroyant dans le monde interlope de La Zona Rosa, le quartier des prostitués homosexuels. Les rituels de protection et de purification lui rapportent entre 8 000 et 40 000 dollars, selon ses clients parmi lesquels figurent d'importantes personnalités mexicaines. Arrêtés, les adeptes du culte avouent qu'une des plus grandes vedettes du cinéma mexicain, des trafiquants de drogue et des membres haut placés de la police faisaient partie des clients d'Adolfo, comme Florentine Ventura, le directeur d'Interpol à Mexico. En 1988, Ventura se suicida dans des circonstances mystérieuses après avoir abattu sa femme et ses enfants, et on ignore si Adolfo eut ce jour-là une quelconque influence.

Ivre de pouvoir, Adolfo bascule dans le meurtre rituel. Dans les deux années qui précèdent les événements de

Matamoros, la police a retrouvé huit cadavres affreusement mutilés et défigurés, attachés à des blocs de ciment dans le fleuve Zumpango : José de Jesus Gonzales-Rolono et Celia Campos, le 6 mai 1987, Federico de la Vega et Gabriela Mondragon, Ramon Baez alias Edgar ou Claudia Yvette, le 2 juillet 1988, ainsi que des corps non identifiés. Divers témoignages indiquent qu'en 1988 Adolfo et ses complices, Martin Quintana et Vidal Garcia, massacrent neuf membres de la famille Calzada, des trafiquants de drogue. Vidal Garcia est à la fois le grand-prêtre du culte de Constanzo et policier fédéral. Il est depuis sous les verrous.

Les victimes sont torturées. Ainsi l'homosexuel Ramon Baez, ou Claudia, est-il écorché vif avant d'être scalpé. Son martyre s'achève lorsque ses bourreaux lui arrachent le cœur.

Parmi la clientèle d'Adolfo Constanzo on remarque un jeune homme d'une vingtaine d'années, Elio Hernandez Jr., l'héritier d'une dynastie de trafiquants de drogue. A Matamoros, une ville frontalière de 350 000 habitants qui fait face à Brownsville au Texas, les Hernandez ont connu plusieurs graves revers. Elio éprouve le besoin de se rassurer et Adolfo profite de la situation. En deux mois, il domine le jeune et angoissé Elio, dont l'initiation se déroule à Mexico, peu avant Noël 1987.

Naissance d'une secte

Entre-temps, au cours d'un séjour à Matamoros, Adolfo fait la connaissance de Sara Aldrete, une jeune divorcée bon genre qui tombe sous le charme venimeux du beau Cubain en se faisant lire des cartes de tarot à la terrasse d'un café. Les deux jeunes gens deviennent inséparables et une sorte de folie à deux s'installe, comme chez Martha Beck et Raymond Fernandez, Caril Ann Fugate et Charles Starkweather ou Myra Hindley et Ian Brady. Sara, qui est née le 6 septembre 1964, devient la grande-prêtresse du culte et participe activement, selon les aveux de ses complices, aux diverses cérémonies sanglantes de Mexico. Elle recrute les nouveaux membres. Pour expliquer les agissements de la secte aux postulants, Sara leur projette plusieurs fois de suite un film de John Schlesinger sur la *Santeria, Les Envoûtés*. Martin Sheen y joue le rôle d'un psychiatre de la police, qu'on pousse à sacrifier son fils pour satisfaire à des rites magiques.

Pour mieux asseoir sa domination sur Elio Hernandez, Adolfo oblige Sara à coucher avec le jeune homme. Afin de ne pas éveiller les soupçons, la secte s'installe sur un terrain isolé, au Rancho Santa Elena, à quelques kilomètres de la ville. Adolfo promet à ses adeptes une invulnérabilité totale aux balles et le pouvoir de devenir invisibles s'ils suivent au pied de la lettre ses préceptes.

Les meurtres rituels de Matamoros débutent en juin 1988 pour s'achever en avril 1989 avec la découverte du charnier de Santa Elena. Pour pouvoir se protéger des mauvais esprits, un *mayombero* doit confectionnei un *nganga,* ou chaudron magique, dont la méthode de préparation demeure un secret jalousement gardé. A des ingrédients tels que des bouts de bois, des cigares, des cadavres d'animaux, un fer à cheval, des épices, le *mayombero* doit ajouter le sang, la tête, les doigts de pied et de main, les côtes et les tibias d'un cadavre. Il faut que le cerveau soit encore intact à l'intérieur du crâne, ce qui implique un corps (ou *kiyumba*) relativement frais : ainsi le cerveau du *kiyumba* pourra-t-il penser et mieux agir. Le *mayombero* est un magicien noir qui cherche en priorité le cerveau d'un criminel ou d'un fou. Les cadavres des Blancs sont un morceau de choix, car la tradition veut que le cerveau d'un Blanc soit plus facile à influencer que celui d'un Noir...

Pour l'exécutant de meurtres rituels, la torture est un élément essentiel. L'âme de la victime doit apprendre à craindre son bourreau pour l'éternité, afin de lui être totalement asservie. Selon les premières déclarations de Sara Aldrete à la police (réfutées depuis) elle a exécuté elle-même plusieurs personnes dont Gilbert Sosa, un ancien policier reconverti en trafiquant de drogue. Devant les membres du culte, elle ordonne que Sosa soit pendu par le cou, les mains libres, afin qu'il puisse survivre en s'accrochant à la corde. Puis elle le plonge dans un baril rempli d'eau bouillante. Pendant qu'il hurle de douleur et tente d'éviter la suffocation, Sara lui arrache les bouts des seins avec des ciseaux. Le rite s'achève lorsque les participants avalent une soupe constituée de sang cuisiné avec le cerveau et d'autres morceaux du cadavre. Ils sont convaincus qu'une puissance fabuleuse les a envahis. Une autre fois c'est Elio qui maintient sa victime en vie après lui avoir coupé le pénis, les jambes et les doigts. Elio lui ouvre la poitrine d'un coup de machette, s'empare du cœur et, sans même le détacher, le mord à pleines dents pendant que le moribond le regarde.

Mort d'un « gringo »

Adolfo Constanzo a besoin d'un *gringo* pour rendre ses fidèles invulnérables. Le 14 mars 1989, vers 2 heures du matin, il fait enlever Mark Kilroy dans une ruelle de Matamoros. Avertis de la disparition de leur fils, James et Helen Kilroy remuent ciel et terre pour le retrouver. Ils se heurtent tout d'abord à une certaine indifférence de la part des autorités policières des deux côtés de la frontière, qui penchent pour l'hypothèse de la fugue, ainsi que des médias. Pour y pallier, James Kilroy se rend à Matamoros le 18 mars pour y distribuer des avis de recherche. Les journaux commencent à publier des articles et, le 26 mars, une célèbre émission de télévision, *America's Most Wanted,* qui reconstitue des faits divers et dont le nombre de téléspectateurs dépasse les vingt millions, décide de filmer l'affaire.

La disparition de Mark Kilroy intervient à un mauvais moment de l'histoire des relations américano-mexicaines. Le Mexique, surendetté auprès des banques américaines à cause de la chute des prix du pétrole, se voit reprocher son absence de collaboration par la DEA (Drug Enforcement Agency) et son laxisme certain vis-à-vis des gros bonnets de la drogue. Le président Salinas souhaite par-dessus tout changer cette désastreuse image. Quand la disparition du jeune Kilroy commence à faire du bruit, la police mexicaine reçoit l'ordre de tout mettre en œuvre pour le retrouver.

Le 9 avril, le jeune Serafin Hernandez Garcia roule à toute allure sur la route de Brownsville à Matamoros : il vient annoncer à Adolfo qu'un important chargement de drogue a été livré. Il est arrêté par le commandant Juan Benitez qui croit avoir affaire à un simple passeur de drogue. Le même jour, Elio Hernandez, Sergio Martinez et David Serna, membres du culte et déjà sous surveillance depuis quelques jours, rejoignent en prison le jeune Garcia. L'attitude des prisonniers étonne les policiers. Ils rient, se déclarent invulnérables, prétendent que leur âme est morte et se moquent des *federales.*

Un interrogatoire « à la mexicaine » se déroule pour obtenir des « aveux spontanés », on secoue une bouteille d'eau gazeuse que l'on enfonce ensuite dans une des narines du suspect. Même répété, le processus ne laisse pas de traces, mais il s'avère extrêmement douloureux pour les suspects qui ont l'impression que leur tête explose. Parfois ils en perdent l'ouïe ou la vue. Les fidèles d'Adolfo se déballonnent et leurs aveux se recoupent. Et puis Reyes, un vieux ranchero, reconnaît Mark Kilroy sur une photo.

La poursuite de Mark Kilroy s'achève et le cauchemar commence.

Trois cents policiers aux trousses des « mayomberos »

Les fouilles débutent par la découverte de quatorze cadavres horriblement mutilés. Le 23 avril, à la demande de la police, un *curandero* exorcise les esprits maléfiques du Rancho Santa Elena. Son exorcisme achevé, il met le feu au temple d'Adolfo Constanzo.

Trois cents policiers travaillent à plein temps pour retrouver Adolfo Constanzo, Sara Aldrete et leurs autres complices. Pendant trois semaines d'une fuite à travers le Mexique, Constanzo, qui a récupéré beaucoup d'argent liquide dans ses nombreuses caches, tente de négocier avec les autorités mexicaines : il menace de révéler les noms de personnages haut placés mais cela ne pèse pas lourd en regard de l'atrocité de ses actes. La police reste intransigeante. Début avril, Adolfo se réfugie avec ses derniers fidèles dans un appartement de la calle Rio Sena, à Mexico.

Sara Aldrete, sentant la fin proche, fait parvenir des messages à la police. La nature de leurs négociations est restée secrète, mais on peut penser qu'elle bénéficiera de circonstances atténuantes lors de son procès. Le 6 mai, la police se prépare à donner l'assaut. Le matin même, Adolfo fait jurer à ses compagnons un pacte de suicide mutuel au cas où la police les encerclerait. L'un d'eux aperçoit des agents en civil et retourne prévenir Adolfo. Assez excité, Alvaro de Leon, « El Dubi », ouvre le feu sur les policiers dans la rue, mais sans toucher personne. Adolfo demande à « El Dubi » de le tuer avec son amant, Martin Quintana. « Je lui réponds que je ne pourrai pas le faire, a raconté " El Dubi ", mais

Adolfo me frappe au visage et me menace des pires tourments de l'enfer. Il embrasse ensuite Martin Quintana et s'enferme avec lui dans un placard. Je me décide à leur tirer dessus à travers la porte, avec ma mitraillette. »

Quelques instants plus tard, la police pénètre dans l'appartement pour y arrêter « El Dubi », Sara Aldrete et Omar Ochoa. Avec les suspects tués ou mis sous les verrous, il ne reste plus qu'à attendre les suites judiciaires de cette affaire de *serial killers*.

Cependant, un certain nombre de points restent à élucider.

On peut se demander pourquoi la police arrête brusquement les fouilles autour du ranch de Santa Elena, alors que certains interrogatoires de suspects, notamment celui d'Alvaro de Leon, laissent supposer qu'il y aurait d'autres victimes enterrées ?

Certaines informations officieuses font état de la découverte par la police de plusieurs autels sacrificiels ensanglantés dans des appartements de Mexico, grâce à des renseignements fournis par Maria, la jeune sœur de Martin Quintana. Dans un de ces endroits au moins, on aurait retrouvé plusieurs vêtements d'enfants couverts de sang. Des enfants ont-ils été victimes du culte à Mexico ? Sur ce point, également, la police mexicaine est restée muette. Serait-ce dû au fait que certains de ces appartements appartiennent à des personnes très haut placées ?

Enfin, lors de la destruction du ranch de Santa Elena, le 23 avril 1989, un seul objet est emporté par la police : le fameux *nganga*. Quelques jours plus tard, des journalistes de Brownsville demandent à voir ce fameux chaudron. On leur répond tout d'abord qu'il a été détruit avant d'affirmer que le *nganga* a été perdu. Personne ne sait où il se trouve à l'heure actuelle...

OTTIS TOOLE : LE CANNIBALE DE JACKSONVILLE

Les trois personnages principaux de cette saga meurtrière, Henry Lee Lucas, Ottis Toole et Becky Powell, ont fait l'objet d'un extraordinaire film de John McNaughton, *Henry : Portrait of a Serial Killer.* Très éloignée de la vérité, la fiction n'en reflète pas moins avec beaucoup de justesse la mentalité de ces *serial killers.* A la fin du film, Henry tue Ottis, ce que le véritable Ottis Toole ne parvient visiblement pas à comprendre. Lorsque le garde vient lui remettre les menottes, signifiant ainsi la fin de notre entretien, je lui parle brièvement de ce film dont il a entendu parler. Il me déclare qu'il est impossible que Henry l'ait tué, puisqu'il est toujours là, bien vivant, à discuter avec moi. Très lucide par moments, Ottis Toole éprouve parfois beaucoup de mal à séparer la réalité de la fiction.

L'interview avec cet authentique cannibale, suspecté de plus d'une centaine de crimes, est reproduite de façon intégrale, sans la moindre coupe (cc qui explique quelques redites), afin de refléter le plus fidèlement possible l'état mental d'un tel tueur. Les informations contenues dans le portrait d'Ottis Toole sont rigoureusement exactes et reposent sur des rapports de police, ou d'assistantes sociales en ce qui concerne son incroyable enfance.

L'entretien date de novembre 1991. Il contient des passages abominables qu'Ottis Toole raconte d'une voix neutre, dénuée de toute émotion, comme s'il parlait de choses tout à fait anodines, même quand ces faits atroces concernent son enfance et les sévices qu'on lui a infligés. Seule exception, lorsqu'il parle de son adoration du feu, le visage de Toole s'anime et son excitation est visible.

L'enfant du Diable

Ottis Elwood Toole est né à Jacksonville, en Floride, le 5 mars 1947. Il est le huitième enfant de Sarah Toole et de son mari alcoolique, William Henry Toole, peintre en bâtiment. Le couple donne naissance à neuf enfants. La famille vit à Springfield, un district du nord du « downtown » Jacksonville. Autrefois quartier élégant, ses boutiques ont été remplacées par des bars louches, et la criminalité y est très forte. Sarah Toole perd trois enfants en bas âge : deux jumelles mortes avant d'atteindre leur second anniversaire et Albert, le dernier-né, emporté par une méningite. Peu de temps après la naissance d'Ottis, Sarah Toole met son mari à la porte. Celui-ci ne donne plus jamais de ses nouvelles. Obligée de travailler pour nourrir sa marmaille, Sarah les élève à la dure en appliquant les préceptes de la Bible qu'elle cite constamment en exemple.

Timide à l'excès, Ottis se réfugie toujours dans les jupes de sa mère : il exige beaucoup plus d'attention que ses autres frères et sœurs. A 5 ans, il accompagne sa grand-mère sataniste dans des expéditions nocturnes et l'aide à déterrer des cadavres dans des cimetières. Authentique sorcière, jeteuse de sorts, la grand-mère punit le jeune Ottis en lui versant des pots de chambre sur la tête quand il refuse d'obéir : elle le surnomme bientôt « The Devil's Child », l'Enfant du Diable. A l'école, il sert de souffre-douleur à ses camarades qui l'accablent de quolibets et d'insultes, parce qu'il apprend trop lentement ses leçons, même les plus élémentaires. Un jour, dans la cour, un enfant lui envoie une pierre qui le touche à la tête. Ottis en conservera des séquelles, il aura des convulsions et piquera des crises fréquentes. Il préfère la compagnie de ses frères et sœurs, et, plus particulièrement, celle de Drusilla, sa sœur aînée. Drusilla adore le déguiser en petite fille. A 10 ans, elle a déjà perdu sa virginité et initie son jeune frère au sexe. Abusé sexuellement par son père, Ottis subit le même sort avec son beau-père, Robert Harley. Drusilla l'oblige à se prostituer dès 6 ans, mais elle se fait arrêter par la police et file en maison de correction. Ottis, qui étudie peu et mal dans des classes spéciales, fait d'énormes progrès en matière de sexe grâce à Drusilla. Les jeux érotiques de sa sœur le mettent toutefois mal à l'aise et il préfère ceux que lui enseigne un de ses voisins adultes. Ses camarades de classe sont excités lorsqu'ils regardent des photos de femmes nues dans les « girlie » magazines, mais Ottis reste de marbre. La vue d'un incendie, en revanche, le plonge dans une profonde extase érotique qui provoque aussitôt une forte érection. Ottis adore le feu, surtout les flammes hautes, la nuit. Il allume des incendies dans des maisons abandonnées de son quartier, à Jacksonville, puis il se cache dans l'ombre et jouit du spectacle en se masturbant comme un frénétique. La plupart du temps, il en a les jambes coupées et il doit se reposer une dizaine de minutes avant de rentrer chez lui. Le feu et le sexe le libèrent de la peur et de la tension qui l'étreignent en permanence. Après, il se sent heureux.

Un premier crime à 14 ans

Toole effectue un grand nombre de fugues, mais il revient toujours au foyer. Dès l'âge de 8 ans, il absorbe de grandes quantités d'alcool et se drogue régulièrement. A 12 ans, il est arrêté pour la première fois par la police pour vol de bicyclette. On le relâche sous contrôle judiciaire mais, quelques mois plus tard, il est surpris en train de cambrioler. Cette fois, la justice le condamne, le 30 octobre 1960, à la maison de correction, au Florida State School for Boys. Lorsqu'il quitte cet établissement il décide d'abandonner définitivement l'école. Malgré son jeune âge, il mesure plus d'un mètre quatre-vingts et possède un physique avantageux. Il sait se défendre et châtier ceux qui se moquent de lui. Sa mère tente de calmer sa nature violente en le bourrant de barbituriques, mais rien n'y fait et Ottis se fait même tirer dessus par un de ses frères. Il fréquente assidûment le Confederate Park où les toilettes publiques servent de lieu de rendez-vous aux homosexuels. Durant l'été 1964, on l'arrête pour prostitution. Il est condamné à travailler trois mois dans une ferme pénitentiaire au nord de la ville. Un mois après sa libération, Ottis se retrouve condamné à quatre-vingt-dix jours d'emprisonnement pour le vol d'une batterie de voiture.

La fois suivante, il ne se contente plus de la batterie, mais il vole un véhicule qu'il tente de passer dans l'État voisin. Il écope de deux ans de travaux forcés au Federal Correctional Institute, à Ashland, dans le Kentucky. Libéré en 1967, Toole reste libre trois semaines avant d'être à nouveau incarcéré. Jusqu'au début des années 70, il alterne ainsi de brèves périodes de liberté avec des séjours derrière les barreaux. A 25 ans, Ottis Toole totalise déjà treize condamnations qui vont du vol à la prostitution, en passant par le vagabondage ou la possession illégale d'une arme à feu.

S'il est arrêté pour des délits mineurs, Toole est déjà un assassin impuni. Selon ses propres dires, lors d'une de ses nombreuses fugues en Californie, il commet son premier meurtre à l'âge de 14 ans, après avoir été pris en auto-stop par un voyageur de commerce et son compagnon. A bord du véhicule, Toole assiste à une dispute entre les deux hommes.

Le conducteur poignarde son ami avant de menacer Ottis, qui sort de la voiture. Après une poursuite dans les bois, Toole parvient à prendre le volant et écrase le chauffeur avec son propre véhicule.

Mentalement retardé, avec un quotient intellectuel de 75, Toole éprouve encore de grosses difficultés à lire ou à écrire. Dès qu'il est libre, il regagne sa famille, sa mère Sarah, son beau-père Robert Harley et sa sœur Drusilla. A l'image d'Ottis, celle-ci s'adonne à la boisson et aux drogues, et elle collectionne les hommes. Elle donne naissance à trois enfants de deux pères différents : Sarah, Lorraine « Becky » Powell, née le 27 février 1967, et Frank Jr., qui naît en 1968. Ottis Toole se marie mais sa femme le quitte au bout de trois jours, dégoûtée par ses tendances homosexuelles. Grâce aux leçons de sa sœur, il a gardé le goût de s'habiller en femme. Habilement maquillé, le corps rasé de près, il connaît un franc succès dans les bars spécialisés du « downtown » Jacksonville. Pendant un temps, il s'injecte même des hormones pour développer sa poitrine et se donner une allure plus féminine. Les hommes préférés d'Ottis sont les bisexuels : il adore les ramener chez lui, leur faire l'amour, les regarder caresser sa jeune nièce Sarah Jr. La nuit, Ottis perd toute inhibition quand il est « en chasse ». Lorsqu'il travaille, il semble tout différent : dur au mal, il est capable de soulever une armoire à lui tout seul, mais, réservé et timide, il ne parle pratiquement pas à ses collègues. Son caractère s'assombrit lorsqu'il est en manque ou croit que quelqu'un se moque de lui. L'une de ses sœurs se souvient qu'il a un jour pourchassé un homme dans la rue qui l'avait traité de « pédé ». Il lui avait tiré dessus avec une carabine 22 long rifle.

Un tueur sur la route

En 1974, Toole vagabonde à travers les États de l'Ouest à bord d'une vieille camionnette. A l'époque, personne ne prête attention à ses trajets, mais au vu de ses itinéraires, les autorités le suspectent d'avoir assassiné un minimum de quatre personnes en six mois. Le 18 avril 1974, Patricia Webb, âgée de 24 ans, est abattue à Lincoln, dans le Nebraska. Le 1er juillet, Shelley Robertson, 24 ans, disparaît dans des circonstances mystérieuses à Golden, dans le Colorado. Son cadavre nu est retrouvé le 1er août, à Berthed Pass. Ted Bundy a été accusé du crime mais le dernier témoin à avoir aperçu Shelley vivante, un policier, l'a vue monter dans une vieille camionnette conduite par un « homme échevelé et sale ». Ted Bundy, qui était toujours impeccablement habillé, conduisait une Coccinelle.

Le 19 septembre 1974, un homme se présente, l'arme au poing, dans un salon de massage de Colorado Springs. Une employée, Yon Lee, est poignardée avant d'avoir la gorge tranchée. Le tueur se précipite sur Sun Ok Cousin qui est violée, poignardée et se fait tirer dessus. L'assaillant met le feu aux deux victimes mais Yon Lee survit pour décrire l'assassin, un homme rasé de près, mesurant un mètre quatre-vingt-cinq pour quatre-vingt-dix kilos environ et conduisant une camionnette blanche. Pour d'obscures raisons, la police arrête puis fait condamner Park Estep, un soldat moustachu d'un mètre soixante-cinq, pesant à peine soixante-dix kilos et possédant une camionnette rouge. Ottis Toole a toujours affirmé sa culpabilité et il semble que désormais les autorités le croient puisqu'il doit être extradé au Colorado pour être entendu à ce sujet.

Le 10 octobre 1974, Ellen Holman, 31 ans, est kidnappée à Pueblo, dans le Colorado. On retrouve son cadavre près de la frontière de l'Oklahoma : elle a été tuée de trois balles dans la tête. La police estime que Toole est son assassin.

La folie à deux

Le 14 janvier 1977, au grand étonnement de sa famille, Ottis Toole épouse une femme de vingt-quatre ans son aînée. Novella Toole est surprise de devoir partager sa couche avec les hommes que drague son mari : « Quelques nuits après notre mariage, Ottis me déclare son extrême nervosité quand il ne peut pas avoir d'homme. Il connaît alors de brusques crises de colère et n'arrive plus à être excité par une femme. » Quand il désire un compagnon pour la nuit, à Jacksonville, Toole se rend souvent sur Main Street, dans une antenne locale de l'Armée du Salut. C'est là, en février 1979, qu'il reconnaît Henry Lee Lucas. Les deux hommes se sont déjà rencontrés dans un bar de Pennsylvanie autour de quelques bières, alors qu'Ottis était en route pour la Floride.

Henry Lee Lucas est sans doute le *serial killer* le plus controversé de l'histoire du crime américain. Né le 23 août 1936, ce borgne sadique, bisexuel, a été condamné pour onze meurtres. Il est soupçonné d'avoir directement participé à cent cinquante-sept assassinats. Lucas tue sa mère, une prostituée alcoolique, en 1960, passe dix années en prison, avant d'être condamné une fois de plus pour une tentative de kidnapping sur deux jeunes adolescentes, au début des années 70. Par la suite, il vit d'expédients et traîne à travers les États-Unis. Il tue. Il viole les cadavres des femmes, des hommes ou des enfants. En 1985, après ses aveux, Lucas change de stratégie et assure que ses confessions étaient mensongères. Depuis, il a de nouveau avoué ses crimes. Même si Henry Lee Lucas est un simulateur invétéré, il a commis plusieurs dizaines de crimes. La police a retrouvé des cadavres et des preuves sur les lieux qu'il a indiqués. Dans les années 90, il sert d'enjeu politique dans une lutte d'influence entre des politiciens texans, la presse, certains journalistes peu scrupuleux et les Texas Rangers accusés d'avoir fait endosser à Lucas trop de crimes non élucidés. Les enquêtes et le procès de Lucas se poursuivent à l'heure actuelle.

En ce dimanche de février 1979, Toole ignore la vraie nature de Henry Lee Lucas. Il le ramène chez lui, le lave et devient son amant. Sachant que Lucas n'a pas d'argent, il lui propose de rester. Ils se découvrent une passion commune : le meurtre. Les deux hommes travaillent à l'occasion pour une entreprise de bâtiment de Jacksonville, Southeast Color Coat. Couvreurs, ils ne gagnent pas beaucoup, juste un peu plus de 100 dollars par semaine, mais avec ce maigre salaire complété par quelques vols, Lucas achète une voiture d'occasion, à la plus grande joie de Toole. Celui-ci adore en effet les voitures, mais il n'a pas son permis, ce qui lui a déjà valu deux arrestations, et il éprouve quelques difficultés à interpréter correctement les panneaux de signalisation. La directrice du personnel, Eileen Knight, se souvient très bien de Toole et de Lucas :

« Ottis s'absentait régulièrement, mais nous le réengagions toujours, car il travaillait bien. Ils quittaient souvent Jacksonville. Toole ne s'intéressait qu'à une chose : sa vieille bagnole. Je crois qu'ils s'en servaient pour des cambriolages, car ils ne semblaient jamais être à court d'argent pour des gens qui ne travaillaient pas régulièrement. »

Lucas et Toole passent de plus en plus de temps à errer le long de l'autoroute I-35. Souvent, ils emmènent les enfants de Drusilla, Frank et surtout Becky, dont Lucas est tombé amoureux. A l'époque, Frieda « Becky » n'a que 12 ans. Leurs crimes ne sont jamais préparés, c'est l'occasion qui met sur leur chemin des auto-stoppeurs ou des automobilistes en panne au bord de l'autoroute. La victime est emmenée dans un chemin de traverse, tuée, puis très souvent violée par les deux hommes avant d'être mutilée. Toole, qui a un penchant pour la chair humaine, cuit des bras ou des cuisses au barbecue. Henry Lee Lucas n'apprécie que modérément ce genre de cuisine, il estime que la sauce barbecue de Toole est trop épicée. Lors d'un de ces voyages, Toole aurait présenté Lucas à une secte satanique, « The Hand of Death », pour laquelle les deux hommes auraient accompli de nombreuses « missions » : kidnapping d'enfants, sacrifices humains, fourniture de victimes pour des films pornos extrêmes, les *snuff movies* où l'on tue en direct. Parmi leurs premières victimes connues, un couple d'adolescents, Rita Salazar et Kevin Key, dont le véhicule est tombé en panne d'essence sur l'autoroute I-35. C'est Toole qui abat le jeune homme de dix balles de 22 long rifle, Lucas se charge de Rita. Ils ne touchent pas aux corps et se contentent des dollars récupérés dans les poches de leurs victimes. Le 2 octobre 1979, Sandra Mae Dubbs, 34 ans, tombe en panne non loin d'Austin, au Texas. Elle est prise en stop par les deux fous, poignardée plus de trente fois et éviscérée par Toole. Les deux hommes violent son cadavre à plusieurs reprises. Le 1er novembre 1979, on découvre le corps nu d'une jeune femme non identifiée à ce jour. Seul signe distinctif : des chaussettes orange qui lui vaudront le surnom de « Orange Socks ». Le corps a été déposé sous un pont, non loin de la I-35. « Orange Socks » est morte étranglée, mais sans subir de violences sexuelles. Le shérif Boutwell, chargé de ces trois assassinats, découvre dans la presse régionale d'autres crimes semblables dont les victimes ont été retrouvées près de la même route. Il convoque une conférence impromptue le 28 octobre 1980, à Austin, où se rendent des officiers de police de dix-huit juridictions. Ils étudient ensemble une vingtaine d'homicides. Les victimes varient en âge et en sexe, certaines ont subi des violences sexuelles, d'autres sont mortes étranglées, poignardées ou le crâne fracassé à coups de pierre. Les policiers échangent leurs dossiers et décident de se tenir au courant de tout nouveau crime.

La trahison

Le 16 mai 1981, la mère d'Ottis décède d'une crise cardiaque à la veille de ses 70 ans. On l'enterre au cimetière d'Evergreen. Ottis refuse d'admettre l'évidence. Il déclare souvent à Henry Lee Lucas que sa mère est en train de dormir. La nuit, il se rend au cimetière, en sautant par-dessus le mur, pour s'allonger sur la tombe. Il sent alors le sol trembler, mais il s'agit de secousses causées par le passage des trains qui longent le cimetière. Ottis entend sa mère lui parler : elle lui enjoint de se suicider pour la rejoindre.

Le 27 juillet, Adam Walsh, un enfant de 6 ans, disparaît d'un centre commercial de Hollywood, en Floride, et l'on retrouve le 10 août sa tête dans un canal de Vero Beach. Cette affaire donne lieu à une véritable croisade des parents d'Adam qui réussissent à faire voter au Congrès une loi permettant aux parents d'enfants disparus de consulter l'ordinateur du FBI. Depuis, John et Reve Walsh ont créé une association, « Adam Walsh Child Resource Center », à West Palm Beach, en Floride, destinée à aider ce genre de recherches. John Walsh est également producteur d'une émission, *America's Most Wanted,* qui reconstitue des affaires criminelles non résolues et lance des appels à témoins. Deux téléfilms, *Adam* (1983) de Michael Tuchner et *Adam : His Song Continues* (1986) de Robert Markowitz, traitent de cette affaire. Leur passage à la télévision américaine a été suivi par la diffusion de dizaines de photos d'enfants disparus : un certain nombre a été retrouvé grâce à ce procédé.

1981 est une mauvaise année pour Toole. Le 16 décembre Drusilla décède d'une overdose. Ses enfants Becky et Frank sont confiés à une institution de l'État de Floride. Quinze jours plus tard, Becky s'enfuit et rejoint Henry Lee Lucas sur les routes, abandonnant Ottis qui entend toujours des voix lui parler de suicide.

Le 4 janvier 1982, à Jacksonville, une vieille demeure victorienne de deux étages brûle entièrement, causant la mort de George Sonnenberg, âgé de 65 ans. Après enquête, la police conclut à un accident, et ce n'est qu'en 1983 que Lucas désigne Toole comme le responsable de cet incendie. S'estimant trahi par son ami qui l'a abandonné, Toole broie du noir, sombre dans l'alcool et la drogue. Entre février 1982 et février 1983, il vagabonde à travers six États, tue neuf personnes au passage et allume près d'une centaine d'incendies à Jacksonville et dans ses environs.

Pendant ce temps, Henry Lucas et Becky Powell s'installent dans une communauté religieuse de Montague, au Texas. Ils sont engagés comme domestiques par une fermière de 80 ans, Kate Pearl Rich. Le 18 septembre 1982, le shérif de Montague apprend la disparition de la vieille dame. Il en vient très vite à soupçonner Lucas, parti en Californie. Lorsqu'il retourne à Montague, le 17 octobre 1982, Lucas est seul. Il explique au shérif que Becky l'a quitté pour un camionneur et qu'il ignore tout de la disparition de Kate Rich. Sa voiture, abandonnée en Californie, comporte des taches de sang humain sur l'un des sièges. Lucas accepte de passer au détecteur de mensonge. Le test confirme les soupçons des policiers mais ils ne possèdent pas de preuves pour arrêter Lucas. Malgré de nombreux interrogatoires, le suspect s'en tient à son récit et ils sont obligés de le relâcher.

Les aveux de Lucas

Lucas n'est pas un criminel ordinaire. Au lieu de fuir, il reste. Finalement, le 11 juin 1983, il est arrêté pour possession illégale d'une arme à feu. Le 15 juin, il avoue qu'il a tué d'innombrables personnes, dont sa compagne, Becky Powell, poignardée le 24 août 1982 parce qu'elle voulait retourner à Jacksonville. Après l'avoir assassinée, il lui a fait l'amour une dernière fois avant de découper son cadavre en neuf morceaux et d'en disperser les restes dans les bois. Il reconnaît également le meurtre de Kate Rich dont on retrouve les ossements brûlés dans un four. Lucas a violé le cadavre de la vieille dame. Dans les mois qui suivront, Henry Lee Lucas reconnaîtra avoir participé à plusieurs centaines de crimes avant de se rétracter pour ne plus avouer que le seul assassinat de sa mère. Habile manipulateur, il profite à merveille du désir qu'ont certains policiers de clore des dossiers sur des crimes non élucidés. Lucas ment effrontément, il endosse la responsabilité de meurtres qu'il n'a pas commis mais il emmène les enquêteurs sur des lieux où ils ramassent en effet des restes humains. Les Texas Rangers et les policiers de Jacksonville le croient toujours responsable de cent cinquante-sept assassinats, dont cent huit commis avec Ottis Toole, chacun ayant par ailleurs tué seul de son côté.

Le 22 juin 1983, le shérif Boutwell rend visite à Henry Lee Lucas qui signe des aveux concernant les assassinats de Sandra Mae Dubbs, Kevin Key et Rita Salazar. Emprisonné, il écrit à Ottis Toole, l'assurant qu'il ne l'a pas impliqué auprès des autorités, ce qui est faux. Par un curieux hasard, Toole se trouve sous les verrous à Jacksonville depuis le 6 juin. Deux complices avec lesquels il avait déclenché des incendies l'ont dénoncé. Toole plaide coupable. Il est condamné le 5 août à vingt ans de prison. A la suite des aveux de Lucas qui impliquent Toole, les Texas Rangers avertissent la police de Jacksonville, qui interroge Lucas le 11 août. Au cours de cet entretien ils apprennent que la prétendue mort accidentelle de George Sonnenberg, le 4 janvier 1982, est en fait due à Toole. De retour à Florida State Prison, les policiers de Jacksonville n'ont aucun mal à obtenir une confirmation d'Ottis Toole qui signe des aveux complets, ajoutant même qu'il avait allumé près d'une centaine d'incendies au cours de l'année écoulée. Le 21 octobre, Toole confesse par écrit qu'il a tué le jeune Adam Walsh, qu'il a « adoré baiser ce succulent garçon, dont les cris d'effroi lui ont procuré beaucoup de plaisir ». Le chef Leroy Hessler organise une conférence de presse et informe les médias que « certains détails ne peuvent être connus que par l'assassin. C'est Toole le coupable. Il m'a convaincu ». Toole connaît des moments difficiles en prison, ses codétenus lui pissent dessus ou lui balancent leurs gamelles à la figure. En fait, cette lettre d'aveux lui a été dictée par un autre *serial killer,* Gerard John Schaefer, auteur du *Journal d'un tueur* (paru aux éditions Jacques Bertoin), le responsable supposé du meurtre de trente-quatre femmes. Ayant vu cette lettre, je peux confirmer qu'elle est écrite de la main de Schaefer et signée par Ottis Toole. Par d'autres sources, j'ai également pu lire un courrier de G. J. Schaefer adressé aux forces de l'ordre où celui-ci demande à bénéficier de faveurs pour avoir dénoncé un « dangereux criminel tel que Toole ». Les policiers ne restent pas longtemps sur leur première impression et, quelques semaines plus tard, ils annoncent que Toole n'est plus officiellement considéré comme suspect dans l'assassinat d'Adam Walsh.

Le 28 décembre 1983, Lucas est amené par avion à Jacksonville afin d'y être confronté avec Toole, pour la première fois depuis leurs arrestations. Dans le bref entretien filmé qui s'ensuit, Lucas avoue à son amant et complice qu'il a tué Becky Powell et il lui en demande pardon. Toole le lui accorde. Les deux hommes s'enlacent brièvement avant d'être séparés par les policiers pour des interrogatoires dans des pièces contiguës.

D'après les récits de leurs crimes, on constate que Henry Lee Lucas et Ottis Toole sont des *serial killers* nomades qui choisissaient leurs victimes parmi les auto-stoppeurs ou les auto-stoppeuses. Lucas tue presque toujours les femmes, Toole se réserve plutôt les hommes. Lucas poignarde ou étrangle tandis que Toole utilise des armes à feu, surtout des calibres 22. Les deux hommes mutilent presque toujours leurs victimes, Lucas les mord ou les déchiquette avec un couteau, il coupe les parties génitales et tente de les décapiter. Une fois au moins, Lucas traverse plusieurs États avec la tête coupée d'une femme posée sur le siège arrière de sa voiture. Toole, quant à lui, préfère découper les cadavres d'hommes — notamment les fesses et les côtes — pour les cuire et les manger. Lucas viole de façon presque systématique les femmes qu'il a tuées, Toole plutôt les hommes. Malgré leurs aveux détaillés, la seule partie de leurs récits qui soulève un certain nombre de doutes concerne leur appartenance à la secte satanique « The Hand of Death », pour laquelle ils auraient accompli des « missions ». La police n'a jamais pu prouver l'existence d'un tel groupe sous la forme d'une structure organisée.

Condamnés à mort

Le vendredi 13 avril 1984, Henry Lee Lucas est condamné à mort pour les meurtres de Becky Powell et « Orange Socks ». En cette fin d'année 1991, il a été jugé et condamné pour les assassinats suivants :

— perpétuité pour la mort de Kate Rich, 80 ans ;
— perpétuité pour avoir poignardé Linda Phillips, 26 ans, le 9 août 1970, dans l'État du Texas ;
— perpétuité pour avoir abattu l'officier de police Clemmie Curtis, le 3 août 1976, en Virginie ;
— soixante ans de prison pour le viol et le meurtre de Lillie Pearl Darty, 18 ans, le 1er novembre 1977, au Texas ;
— soixante-quinze années d'emprisonnement pour avoir étranglé Dianna Bryant, au Texas ;
— perpétuité pour avoir poignardé Glenna Biggers, 66 ans, le 19 décembre 1982, au Texas. Son corps a été empalé et une fourchette profondément enfoncée dans son cou ;
— perpétuité pour une victime non identifiée, le 17 mars 1983, au Texas ;
— perpétuité pour le meurtre, le 18 avril 1983, de Laura Jean Domez, 16 ans, au Texas.

En décembre 1990, Henry Lee Lucas est inculpé pour quatre meurtres commis en Floride. Il doit prochainement être extradé et passer en jugement. Il reste officiellement inculpé de vingt autres assassinats, d'autres juridictions ont abandonné pour s'épargner des controverses médiatiques et politiques qui se sont attachées à la personnalité de Lucas. Certains procureurs ont hésité à le poursuivre à cause du coût très élevé — parfois plusieurs millions de dollars —, de l'instruction d'un procès, d'autant que Lucas a déjà été condamné à mort au Texas. Le 22 mars 1989, après les divers appels qui suivent automatiquement toute condamnation à mort aux États-Unis, et ralentissent la procédure judiciaire, une première date d'exécution est prononcée pour le 3 décembre 1990. Mais le 29 novembre elle est repoussée à une date ultérieure par la Court of Criminal Appeals.

Ottis Toole, quant à lui, est condamné à mort pour le meurtre de George Sonnenberg, le 18 mai 1984. Si Lucas doit être exécuté, il le sera par injection, car condamné au Texas, tandis que Toole pourrait passer à la chaise électrique si sa sentence est confirmée par l'État de Floride. Mais en novembre 1985 la Cour suprême de Floride change la condamnation à mort de Toole en perpétuité, estimant que son jugement n'a pas tenu compte de circonstances atténuantes, notamment son état de délabrement mental au moment du meurtre. Toole a tout de même été condamné à perpétuité pour l'assassinat d'Ada Mildred Johnson, 19 ans, en Floride. Il doit encore passer en jugement pour de nombreux autres crimes, en Floride, Virginie, Géorgie, Colorado et dans plusieurs comtés du Texas. Il est certain qu'il passera le restant de sa vie derrière les barreaux, même s'il est à nouveau condamné à mort, ce qui est probable. En effet, les appels automatiques qui s'ensuivront risquent de réduire sa condamnation à perpétuité à cause de sa condition mentale et, là aussi, du coût exorbitant qu'entraînent des examens psychiatriques.

« *Plaisantez sur ses recettes cannibales* »

Afin de préparer l'interview d'Ottis Toole, j'ai demandé des conseils à Sondra London, l'éditrice de ses dessins, qui l'a rencontré à plusieurs reprises. En voici quelques-uns : il vaut mieux s'exprimer en termes concrets. Il ne comprend pas les abstractions. Sinon, il restera impassible ou répondra de travers. Bien qu'il soit supposé être mentalement attardé, il sait se débrouiller même si son cerveau ne fonctionne pas à plein régime. Surtout sa mémoire. A la suite d'un choc violent à la tête durant son enfance, il a connu de nombreuses crises d'épilepsie. Il a commencé à boire à l'âge de 8 ans et à se droguer un an plus tard, principalement au speed et au LSD. Il est très capable de se souvenir en détail d'un crime, sans pour cela être capable de le situer avec exactitude dans le temps et l'espace. Lors de ses expéditions meurtrières avec Lucas, Toole était la plupart du temps défoncé, et il laissait Lucas les conduire où bon lui semblait.

Son degré de vivacité dépend des doses de Thorazine et de Dilantin qu'on lui aura administrées. Si vous le faites rire, vous aurez gagné sa confiance et il vous répondra sans retenue, même aux questions les plus directes. Il rira si vous lui parlez de sa sauce barbecue ou de ses travestissements en femme. Il aime bien la comparaison avec Bonnie et Clyde quand on parle de son équipée avec Lucas. Les facteurs principaux qui le motivent, et les mots clés, sont le « FEU » et « HENRY ». Nullement imbu de sa personne, il n'est pas gêné quand vous lui parlez de ses atrocités.

Il s'exprime très doucement, avec un léger défaut de prononciation. Il ne faut surtout pas le bousculer et lui laisser prendre son temps pour répondre. Son esprit vagabonde quelquefois dans d'autres directions. Le seul sujet difficile à aborder, c'est son enfance, il a du mal à en parler de manière directe. Il est important d'établir un contact chaleureux avec lui.

Sondra London m'enjoint de démarrer l'interview par quelque chose de léger, une plaisanterie sur sa sauce barbecue, par exemple, avant d'en arriver à Lucas. Mieux vaut le laisser orienter l'interview à sa guise : « Comme c'est un gros fumeur, apportez-lui un paquet de Kools, et il vous en sera éternellement reconnaissant. Pour lui assurer que vous venez de ma part et que vous êtes un ami, dites-lui : Sondra a dit : je suis votre amie et je veux que vous soyez heureux. »

A la prison de Starke

Ottis Toole est enfermé à Florida State Prison, à Starke, à une heure de route de Jacksonville. Cette partie de la Floride est loin de l'image « glamour » de Miami ou Fort Lauderdale. Les gens y sont pauvres, les fermes ont connu des jours meilleurs, la route qui mène à Starke est jalonnée d'échoppes à la peinture écaillée où l'on vous propose des tomates et des produits locaux. Roulant à bord de vieux pick-up, les fermiers ressemblent à ceux du Sud profond, avec leurs chapeaux de paille, leurs bouches sans dents et leurs visages noircis par le soleil. Starke, qui signifie *désolé* en anglais, mérite son nom. Des miradors de la prison, les gardes armés surveillent nos moindres gestes. Avant de pénétrer dans la salle des visiteurs, il nous faut franchir un no man's land où un double grillage métallique haut de quatre mètres est surmonté par des rouleaux de barbelés électrifiés. Ce sas est contrôlé à distance, une porte ne s'ouvre que si la précédente est refermée. Un gardien d'une quarantaine d'années, un vrai géant, nous accueille. Il se prénomme Bruce. Il nous explique avec son accent chantant qu'il travaille depuis plus de vingt ans à Starke. Le personnel comprend trois cent vingt gardiens pour mille cent cinquante-cinq prisonniers dont trois cent vingt-deux condamnés à mort. C'est la prison la plus sévère des États-Unis : on y grille en moyenne un prisonnier tous les deux mois sur la chaise électrique. Cette prison de très haute sécurité compte le plus fort pourcentage de *serial killers,* près d'une trentaine, dont le très célèbre Gerald Stano. Bruce raconte fièrement que pour Ted Bundy les habitants de Tallhallassee et de Jacksonville, où le monstre avait tué plusieurs femmes, se sont levés à l'heure de son exécution pour allumer d'un commun accord leurs briquets et célébrer cette mort méritée. La fouille est implacable. Les gardiens démontent la caméra et le matériel son. Nous ne serons pas autorisés à filmer la prison, excepté à l'intérieur de la salle où nous allons interroger Ottis Toole. Pour s'assurer de notre bonne volonté les gardiens demandent à Olivier Raffet, notre réalisateur, de sortir la batterie et la cassette de sa caméra. Nous passons ensuite sous un portillon électronique, du type de ceux que l'on trouve dans les aéroports, mais tellement plus sensible : les clous de mes semelles le font sonner ! Nous franchissons ensuite deux portes métalliques, et nous pénétrons dans le Couloir de la Mort, réservé aux condamnés. Il est peint en jaune pâle, le sol est recouvert d'un linoléum vert clair alors que l'extérieur de la prison est peint en caca d'oie. Tout est d'une propreté immaculée. A droite, au bout du couloir, à environ cinquante mètres, nous distinguons une porte au guichet vitré. Bruce nous précise qu'il s'agit de la salle des exécutions. Ce matin-là, on y procède à des essais, car, dans quelques jours, la chaise électrique se remettra en marche. Tout de suite à gauche, une cage grillagée est collée au mur, entourée par deux minuscules réduits en verre renforcé où les prisonniers ne peuvent pas se tenir debout. Des hommes y sont enfermés avant l'interrogatoire. Ils y seront encore lorsque nous ressortirons de la prison cinq heures plus tard. Déjà, l'un des *serial killers* que nous devons interviewer, Gerard John Schaefer, nous attend, le sourire aux lèvres. Il est étonné que nous le reconnaissions. Son interview va durer un peu plus de deux heures et nous allons enchaîner immédiatement après avec Ottis Toole. Nous nous trouvons dans une petite pièce blanche qui mesure à peine quatre mètres sur trois, avec une table et deux chaises en plastique. Il y règne une chaleur infernale. Nous sommes enfermés à quatre dans cette pièce oppressante. Toole est amené les menottes au poing par un gardien qui les lui enlève. Il est grand, près d'un mètre quatre-vingt-huit. Comme j'ai en tête les photos de son arrestation, je constate qu'il a beaucoup vieilli. Il paraît nettement plus âgé que ses 44 ans. Ses dents ont été refaites. Il a l'air fragile, ses gestes sont très efféminés et il sourit. Son regard se perd un peu dans le vague, ce qui nous met quelquefois mal à l'aise. Sa voix est douce, à la limite de l'inaudible, et il s'interrompt souvent au milieu de ses réponses avant d'enchaîner sur un autre sujet. Toole semble tout à fait dénué de conscience lorsqu'il nous décrit les actes les plus monstrueux : sa voix reste plate et ne change pas d'intonation, qu'il parle de son cannibalisme ou de son goût pour le tabac. Il ne fait aucune différence entre ces actes. Par contre, il est ému quand je lui parle de son obsession pour le feu. Son visage s'anime, il plonge dans une sorte d'extase. J'entame la conversation :

« Ottis, votre amie Sondra London m'a dit de vous transmettre un message : “ Je suis votre amie et je veux que vous soyez heureux. ” Est-ce que vous comprenez ?

— Ouais, je comprends.

— J'ai bien reçu la recette de sauce barbecue que vous m'avez envoyée et je l'ai même essayée.

— Et c'était bon ? *me demande-t-il en souriant.*

— Très bon... mais je ne l'ai pas utilisé sur le même genre de viande que vous !

— C'est bon sur toutes les viandes ! »

Il éclate de rire.

« Il paraît, Ottis, que vous voulez publier un livre de vos recettes cannibales ?

— Oui... Quelqu'un en Australie a gagné mille dollars avec une de mes recettes dans un concours de cuisine.

— Vraiment ?

— Oui, j'ai même eu un article dans le journal qui indiquait “ Recette cannibale ”. »

La question suivante concerne les rétractations de Henry Lee Lucasqui déclare n'avoir jamais commis de crimes et que Toole est un menteur.

« Henry dit à tout le monde que vous êtes un menteur...

— Moi ? Un menteur ? *(Il s'agite.)* On a été ensemble dans un tas de procès... ça peut pas être des mensonges...

— Il dit que c'est parce que vous voulez être connu.

— C'est lui qui veut être connu. C'est lui qui a tout commencé... c'est lui qui a commencé toute cette saloperie...

— Comment vous êtes-vous rencontrés ?

— J'ai rencontré Henry à Jacksonville, il y a plusieurs années. Je l'ai ramassé dans une mission... il ne faisait que passer en ville.

— Quand vous l'avez rencontré, est-ce que vous saviez qu'il avait déjà tué ?

— Non... je pouvais pas dire... On aurait dit quelqu'un trouvé dans une poubelle... Il était dégueulasse lorsque je l'ai rencontré et il ne voulait pas se laver. Je devais tout le temps le forcer à se laver. Quelquefois, il restait une ou deux semaines sans prendre de bain. Je lui disais : " Non, tu peux pas rester comme ça ! Il faut te baigner tous les jours... pas une fois par semaine ou une fois par mois, ou une fois tous les quinze jours. " Je lui ai dit : " Comme toi et moi on est des amants, chéri, il faut prendre un bain, car j'aime pas me coucher dans un lit avec un homme sale. Tu dois être propre. " J'aime qu'un homme sente bon, vous savez... Il ne faut pas qu'il pue. Il fallait que je lui répète tout le temps de prendre un bain. Mais je ne savais pas qu'il avait tué des gens. C'est lui qui a commencé à me raconter qu'il avait tué des gens... On a écrit des tas de bouquins sur lui... Y en a un qui s'appelle *The Hand of Death,* un autre *Lucas,* et le Dr Norris en a écrit un sur lui... Je sais que Sondra London en a commencé un sur moi, mais on m'a dit qu'il était trop en ma faveur et ils ont refusé de le faire... De toute façon, elle peut écrire ce qu'elle veut, ça m'est égal, les gens croient ce qu'ils ont envie de croire... même si ce n'est pas vrai... ça ne fait rien.

— Êtes-vous furieux contre Henry parce qu'il vous traite de menteur ?

— Eh bien... je ne vois pas comment je pourrais être un menteur... c'est lui qui a démarré tout ça... Pendant longtemps, je ne savais pas qu'il avait tué sa propre mère... et nous sommes devenus amants. Des amants homosexuels. Tout ce qu'il avait envie de faire, je le faisais les yeux fermés... Il y a un bouquin sur lui qui s'appelle *Henry*... c'est lui qui a tout démarré... buvant du sang... mangeant des gens... c'était dans le livre... Mais, quelquefois, ce qui est raconté dans les livres est faux... mais vous savez, c'est Henry qui racontait tout ça... Si c'était pas lui qui avait démarré tout ça, je ne serais pas dans ce merdier. Ces quatre derniers mois, je viens d'être condamné quatre fois à perpète... J'ai passé pas mal de temps dans le Couloir de la Mort... J'en suis sorti en 1986. En fait, Lucas ne veut pas dire la vérité sur lui, voilà pourquoi il raconte toutes ces conneries. Il cherche simplement à éviter de se faire exécuter... et d'aller tout droit en enfer... mais, de toute façon, il va y aller, en enfer. Il joue tout le temps avec le Diable, il déconne...

— Si vous deviez à nouveau le rencontrer, qu'est-ce que vous lui diriez ?

— J'aurais rien à lui dire... Je ne voudrais plus avoir quoi que ce soit à faire avec lui... Peut-être que je lui défoncerais la cervelle... Voilà ce que je ferais... oui, je lui défoncerais le crâne.

— Vous aimeriez le tuer ?

— Ouais. Pourquoi pas ? Vous savez... à écrire des bouquins, donner des interviews dans des magazines, à la radio ou à la télévision, il m'a foutu dedans de toute façon. Maintenant, ça ne changera plus grand-chose. Comme je l'ai dit, les gens croient ce qu'ils ont envie de croire. Je ne peux pas les empêcher. Et ça servirait à rien si Lucas changeait son histoire... ils l'ont coincé, il va pas s'en aller de sitôt... son cul va rester en taule... il est coincé... un de ces quatre, il va devoir passer à la poêle à frire et bonjour la compagnie ! Il faut qu'il se fasse à cette idée.

— Et comment était Henry quand vous l'avez rencontré ?

— Il était calme, il ne parlait pas beaucoup... mais on ne pouvait jamais savoir à l'avance avec lui, il était imprévisible... Toujours tranquille... Une fois, j'avais même décidé de le mettre à la porte de chez nous, mais mes parents ont insisté pour le garder... Une autre fois, il voulait se noyer et insistait pour que je fasse pareil... S'il continue comme ça, c'est moi qui vais le noyer, et avec joie... je lui enfoncerai la tête dans la boue, le plus profondément possible... jusqu'au fond de la boue... vous savez, c'est lui qui a commencé toutes ces histoires de Henry Lucas, déclarant qu'il a tué 600 personnes, puis 360, ensuite 300 et, maintenant, il dit qu'il n'a jamais tué personne... mais il a bien dû faire quelque chose. Ce n'est pas pour rien que l'on condamne les gens à mort... il a bien dû faire quelque chose... il ment...

— Qu'est-ce que vous aimiez en lui ?

— A l'époque, je l'aimais en tant que personne, j'aimais faire des choses avec lui, même les pires choses... je me bourrais de drogue et de tas d'autres trucs... j'étais complètement fou... la plupart du temps, je ne savais même pas où nous étions quand on circulait en voiture... je fumais, prenais des pilules, me défonçais... je me soûlais la gueule... pratiquement tout le temps... et puis la police m'a enlevé des poils et des cheveux pour les examiner... ils avaient des autorisations pour le faire... ils m'ont forcé à me masturber dans un préservatif... ils m'ont obligé à faire des tas de choses... je ne sais pas ce qui va se passer maintenant... la semaine dernière, j'ai encore reçu de nouvelles convocations pour passer dans des procès pour meurtre... *(Il me montre les papiers)*... j'en reçois tout le temps... je passe d'un procès à l'autre... ça continue... ça s'arrête jamais...

— Je sais que vous aimez les incendies...

(Son visage s'illumine, il sourit de toutes ses dents et effectue de grands gestes.)

— Je les adore, surtout quand les flammes sont hautes de trois étages... ça me fait bander... ça m'excite...

— Est-ce pour cela que vous en avez allumé beaucoup ?

— Oh, ouais... *(Il est surexcité.)* Ici, je n'ai pas pu en allumer, parce qu'il n'y a rien qui brûle... *(Il frappe le mur de son poing.)*... rien que du béton et de l'acier... y a rien à brûler ici... Mais les feux me font vraiment bander... Je jouis... c'est sexuel... Il n'y a rien qui m'excite autant qu'un bon feu... Même ici, il y a des types qui essaient tout le temps de me sauter... *(Il rit.)*... Y en a qui sont beaux, d'autres qui en valent pas la peine... certains, je laisserais même pas mon chien seul avec eux. *(Il éclate de rire.)*

— Le feu est mieux que le sexe ?

— Je dirais un peu de feu et un peu de sexe, ce serait chouette... Le feu et le sexe en même temps... cela me ferait sacrément bander... mais vous savez, j'adore vraiment les feux... ils me font quelque chose, c'est comme un shoot... je me sens détendu... je les aime vraiment très haut, avec des flammes de trois étages... Les petits feux m'intéressent moins, vous savez... Quelquefois, dans ma cellule, je rêve que je vois un feu haut de quatre ou cinq étages... Ça m'excite vraiment... Mais, ici, ce n'est pas possible... A moins de brûler des matelas et encore... ça ne donne pas grand-chose... Depuis que je suis enfermé ici, je n'ai pas démarré de feux... du moins, pas les feux que j'aimerais avoir...

— Vous en avez allumé beaucoup ?

— Quand je vivais dans la rue, je mettais le feu à n'importe quoi... puis, j'attendais tranquillement assis l'arrivée des pompiers et je me branlais... ça me faisait vraiment quelque chose... j'adore voir les flammes monter dans le ciel... par-dessus les immeubles... ça me donne une trique d'enfer... Mais ici, tout est en béton, sauf les matelas... mais ils s'éteignent tout de suite... Starke est construit en béton et en acier : rien ne brûle... ça brûle pas, à moins d'avoir des journaux... je rêve d'un gigantesque incendie à la prison, avec des flammes énormes... ça m'exciterait drôlement... je connais des prisonniers qui ont essayé de mettre le feu à la prison, mais ça n'a pas marché... je ne les dénoncerai pas, parce que peut-être que je parviendrai à les convaincre de recommencer...

— Je sais que vous aimiez beaucoup vous habiller en femme ?

— Je le faisais souvent... mais je vieillis et c'est plus difficile maintenant. Quand j'étais plus jeune, j'adorais le faire tout le temps. Je me faisais même des piqûres d'hormones féminines, je me rasais les jambes, les bras et la poitrine, avant d'enfiler une robe décolletée... avec des fentes sur les côtés... Je me tapais des vieux richards quand j'étais jeune... je me faisais dans les cent dollars à chaque fois qu'ils tiraient un coup... juste comme ça ! *(Il claque des doigts.)*... du premier coup... ici, merde, vous avez de la chance si vous arrivez à gagner huit dollars *(Il éclate de rire.)*... ici, il y en a qui le font pour un paquet de clopes... et d'autres pour rien... Ouais, cette époque me manque... quand je pouvais me coiffer avec une perruque *(Il mime les mouvements avec des gestes très efféminés.)*... je me coupais les sourcils, me maquillais les yeux... je ne peux plus le faire... mais je continue quand même... j'ai tout un tas de mecs qui cherchent à me baiser... y en a qui sont bandants, d'autres non... mais c'est les feux qui m'excitent vraiment... les feux me font bander...

— Et avec Henry, vous vous habilliez en femme ?

— Ouais... j'étais chouette quand j'étais bien maquillé, avec ma perruque, mes yeux et mes robes... avec tout ce maquillage et ces perruques, je ferais un malheur en prison...

A l'époque, je me farcissais les vioques parce que c'est eux qui avaient du fric... maintenant c'est moi qui drague les jeunots et les vieux... je fais pas trop le difficile en prison... si un homme me plaît, je lui dis : " Tu viens, chéri, on va jouer au papa. "

— A quel âge avez-vous commis votre premier meurtre ?

— J'avais 14 ans.

— Vous vous en souvenez ?

— Je faisais du stop en Californie quand je me suis fait draguer par ces deux mecs... et puis ils se sont disputés, un des types a poignardé l'autre... il a dit qu'il allait également me poignarder et j'ai sauté hors de la voiture... il est sorti lui aussi, il m'a suivi et je suis retourné à bord de la voiture et j'ai écrasé ce type avec sa propre voiture... j'étais qu'un gosse et je ne sais même pas où ça s'est passé... Je l'ai fait, un point c'est tout... c'était lui ou moi... et j'avais été violé quand j'étais encore qu'un enfant...

— Vous en étiez à combien de meurtres lorsque vous avez rencontré Lucas ?

— Je comptais même plus...

— Beaucoup ?

— Ouais... mais je n'y faisais pas attention... Je ne tuais pas ces gens simplement pour le plaisir de tuer... c'est juste que mon esprit... je ne le contrôlais plus quelquefois...

— Qu'est-ce qui vous poussait à commettre un crime ?

— Eh bien, quelqu'un me frappait ou essayait de me rouler... alors, d'une façon ou d'une autre, je me vengeais... ça n'était pas causé par une chose, mais par plein de choses... j'arrivais plus à compter... les meurtres, il y en avait tellement que je ne comptais même plus... c'était un peu comme le Président... il envoie des gens de l'autre côté de l'océan et ils tuent des gens... n'importe qui... celui qui franchit une porte... moi, je ne tuais pas des gens qui franchissaient une porte... c'est juste mon esprit qui me forçait à tuer... j'étais défoncé la plupart du temps... Je n'arrive même pas à me l'expliquer...

— Et avec Henry, combien de gens avez-vous tués ?

— Un peu plus d'une centaine... cent cinquante...

— Qui en tuait le plus ?

— C'est lui. Il tuait une femme et puis il la baisait une fois qu'elle était morte... et après, il voulait encore baiser avec un chien... Il baisait avec n'importe quoi, du moment qu'il trouvait un trou à baiser... Une fois, je l'ai vu baiser avec une vache... *(Il rit.)*... Il s'était installé sur un seau et enculait la vache, puis la vache s'est retournée et il l'a embrassée... je lui ai dit : “ Tu y vas un peu fort, tu baises avec une vache... et puis tu l'embrasses. ” Il allait trop loin... il était dégueulasse...

— Cela ne vous plaisait pas ?

— Je ne savais pas quoi penser... J'étais tellement défoncé que je ne savais pas quoi penser... Je ne savais même pas où j'étais la plupart du temps... Je l'accompagnais dans tout ce qu'il faisait... Je faisais comme lui... c'était mon amant...

— Il vous ordonnait de tuer des gens ?

— Oui... il me disait de faire un peu de tout... Une fois, il a embarqué cette femme, puis l'a baisée avant de la tuer et de la baiser encore... puis il a vu cette satanée chèvre dans le pré et il a voulu baiser la chèvre... je lui ai dit : “ Toi, t'es vraiment cinglé, tu veux enculer une chèvre ! ”... Il a enlevé les bottes qu'il portait, les a enfilées sur les pattes arrière de la chèvre avant d'enculer la chèvre... *(Il mime les mouvements.)*... j'ai jamais rien vu de pareil de toute ma vie... il baisait la chèvre... j'ai jamais vu un homme aussi dégoûtant... c'était trop... je sais pas comment j'ai fait pour me retrouver avec un tel mec...

— Comment faisiez-vous pour tuer vos victimes ?

— De toute façon... il était dégoûtant... mais, la plupart du temps, j'étais complètement bourré et défoncé...

— Que ressentiez-vous lors des meurtres ?

— Comme une poussée d'adrénaline... comme de se défoncer... comme un flash dans le cerveau... je sais pas ce qui va lui arriver... je crois qu'ils vont le frire...

— Et après les meurtres ?

— C'était comme un flash... un flash qui vous montait à la tête... quelquefois, j'avais l'impression que j'allais m'évanouir, tomber par terre... c'est difficile à expliquer... je le comprends à peine moi-même... je ne comprends même pas pourquoi je faisais tout ça... Vous savez, c'était complètement dingue... c'était trop... *(Il s'empare d'un paquet de Kools que je lui ai glissé sur la table.)*... j'en profite pendant que les gardes ne regardent pas... je le mets dans ma poche...

— A un moment donné, vous avez même crucifié vos victimes ?

— Oh oui... on avait une espèce de grand autel et vous leur tranchiez la gorge, on buvait le sang et parfois on cuisait les cadavres... quelquefois les nouveaux membres tranchaient la gorge avant de baiser le corps... et après, ils baisaient des animaux et ils tuaient les animaux et ils baisaient les animaux après encore une fois... et ensuite on avait une grande célébration où l'on mangeait quelqu'un et les animaux...

— C'était lorsque vous faisiez partie de ce culte satanique ?

— Oh oui, ils faisaient ça... il y avait tellement de monde qu'on ne savait pas qui était qui... et de toute façon, la plupart des gens étaient masqués... j'en connaissais quelques-uns... comme ce type qui vend des voitures d'occasion à Jacksonville... une fois qu'on en faisait partie, on ne pouvait plus le quitter, sinon votre vie devenait un enfer encore pire qu'avant...

— Quel était le nom de cette secte ?

— " Hand of Death "... ça fait des années qu'elle existe...

mais ils font très attention... c'est Henry qui en a parlé le premier... pendant un moment, ils gagnaient du fric en revendant des enfants au Mexique...

— Pourquoi des enfants ?

— Certaines personnes les utilisaient pour des films pornos... d'autres étaient vendus directement à des gens riches... Mais moi, je ne m'en suis jamais occupé... j'aurais jamais fait de mal à un gosse... j'adore les gosses... mais les autres... je ne sais pas ce qu'ils faisaient aux enfants... un enfant a besoin d'amour · .jamais j'aurais volontairement fait du mal à un enfant...

— Est-ce que vous mangiez toujours vos victimes ?

— La première fois, j'ai mangé quelqu'un sans savoir que c'était une personne... je savais pas que c'était cuit mais... c'est pas mauvais avec de la sauce barbecue... ma propre recette de sauce barbecue *(Il sourit.)*... il est difficile de faire la différence... je croyais que c'était de la viande normale... je ne pensais pas que c'était quelqu'un de mort... une fois que j'avais terminé, il m'a dit : " Tu viens de manger une personne ! "... je lui ai dit : " QUOI ? "... J'en savais rien... le goût est pas très différent des autres viandes... quelquefois, je ne savais même pas que je mangeais une personne tellement j'étais défoncé... je buvais aussi du sang...

— Comment faisiez-vous pour manger ces personnes ?

— On construisait un grand feu comme pour un barbecue... il y en avait qui les cuisaient en ragoût... on m'a dit que c'était très bon, mais moi j'ai jamais essayé comme ça... Henry, lui, il aurait pu en manger jour et nuit... c'est un authentique cannibale... il avait un regard de dingue... on ne savait jamais à l'avance ce qu'il allait faire... il fallait vraiment que j'aie été dingue pour faire ça...

— Henry mangeait lui aussi des gens ?

— Oui, bien sûr... il dit que non, mais c'est un menteur... il adorait toutes sortes de morceaux... le cœur... il se préparait un plat de viande à l'étouffée avec le cœur, les côtes... il m'a dit que le meilleur morceau... le plus tendre c'était les fesses... oui, les fesses, c'était le morceau de choix...

— Et pour vous, quel était votre morceau préféré ?

— Moi ? J'en mangeais pas toujours... les côtes... mais j'étais complètement soûl quand je les ai mangées... Lucas me donnait des morceaux, mais je ne l'ai jamais cru, jusqu'au jour où je l'ai vu trancher la gorge à quelqu'un et prendre un pot pour recueillir le sang qui giclait et le boire... puis, il a déclaré que " c'était bon "... bien meilleur que de boire du champagne ou du vin...

— Lorsque vous étiez plus jeune, je crois, vous entendiez des personnes mortes qui vous parlaient ?

— Oui... j'entendais les voix des morts... maintenant encore, je pourrais me rendre sur la tombe de ma mère, m'allonger dessus et entendre et sentir la terre vibrer... et je l'entends qui bouge là-dessous... et je sais très bien qu'elle m'entend aussi quand je lui parle... et je sens la terre qui vibre... j'y allais tout le temps...

— Avec votre grand-mère, vous alliez souvent dans les cimetières ?

— On déterrait plein d'os... toutes sortes d'herbes, et avec les os elle faisait des pactes avec le Diable... elle préparait des envoûtements, des poupées vaudoues... quelquefois, elle prenait un poulet et lui tordait le cou...

— Vous faisiez tout le sale boulot pour elle ?

— Ouais... je devais faire ce qu'elle me disait... elle me disait que j'appartenais au Diable... " Fais ce que je te dis, tu ne peux pas abandonner, tu ne pourras plus jamais quitter le Diable "... c'était une véritable sorcière... elle portait de longues robes, avec des cheveux très longs, elle se couvrait le visage... elle allait dans les cimetières, dans des granges, pour jeter des malédictions, elle brûlait des autels... elle avait des crânes chez elle... elle m'a montré comment prendre un tiroir, le retourner, et en faire un autel... elle coupait les mains de cadavres, des herbes et avec un couteau elle mélangeait tout ça dans une coupe... c'était très intéressant... quand j'étais encore tout petit, mon père pour me punir m'a installé sous un séchoir à linge où il avait attaché ensemble deux chats par la queue... j'étais en dessous et les chats se déchiraient entre eux... leurs entrailles pendaient et je recevais tout le sang sur la figure... je hurlais... j'étais très jeune... il était comme le Diable pour moi... c'était quand j'étais tout petit... il faisait de la viande avec le chien... il m'a violé quand j'étais tout petit... mais j'ai continué... je ne me suis pas arrêté... quand j'étais tout petit, ma sœur m'habillait en fille... c'est devenu de plus en plus dingue au fil des ans... pouvais pas m'arrêter... de pire en pire... je ne savais pas comment faire... je faisais ce que ma mère me disait de faire... parfois, ma grand-mère essayait d'avoir un cadavre encore tout frais, dont elle coupait la tête... elle prenait la tête entre ses mains, en attendant que la peau se dessèche... d'autres fois, elle retirait la peau de la tête pour se l'étaler sur son propre corps... elle disait que sa peau resterait jeune en faisant ça... c'est ce que je faisais quand j'étais petit... Est-ce que c'était bien ou mal ? Je ne sais pas... je pourrais pas dire... je faisais ce qu'on me disait de faire... quelquefois, elle pissait dans un grand pot et me le versait sur la tête, en disant que comme ça le Diable ne me quitterait pas... voilà... elle faisait ça...

— Croyez-vous que toutes ces choses sont responsables de ce que vous êtes devenu ?

— Je ne sais pas... c'est difficile à comprendre... mais je continue à aller de procès en procès... la semaine prochaine, j'en ai encore un autre... *(Il me montre les papiers.)*... Regardez...

— C'est un procès pour meurtre ?

— Oui... Ah oui, je vous ai fait un dessin... vous pouvez l'avoir... *(Il me le donne.)*... c'est un cadeau...

— Merci.

— Gardez-le.

— Comment se fait-il que vous ayez avoué le meurtre du petit Adam Walsh, pour lequel Gerard Schaefer a écrit la confession pour vous ?

— Ce n'était pas mon crime... dans un livre, on a écrit que j'étais le suspect numéro un... on a essayé de dire que c'était moi, mais j'ai été innocenté de ce crime... c'est dans le livre *Henry*... ça a fait plein d'histoires... il y a une femme qui déclare en Floride qu'il y a eu un autre crime semblable en 1985... avant celui-là... mais c'était une fille au lieu d'un garçon... elle avait 9 ou 10 ans... mais j'étais déjà en prison... ils n'ont jamais retrouvé le corps d'Adam Walsh... juste les têtes de Walsh et de cette fille... si j'avais commis le crime, je saurais où se trouve le corps... mais je l'ignore...

— Pourquoi avouer alors ?

— On m'a obligé... on m'a insulté, frappé, j'ai été obligé d'avouer... vous savez comment sont les gens : ils pensent que vous avez tué une fois, alors automatiquement, ils croient que vous en avez tué plein d'autres aussi... ils reviennent vous voir... ils veulent boucler leurs enquêtes et, au bout d'un moment, ils sont frustrés et ils vous obligent par la force à avouer... Mais ce n'était pas mon crime... Vous avez vu mon anneau ? Quelqu'un l'a fait pour moi... il est fait maison...

— Qui l'a fait ?

— Un bon ami... un très bon ami. *(Il sourit.)*... Regardez ? On dirait qu'il est vrai, non ?

— Est-ce l'ami avec lequel vous vouliez vous marier ?

— Non, on s'est séparés... il ne veut plus se marier... il a changé d'avis... il a dit non, alors, c'était fini entre nous...

— Qui aimez-vous le plus : Dieu ou le Diable ?

— Si vous croyez en Dieu, vous croyez au Diable... vous croyez aux deux... On peut pas dire qu'on croit au Diable, si on ne croit pas aussi à Dieu... Il y en a toujours un qui est plus fort que l'autre... Je ne comprends pas bien tout ça... j'aimerais bien, mais je n'y arrive pas...

— Lorsque vous mourrez, qu'est-ce qui arrivera à votre âme ?

— Si je crois au Diable, c'est le Diable qui m'aura, si je crois à Dieu, c'est Dieu qui m'aura... je ne sais pas de quel côté j'irai... si le Diable continuera à me botter les fesses ou non... Vous savez, il m'a sacrément botté les fesses depuis le temps... »

A cet instant, les gardes pénètrent dans la petite pièce. Fin de l'interview. En nous quittant, Ottis Toole me demande de lui écrire. Il me répondra par des dessins et il m'enverra « une longue et gentille lettre ».

Seuls face au diable :
trois psychiatres témoignent

Les trois plus grands psychiatres américains, spécialisés dans l'étude des grands criminels, et plus particulièrement des *serial killers,* sont les docteurs Stanton Samenow, Donald T. Lunde et Ronald Markman. Ils exercent respectivement à Alexandria (Virginie), Palo Alto et Los Angeles (Californie), ils ont accepté de me recevoir séparément pour discuter des divers aspects du *serial killer* et de ses implications psychiatriques et légales.

Le Dr Stanton E. Samenow, diplômé de l'université de Yale, est un psychologue clinique. Huit ans de recherches menées sur des criminels endurcis au Saint Elizabeth's Hospital, à Washington, lui ont permis d'établir un programme révolutionnaire de réhabilitation des délinquants. Le Dr Samenow part du principe que le criminel décide de mener une existence hors des normes. Il choisit ses partenaires, sa façon de vivre, le type de crimes qu'il commet. Il rejette la société bien avant que celle-ci ne le rejette. Il est bourreau, et non victime. Le criminel ne s'intéresse aux gens que pour mieux les utiliser. Il se croit tout permis et tout lui est acquis. Les théories du Dr Samenow sont exprimées dans *Inside the Criminal Mind* (1984). Il est également coauteur avec le Dr Samuel Yochelson des trois volumes de *The Criminal*

Personality et vient de publier récemment *Before It's Too Late* (1989) sur les enfants délinquants. Membre de la commission « Victims of Crime », il est aussi un des consultants attitrés du FBI sur les crimes violents.

Le Dr Donald T. Lunde, professeur de psychiatrie et des sciences du comportement de l'université de Stanford, est un des pionniers de l'étude des *serial killers*. Il est un des premiers psychiatres à participer au programme d'interviews des *serial killers* mis sur pied par les agents spéciaux du FBI. Parmi les seize tueurs en série qu'il a le plus étudiés, on note Edmund Emil Kemper, Herbert Mullin, Gary Gilmore, ainsi que les « Étrangleurs des Collines », Kenneth Bianchi et Angelo Buono. Donald Lunde est l'auteur de plusieurs ouvrages sur la sexualité et de deux livres sur les *serial killers*, *Murder and Madness* (1975) et *The Die Song : A Journey Into the Mind of a Mass Murderer* (avec Jefferson Morgan 1980).

Le Dr Ronald Markman est spécialisé dans la psychiatrie légale, ce qui l'amène à témoigner très souvent aux procès. Contrairement à la plupart de ses confrères, il le fait pour l'accusation ou la défense selon les cas. Au cours de sa carrière, Ronald Markman a rencontré près de deux mille cinq cents meurtriers, dont certains *serial killers* aussi célèbres que Juan Corona, Richard Chase (le « Vampire de Sacramento »), Lawrence Bittaker et Roy Norris, Kenneth Bianchi, Charles « Tex » Watson et Leslie Van Houten, deux membres du culte dirigé par Charles Manson... Il est coauteur, avec Dominick Bosco, de *Alone with the Devil — Famous Cases of a Courtroom Psychiatrist* (1989).

Présentée sous la forme d'un dialogue, cette discussion est le résultat de trois entretiens séparés effectués courant novembre 1991.

« D'un point de vue légal, la psychiatrie a plutôt mauvaise réputation avec ce défilé d'experts qui offrent des opinions totalement contradictoires lors de procès ?

— Ces opinions divergentes n'apportent rien à la clarté d'un procès, dit le Dr Samenow. Le jury et les spectateurs assistent à une bataille d'experts qui finissent par se neutraliser et dont le jargon les dépasse. Par contre, l'opinion du psychiatre me paraît très utile lors de la condamnation d'un criminel. En Californie ou en Virginie, dès qu'un accusé a été déclaré coupable, il existe une phase séparée du procès où l'on décide de sa condamnation. L'intervention d'un psychiatre pourrait servir à amplifier ou à minimiser la sentence.

— La plupart des psychiatres ne connaissent pas les problèmes du système judiciaire, affirme le Dr Markman. Le psychiatre raisonne de manière déductive et logique, il répond à des questions fondées sur des faits qu'on lui transmet. Les hommes de loi et les avocats désirent convaincre, mais les médecins n'aiment pas cela, qui les soumet trop souvent au troisième degré et les couvre parfois de ridicule. Votre adversaire le juriste essaie de vous ridiculiser et ce n'est pas toujours agréable. Le système judiciaire n'a pas choisi le témoignage des psychiatres, qui intervient lors des procédures d'appel. On peut accepter ou rejeter l'opinion d'un expert, mais bon nombre de psychiatres ne comprennent pas le fonctionnement de l'appareil judiciaire et ils s'expriment en des termes trop abstraits pour les jurés. Au lieu d'essayer de décoder leur témoignage, les jurés le rejettent. Aussi avons-nous commencé à développer une nouvelle spécialité, celle de la psychiatrie légale. En médecine, en psychiatrie et en droit, on forme des médecins et des experts capables de s'exprimer dans un langage compréhensible.

— Est-ce que les *serial killers* plaident souvent la folie ?

— La plupart des gens pensent que la psychiatrie légale n'existe que pour aider les criminels à échapper à un juste châtiment, soupire le Dr Markman. Plaider la folie ? Un système de défense en vérité assez rare. Si l'on considère l'ensemble des accusés qui passent en procès, 1 % seulement d'entre eux décide d'adopter ce système de défense. Sur ce nombre très réduit, seulement 5 à 10 % parviennent à le faire avec succès, ce qui revient à dire que sur mille cas un seul parvient à obtenir un tel verdict. Ce sont les cas les plus célèbres, et cela autorise le public à croire que ce système de défense est plus systématique qu'il ne l'est. Aux États-Unis, un accusé qui a plaidé avec succès la folie reste plus longtemps dans un asile qu'en prison. Les lois de nombreux États permettent d'incarcérer à perpétuité un aliéné, même si son crime ne lui aurait valu qu'une condamnation pénale de quatre ans. Dans les établissements psychiatriques, on n'accorde pas de réduction de peine pour bonne conduite comme dans les prisons. Un individu jugé fou, on le garde longtemps.

« Ce moyen de défense dépend aussi des différents États. Sa définition varie suivant les juridictions. Je me suis occupé de Priscilla Ford qui, le jour de Thanksgiving 1981, renversa 36 personnes dans le Nevada, au volant de sa voiture. Son geste résultait d'une humiliation qu'elle avait subie. Selon les lois du Nevada, Priscilla Ford était saine d'esprit. Si elle avait commis ce même acte meurtrier quarante-cinq kilomètres plus à l'ouest, en Californie, elle aurait été considérée comme folle.

« Aux États-Unis, un accusé ne peut être jugé fou que s'il déclare lui-même présenter une telle défense. S'il ne le fait pas, la question de son aliénation mentale ou non ne sera pas abordée lors du procès, même si tout le monde estime qu'il est complètement cinglé. Ce sont les subtilités des lois...

— Pensez-vous qu'il soit utile de changer un certain nombre de lois ?

— Oui, répond le Dr Samenow, et en particulier celle qui permet de plaider la folie. C'est une véritable charade, à la merci d'un criminel intelligent ou d'un psychiatre bien intentionné appointé par la Cour.

— Qu'est-ce qui motive un tueur en série ?

— L'excitation, la conquête, le frisson, l'interdit. En fait, c'est par le degré de son acte qu'il se distingue du criminel qui ne tue qu'une fois, qui viole ou commet une violence. Les tueurs en série, depuis leur plus tendre enfance, sont à la recherche d'activités qui les électrisent. Leur but ultime c'est d'humilier la victime, de la réduire à néant.

— Cela dépend du type de *serial killer* et de son état d'esprit, ajoute le Dr Markman. Pour un psychotique, c'est son aliénation. Chase avait besoin de boire du sang, d'où la nécessité de tuer. Il a commencé par des insectes, des vaches, des lapins, des chiens et des chats, avant de passer aux gens. Sa folie était connue de tous, mais personne n'a réagi, et, dans un pays aussi libre que le nôtre, il est difficile de soigner quelqu'un qui refuse tout traitement. Pour le sociopathe, qui ne tue pas pour des raisons psychotiques, il y a des explications dans son éducation, dans les conflits avec la mère... Les personnes qui insultent l'identité du *serial killer* deviennent ses victimes. Souvent les tueurs en série s'attaquent à des femmes âgées qui figurent leurs mères. A l'origine d'un meurtre, il y a presque toujours une humiliation durement ressentie par l'assassin. Ceci est également vrai pour les *serial killers*. Cette expérience est contrebalancée par un acte divin : vous vous emparez de la vie d'un être humain. Ceci annule l'humiliation. Vous êtes revigoré par le meurtre. Pour l'assassin, cela équivaut à un acte thérapeutique qui lui permet de se recréer en tant qu'individu.

— Quels sont les fantasmes d'un *serial killer* ?

— Les *serial killers*, dit Samenow, diffèrent entre eux comme n'importe quels criminels. L'excitation est présente dans leur passage à l'acte, mais aussi dans la pensée et la conception de leur crime. Ils se considèrent comme puissants, uniques, spéciaux, irrésistibles, ou bien minables, nuls, et ils ne peuvent le supporter. Comme l'un d'eux me l'a dit : “ Je me suis pris pour un petit Dieu dans mes moindres faits et gestes. ” A chaque phase du crime, l'excitation persiste : lorsqu'ils y pensent, le préparent, en parlent, s'en vantent ou retournent sur les lieux.

— Quelques *serial killers* ont été relâchés à cause des décisions favorables de psychiatres, pour se remettre à tuer. Est-il donc si facile de tromper un psychiatre ?

— Les criminels savent tromper les psychiatres. Que fait celui-ci ? Il passe quelques heures en compagnie du criminel avant d'écrire son rapport. Le criminel, lui, a eu toute sa vie pour apprendre à berner les gens, à viser leurs points faibles, à comprendre ce qu'ils cherchent à savoir pour leur raconter ce qu'ils ont envie d'entendre. Au moment où un psychiatre rencontre un *serial killer,* celui-ci a eu le temps de saisir ce qui sert ses intérêts.

« Le criminel possède un avantage : nous ignorons ce qu'il pense. Aux États-Unis, les psychiatres ne sont pas préparés à rencontrer de tels individus. Ils ne se rendent pas compte qu'ils sont face à un tueur dont la façon de penser est radicalement différente. Le psychiatre cherche à faire cadrer le criminel avec sa théorie...

« Nous possédons tous la capacité de commettre un crime, mais l'individu pour qui le crime est un état d'esprit permanent voit la vie d'un autre œil. Par exemple, si je suis un voleur et que je pénètre dans une pièce, tout ce qui s'y trouve m'appartient. Il me suffit de découvrir la façon de m'en emparer. Ces individus considèrent l'existence comme une voie à sens unique.

« Lorsqu'un psychiatre interroge un criminel, celui-ci se défend et se pose en victime. Je me souviens de l'un d'eux qui me déclarait d'un ton indigné : “ Après tout, c'est moi qui vais aller en prison. ” Ils se considèrent comme uniques, je vous le répète. Mettez neuf d'entre eux sur un terrain de base-ball et chacun se croit le capitaine. Ils prennent bien plus qu'ils ne donnent. Ce sont des solitaires d'apparence aimable. Si vous prenez un verre en compagnie de Ted Bundy ou d'autres *serial killers,* vous constatez qu'ils sont charmants, bien de leur personne, souriants, mais il existe un défaut dans leur cuirasse. Ils attirent les gens dans leur toile avant de les anéantir. Autre caractéristique : le côté tendre, la peur. Ils peuvent passer en un instant des pleurs à un aspect glacial, avant de changer à nouveau. Je me rappelle l'un de ces tueurs s'écartant pour ne pas écraser un insecte, car il respectait trop la vie. Un homme peut se rendre à la messe à 9 heures, puis exécuter de sang-froid un épicier à 10 heures pour lui voler une poignée de billets. Le sentimentalisme et la sauvagerie peuvent très bien cohabiter chez un même individu. On dit que le criminel n'a pas de conscience mais c'est faux. Sa conscience est certes limitée et il peut aisément l'écarter de son esprit. A leurs yeux, c'est l'autre, le criminel. Un jeune cambrioleur était horrifié par ces gens qui renversaient des vieilles dames dans la rue pour leur voler leur sac. Pour lui, ces voleurs devaient être pendus. Ce même adolescent avait pénétré par effraction dans un foyer de personnes âgées et il avait tellement effrayé une des pensionnaires que celle-ci était morte d'une crise cardiaque... Les tueurs que j'ai interrogés ces vingt dernières années estiment qu'ils sont de braves types. L'un d'eux m'a dit : “ Je ne pourrais pas vivre si je croyais que je faisais du mal. ” Le criminel se considère comme quelqu'un de bon et qui agit pour les autres. Quand il ne commet pas de crimes, on le croit responsable. Par ailleurs, il y a certains crimes qu'il ne commettrait jamais, il peut même être parfois très religieux et doué dans certains domaines.

— Pensez-vous qu'un *serial killer* puisse être réhabilité ?

— Non, je ne le pense pas, me dit Samenow, ils sont trop dangereux. On ne peut pas leur faire confiance.

— Les gens pensent automatiquement que les tueurs en série sont fous...

— Psychiatriquement, me répond le Dr Markman, il existe deux sortes de *serial killers*. Le paranoïde psychotique, qui est schizophrène, et le psychopathe, une personnalité antisociale. Cette dernière catégorie est de loin la plus nombreuse et donne lieu aux *serial killers* les plus redoutables puisqu'ils sévissent en général plus longtemps que les schizophrènes. Le psychopathe, ou sociopathe, est très sociable, engageant, il a des amis. Lorsqu'il se fait arrêter, ses voisins sont choqués car il a l'air tout à fait normal, banal même. Il ne ressemble pas aux Freddy, aux Jason, à ces monstres que nous avons l'habitude de voir dans les films d'horreur.

— Un très petit nombre d'entre eux est psychotique, précise le Dr Lunde. Le terme exact est paranoïde schizophrène. Ces *serial killers* agissent parce qu'ils entendent des voix, Dieu leur ordonne de tuer pour purifier le monde. Les schizophrènes ne sont pas très dangereux et on peut les traiter avec succès. J'en ai connu, devenus par la suite des *serial killers*, qui avaient un emploi stable et une famille, mais quand ils perdent leur médecin et leur traitement, on court à la catastrophe. Ces médicaments coûtent assez cher et, parfois, ils ne peuvent plus les payer. La maladie revient, ils entendent à nouveau des voix, ils peuvent tuer comme Herbert Mullin, à Santa Cruz. Autrefois, Mullin était soigné dans un hôpital public et tout allait bien. Mais, en 1972, Ronald Reagan, gouverneur de la Californie, décida de fermer tous les hôpitaux psychiatriques publics. Les parents de Mullin essayèrent de le recaser dans d'autres établissements mais on leur déclara partout qu'ils étaient sur le point de fermer. En conséquence, Mullin assassina treize personnes. Cette tragédie aurait pu être évitée.

« La plupart des *serial killers* sont des psychopathes et ils ressemblent aux gens que l'on rencontre dans la rue. Ils ne sont pas en proie à une psychose maniaco-dépressive, ne paraissent pas agités ni déprimés, mais leurs tueries, et ces mutilations, n'ont pas d'explication logique. Nous ne possédons pas suffisamment d'informations sur les *serial killers.* C'est heureusement un type de criminel assez rare. Nous n'avons pas beaucoup de sujets d'étude. Moi-même, en vingt ans, je n'en ai rencontré que seize. Si un chercheur veut étudier la dépression, il peut facilement trouver mille personnes, cinq cents auront un placebo, les autres un médicament, et on pourra examiner les résultats de façon scientifique. Nous avons besoin d'étudier les *serial killers* : peut-être pourrons-nous, un jour, les identifier plus tôt ? Au lieu de cela, nous les exécutons comme on le faisait au Moyen Âge avec les sorcières. Quand ils sont condamnés à mort, ils ne veulent plus coopérer. Nous avons pu étudier en détail des *serial killers* tels que Kemper ou Mullin parce qu'ils étaient toujours en vie. C'est avec eux que le FBI a démarré son programme d'interviews. C'est ce même programme qui permet maintenant de sauver un grand nombre de vies en donnant la possibilité aux autorités d'arrêter plus rapidement les *serial killers.*

— La réaction spontanée d'un individu face à un tueur en série, dit le Dr Samenow, est de dire : “ Il doit être malade. ” Un homme qui tue cinq personnes n'est pas normal. C'est un point de vue. Moi, ce qui m'intéresse, c'est le cerveau du tueur. Est-il rationnel ? Ses actes sont-ils délibérés ? En est-il conscient ? Sait-il distinguer le bien du mal ? La réponse à toutes ces questions est oui. Ces gens ne sont pas fous, à moins que vous ne vouliez vraiment élargir la définition de la folie.

— Comment peut-on expliquer cette escalade dans la violence et l'ampleur des mutilations ?

— Ces gens ne connaissent aucune limite quand ils

recherchent le plaisir. Ils se considèrent comme des individus particuliers. Ils inventent des choses qui ne viendraient à l'esprit de personne. Tuer, ce n'est pas suffisant pour certains. Ils ont besoin de mutiler, de démembrer, de détruire. L'un d'entre eux m'a dit : “ Si vous me retirez mon crime, vous supprimez mon univers. ” Ces extrémistes sont toujours à la poursuite de quelque chose d'encore plus excitant.

— Les mutilations sont une manière de déshumaniser la victime, dit le Dr Markman, de donner encore plus de validité émotionnelle à leur geste. Le psychopathe ne ressent aucune émotion envers sa victime, il la traite comme il le ferait d'un Kleenex. Couper un membre, il ne considère pas cela comme un acte violent : pour les *serial killers* l'être humain est un objet.

— Certains praticiens estiment que tous les *serial killers* ont souffert d'un trauma durant leur enfance et que ce pourrait être à l'origine de leur comportement...

— Estimer une telle chose me paraît pour le moins incongru, s'étonne le Dr Samenow, sans compter que cela n'a pas été scientifiquement prouvé. Même si c'était le cas pour un grand nombre d'entre eux, j'y vois une autre raison plus logique : dès leur plus jeune âge, les *serial killers*, comme tous les grands criminels, pour s'exciter, commettent des actes que les autres enfants n'osent pas faire, et ils prennent des risques. Les psychiatres disent que les criminels ne sont pas responsables parce qu'ils ont subi un trauma ? Qu'ils ont été victimes d'abus ? Si un enfant transforme votre vie en enfer permanent, jamais vous ne le laisserez seul avec son petit frère de peur qu'il ne lui fasse du mal. La nuit, vous enfermerez votre portefeuille par crainte d'un vol. Vous serez pris de panique dès que le téléphone sonne, parce que cela pourrait être un voisin, le proviseur, la police ou l'hôpital. Si vous lui en faites le reproche, il n'hésitera pas à vous dénoncer en s'estimant victime d'abus, comme je l'ai constaté dans de nombreux cas. Des années plus tard, endurci, il racontera aux psychiatres qu'il a vécu une enfance abominable. Dire qu'il a souffert d'un trauma au cerveau et de divers abus équivaut à évacuer sa propre responsabilité. Cela fait partie de la manipulation. C'est aussi ignorer à quel genre d'individu on a affaire et comment il se comportait tout jeune.

— Pourquoi les tueurs en série se comportent-ils de la sorte ?

— Prenez vingt experts et vous aurez vingt théories différentes. Aux États-Unis, les gens pensent que cela provient d'un environnement social défavorisé, de la pauvreté, d'un passé difficile... Personne ne sait vraiment pourquoi ils sont ainsi. Notre devoir est de comprendre qui ils sont pour pouvoir les reconnaître et les arrêter avant qu'ils ne passent à l'acte. D'autres pensent qu'il existe une cause génétique. Je ne crois pas que nous possédions suffisamment d'informations pour pouvoir affirmer avec certitude telle ou telle chose. L'important est de parvenir à les identifier très tôt. Ces individus ont été des enfants voleurs, cruels, fétichistes ou pyromanes, constamment agités et insatisfaits, alors que d'autres enfants apprennent à jouer en société. Je me souviens des déclarations d'un jeune de 13 ans : “ Je ne veux pas mener la vie de mon frère aîné. Il va à l'école, rentre le soir à la maison, il fait du sport. C'est comme un chien attaché à une laisse. Ça ne m'intéresse pas. ” Mener leur vie sous l'influence de leurs parents ou de leurs professeurs, ils ne le supportent pas.

— Certains psychiatres affirment que le *serial killer* désire inconsciemment se faire prendre ?

— Ils ont presque tous le désir de devenir célèbres, dit le Dr Lunde. Pour ce qui est des seize *serial killers* que j'ai été amené à étudier en détail, tous avaient rêvé de voir leur nom dans le journal. L'aspect terrifiant de cette soif de gloire, c'est qu'ils se sont servis du crime pour y parvenir. Si vous découpez des gens pour les dévorer, tout le monde entendra parler de vous. Ted Bundy est devenu une image de marque. Je n'ai connu que deux *serial killers* qui souhaitaient la peine de mort, Ed Kemper et Gary Gilmore. De manière subconsciente, cela participe au gros boum médiatique qu'ils espèrent créer, d'abord grâce à la publicité de leurs forfaits, puis en choisissant des jeunes victimes, des étudiantes, le genre qui attire l'attention des grandes chaînes nationales de télévision. Le procès est ensuite largement couvert par les médias, mais si le *serial killer* n'est pas condamné à mort, comme dans le cas de Kemper, on l'enferme en prison pour le restant de ses jours. Kemper rêvait de la chambre à gaz ! Si quelqu'un comme Ted Bundy demande à parler à la presse avant son exécution, tout le monde va rappliquer. Dans cette optique, je crois que ces tueurs recherchent la peine de mort. Cela leur redonne un nouveau coup de pub. La plupart de ces individus n'ont pas connu une existence des plus roses. Je ne dis pas cela pour les excuser, je constate. Les relations personnelles, la famille, des enfants, tout cela disparaît de leur vie. Ils n'envisagent pas une satisfaction à long terme. Quand vous discutez avec eux, ils affirment que dans leur jeunesse, déjà, ils avaient le sentiment qu'ils ne feraient pas de vieux os. Une fois commis leur premier crime, s'ils se font arrêter, leur seul avenir est derrière les barreaux : dans le cas d'une série de meurtres c'est au minimum la perpétuité. La publicité autour de leur éventuelle exécution, l'excitation qu'ils ressentent en sachant qu'on publiera des articles sur leur mort, c'est pour eux plus important que de moisir quarante années en prison.

— Je ne suis pas d'accord, dit le Dr Samenow, c'est une pure invention des psychiatres. Elle vient peut-être d'un article de Freud, " *Some Character Types Met within Psychoanaly-*

tical Work ", où il parle d'individus névrosés qui provoquent une punition parce qu'ils n'ont pas résolu leur complexe d'Œdipe. Il est ici question de névrosés et non pas de criminels. Or, de nombreux psychiatres appliquent actuellement les théories freudiennes à des criminels. Il existe une autre raison à cette affirmation hâtive : les criminels peuvent devenir négligents. David Berkowitz, le « Fils de Sam », tueur d'un grand nombre de femmes à New York, gare sa voiture près d'une pompe à incendie. Un agent de police lui colle une contravention, ce qui provoque son arrestation. Un psychiatre dirait qu'il voulait se faire prendre. Moi, je crois qu'il était devenu trop confiant. Il ne pouvait pas imaginer sa capture. Il avait tellement tué en toute impunité que son ego l'a poussé à commettre des négligences. Dans mes vingt années de carrière j'ai fréquenté de dangereux criminels, et je n'en ai jamais rencontré un seul qui voulait se faire prendre. Bien au contraire.

— Dans votre ouvrage *Alone with the Devil,* Dr Markman, vous écrivez : " Nous ne sommes pas heurtés parce que nous punissons les criminels mais parce que nous n'arrivons pas à les châtier... "

— Aux États-Unis, le débat fait rage entre les partisans et les opposants de la peine de mort. En tant que médecin, je suis là pour prolonger la vie, mais mon expérience au sein du système m'a amplement démontré qu'il a été tout à fait perverti par des individus qui ne méritent plus de vivre et qui retrouvent la liberté pour tuer. Les exemples sont légion : Lucas, Toole, Kemper, Shawcross, Gilmore, Cole... Un chiffre est éloquent : 63 % des criminels emprisonnés commettent de nouveau un meurtre dans les deux ans qui suivent leur libération. Statistiquement, 15 % des personnes qui ont tué une fois et sont libérées assassinent à nouveau. Ce pourcentage est-il un prix trop élevé à payer ? J'étais opposé à la peine capitale à mes débuts, mais j'avoue avoir changé d'avis. Lorsque vous permettez à des individus de tuer, vous vous moquez de l'agonie de leurs victimes. La peine capitale, qui existe légalement dans trente-six États, est peu pratiquée dans les faits. Depuis 1977, nous avons eu environ 150 à 200 exécutions capitales. Depuis 1977, le nombre des victimes de meurtres s'élève à 300 000 personnes. Dans ce siècle, il y a eu à peu près 1 500 condamnés à mort exécutés aux États-Unis. Un criminel sait parfaitement qu'il a peu de chances d'être exécuté... »

BIBLIOGRAPHIE DES « SERIAL KILLERS »

DICTIONNAIRE DES « SERIAL KILLERS »

Ce dictionnaire qui recense près d'une centaine de *serial killers* commence en 1888 avec Jack l'Éventreur et se termine en 1992. Chaque cas est complété par une bibliographie des ouvrages français et anglo-saxons parus à ce jour. Une liste d'ouvrages généraux complète ce dictionnaire qui est suivi par diverses rubriques :

— les principaux articles récents de langue française ;

— les cassettes audio comportant des interviews ou relatant des affaires de *serial killers* ;

— les cassettes vidéo proposant des documentaires sur le sujet ;

— les émissions de télévision en France ou à l'étranger ;

— les gadgets, tels que les peintures, œuvres littéraires créées par des tueurs en série, des T-shirts, jeux, bandes dessinées ou « trading cards » illustrant des cas réels.

La bibliographie sélective ci-jointe comporte deux volets : les ouvrages généraux et des biographies sur des *serial killers* individuels.

OUVRAGES GÉNÉRAUX

ABRAHAMSEN (David) : *The Murdering Mind* (1973).

BADEN (Michael) & ADLER HENNESSEE (Judith) : *Unnatural Death — Confessions of a Medical Examiner* (1989).

BLASHFIELD (Jean F.) : *Why They Killed — The Secret Motivations of America's Most Notorious Killers* (1990).

BRUSSEL (James A.) : *Casebook of a Crime Psychiatrist* (1968).

CAPUTI (Jane) : *The Age of Sex Crime* (1987).

Crimes and Punishment : A Pictorial Encyclopedia of Aberrant Behavior (20 volumes) (1974).

CROCKETT (Art) : *Serial Murderers* (1990) ; *Spree Killers* (1991).

DELORME (R.) : *Les Grands Crimes sexuels.*

DELPECH (J.) : *Les Crimes sexuels.*

DICKSON (Grierson) : *Murder by Numbers* (1958).

DOUTHWAITE (L. C.) : *Mass Murder* (1929).

DUFFY (Clinton T.) & HIRSHBERG (Al) : *Le Sexe et le Crime (Sex and Crime)* (1965).

EGGER (Steven A.) : *Serial Murder — An Elusive Phenomenon* (1990).
GAUTE (J. H. H.) & ODELL (Robin) : *Murder « Whatdunit »* (1982) ; *Murder Whereabouts* (1986) ; *The New Murderer's Who's Who* (1979, édition réactualisée/1989).
GODWIN (John) : *Murder USA* (1978).
GOODMAN (Jonathan) : *Masterpieces of Murder* (1992).
GREEN (Jonathan) : *The Directory of Infamy* (1980) ; *The Greatest Criminals of All Time* (1982).
GUILLOT (R. P.) : *Les Crimes de la pleine lune* (...).
HICKEY (Eric W.) : *Serial Murderers and their Victims* (1991).
HOLMES (Ronald M.) & DE BURGER (James) : *Serial Murder* (1987).
HONEYCOMBE (Gordon) : *The Murders of the Black Museum 1870-1970* (1982).
HURWOOD (Bernhardt J.) : *Vampires, Werewolves and Ghouls* (1968).
Issues in Brain/Behavior Control (1976).
JEFFERS (H. Paul) : *Who Killed Precious ?* (1991).
JONES (Ann) : *Women Who Kill* (1980).
JONES (Richard Glyn) : *Still Unsolved — Great True Murder Cases* (1990) ; *Killer Couples* (1987) ; *The Mammoth Book of Murder* (1989).
KAHANER (Larry) : *Cults that Kill — Probing the Underworld of Occult Crime* (1988).
KENT (Arthur) : *Docteurs assassins (The Death Doctors)* (1974).
KRAFFT-EBING (Richard) : *Psychopathia Sexualis* (1900).
KUNCL (Tom) & EINSTEIN (Paul) : *Ladies Who Kill* (1985).
LANE (Brian) & GREGG (Wilfred) : *The Encyclopedia of Serial Killers* (1992).
LEVIN (Jack) & FOX (James Alan) : *Mass Murder : America's Growing Menace* (1985).
LEYTON (Elliott) : *Compulsive Killers* (1986) ; *Hunting Humans* (1988) ; *Sole Survivor — Children Who Murder their Families* (1990).
LINDSAY (Philip) : *Mainspring of Murder* (1958).
LINEDECKER (Clifford L.) : *Thrill Killers — True Portrayals of America's Most Vicious Murderers* (1987) ; *Serial Thrill Killers* (1990).
LINEDECKER (Clifford L.) & BURT (William A.) : *Nurses Who Kill* (1990).
LLOYD (Georgina) : *Motive to Murder* (1988) ; *One Was Not Enough* (1989).
LOGAN (Guy B. H.) : *Masters of Crime — Studies of Multiple Murders* (1928).
LUCAS (Norman) : *The Child Killers* (1970) ; *The Sex Killers* (1974).
LUNDE (Donald T.) : *Murder and Madness* (1976).
MANDELSBERG (Rose G.) : *Torture Killers* (1991) ; *Bizarre Murderers* (1991) ; *Cult Killers* (1991) ; *Medical Murderers* (1992) ; *Cop Killers* (1992).
MARKMAN (Ronald) & BOSCO (Dominick) : *Alone with the Devil — Famous Cases of a Courtroom Psychiatrist* (1989).
MASTERS (R. E. L.) & LEA (Eduard) : *Perverse Crimes in History* (1963).
MICHAUD (Stephen G.) & AYNESWORTH (Hugh) : *Murderers Among Us : Unsolved Homicides, Mysterious Deaths and Killers at Large* (1991) ; *Wanted for Murder* (1990).
MONTARRON (Marcel) : *Histoire des crimes sexuels* (1970).

NASH (Jay Robert) : *Almanach of World Crime* (1981) ; *Crime Chronology, 1900-1983* (1984) ; *Look for the Woman* (1981) ; *Murder, America* (1980) ; *Open Files* (1984) ; *Bloodletters and Badmen — A Narrative Encyclopedia of American Criminals from the Pilgrims to the Present* (1973/édition réactualisée 1991) ; *World Encyclopedia of 20 th Century Murder* (1989).

NATIONAL CENTER FOR THE ANALYSIS OF VIOLENT CRIME (FBI Academy) : *Criminal Investigative Analysis — Sexual Homicide* (1990).

NEUSTATER (W. Lindsay) : *The Mind of the Murderer* (1957).

NEWTON (Michael) : *Mass Murder* (1988) ; *Hunting Humans — An Encyclopedia of Modern Serial Killers* (1990) ; *Serial Slaughter — What's Behind America's Murder Epidemic ?* (1992).

NORRIS (Joel) : *Serial Killers — A Growing Menace* (1988) ; *Walking Time Bombs* (1992).

PALMER (Stuart) : *The Psychology of Murder* (1960).

PHILBIN (Tom) : *Murder USA — A True-Crime Travel Guide to the Most Notorious Killing Grounds in America* (1992).

PURVIS (James) : *Great Unsolved Mysteries* (1978).

RASCHKE (Carl A.) : *Painted Black* (1990).

REINHARDT (James Melvin) : *Sex Perversions and Sex Crimes* (1957) ; *The Psychology of Strange Killers* (1962).

RÉOUVEN (René) : *Dictionnaire des Assassins* (édition revue et augmentée 1986).

RESSLER (Robert K.), BURGESS (Ann W.) & DOUGLAS (John E.) : *Sexual Homicide — Patterns and Motives* (1988).

RESSLER (Robert K.) & SHACHTMAN (Tom) : *Chasseur de tueurs (Whoever Fights Monsters — My Twenty Years Hunting Serial Killers for the FBI)* (1992).

SAMENOW (Stanton A.) : *Inside the Criminal Mind* (1984).

SEGRAVE (Kerry) : *Women Serial and Mass Murderers — A Worldwide Reference, 1580 through 1990* (1992).

Serial Murders — Hearings before the Senate Subcommittee on Juvenile Justice (1984).

SHEW (E. Spencer) : *A Companion to Murder* (1960) ; *A Second Companion to Murder* (1961).

SIFAKIS (Carl) : *The Encyclopedia of American Crime* (1982).

STEIGER (Brad) : *The Mass Murderer* (1967).

THOMPSON (C. J. S.) : *Poisons and Poisoners* (1931).

TOBIAS (Ronald) : *They Shoot to Kill : A Psycho-Survey of Criminal Sniping* (1981).

TRAINI (Robert) : *Murder for Sex* (1960).

VERGÈS (Jacques) : *Les Sanguinaires* (1992).

WERTHAM (Fredric) : *The Show of Violence* (1949/édition réactualisée 1967).

WILSON (Colin) & PUTNAM (Patricia) : *The Encyclopedia of Murder* (1961).

WILSON (Colin) : *Order of Assassins* (1972) ; *The Mammoth Book of True Crime 2* (1990) ; *Written in Blood — A History of Forensic Detection* (1990).

WILSON (Colin) & SEAMAN (Donald) : *The Encyclopedia of Modern Murder, 1962-1982* (1983) ; *The Serial Killers — A Study in the Psychology of Violence* (1990).
WILSON (Patrick) : *Murderess* (1971) ; *Children Who Kill* (1973).

CAS INDIVIDUELS

La bibliographie suivante comprend une liste alphabétique de *serial killers* anglo-saxons sur lesquels un livre au moins a été écrit. Elle démarre en 1888, avec Jack l'Éventreur, l'ancêtre des tueurs en série modernes, et se termine en 1992.

« The Ann Arbor Hospital Murders »

Onze victimes. Deux infirmières, Filipina Narcisso et Leonora Perez, sont jugées en 1977, avant d'être acquittées. Affaire non résolue.

— Robert Wilcox : *The Mysterious Deaths at Ann Arbor* (1977).

« The Axeman of New Orleans »
(Le tueur à la hache de La Nouvelle-Orléans)

Tueur inconnu responsable de sept à onze meurtres, entre juin 1918 et octobre 1919. Un certain nombre de ses victimes étant des épiciers italiens, on a longtemps suspecté une tentative de racket de la Mafia, ce qui semble peu probable. Un suspect, Josef Mumfre, est assassiné, en décembre 1920, par la veuve de la dernière des victimes.

Curieusement, les meurtres en série à la hache connaissent une très grande vogue à cette époque aux États-Unis, avec deux (ou trois?) autres tueurs inconnus opérant, en Alabama (1919 à 1923, 15 victimes), au Texas et en Louisiane (1911-1012, 49 victimes).

— Lyle Saxon, Edward Dreyer & Robert Tallant : *Gumbo Ya-Ya* (1945).

— Robert Tallant : *Murder in New Orleans* (1952) (également repris dans *Still Unsolved*, 1990).

Martha Beck & Raymond Fernandez

Les Tueurs de la lune de miel, un excellent film de Leonard Kastle, s'inspire du couple qui épluche les petites annonces à la recherche de femmes seules. Raymond Fernandez les séduit, alors que sa compagne se fait passer pour sa sœur. Ils auraient tué 20 femmes entre 1947 et 1949. Condamnés à mort, ils sont exécutés le 8 mars 1951, après avoir avoué trois crimes seulement.

— Wenzell Brown : *Introduction to Murder — The Unpublished Facts behind the Notorious Lonely Hearts Killers, Martha Beck and Raymond Fernandez* (1953).

— Paul Buck : *Mariages rouges* (1971).

— Max Haynes : *Crime Flashback* (1980).
— Bruce Sanders : *Murder Behind the Bright Lights* (1958).

Mary Flora Bell

Jeune Anglaise de 11 ans qui avoue (« J'aime faire mal aux gens ») deux crimes en 1968. Les victimes avaient 3 et 4 ans. On la suspecte de nombreux autres assassinats.

— Gitta Sereny : *The Case of Mary Bell* (1972).

Les Bender

L'Auberge rouge transposée dans l'Ouest américain des années 1870. Une famille entière, de quatre ou cinq membres suivant les récits, les Bender, surnommés plus tard « Hell Benders », massacrent au moins onze pensionnaires de leur auberge de Cherryvale, dans le Kansas. Une troupe de volontaires part pour les appréhender, mais les Bender avaient (apparemment) quitté les lieux. Ils ne sont jamais retrouvés. Mais, en 1909 et 1910, deux hommes sur leur lit de mort, Downer et Harker, qui avaient appartenu à ce détachement de volontaires, avouent que les Bender furent tués de façon tellement horrible qu'ils firent le serment de n'en jamais parler, avant de jeter les corps mutilés dans un puits.

— Robert Adelman : *The Bloody Benders* (1970).
— Anonyme : *The Five Fiends, or the Bender Horror Hotel in Kansas* (1874).
— Allison Hardy : *Kate Bender, The Kansas Murderess* (1944).
— John James : *The Benders in Kansas* (1913).
— Mary York : *The Bender Tragedy* (1875).

Robert Berdella

Tueur homosexuel de six adolescents dans sa maison de Kansas City entre 1984 et 1988, cet antiquaire, propriétaire du magasin « Bob's Bizarre Bazaar », Robert Berdella, drogue ses victimes, avant de les attacher sur un lit. Commencent alors d'incessantes tortures à l'électricité, entrecoupées par des viols, qui se prolongent quelquefois pendant plusieurs semaines. Berdella photographiait ses victimes et notait soigneusement les moindres sévices infligés.

— Tom Jackman & Troy Cole : *Rites of Burial* (1992).

David Berkowitz

« Son of Sam », le tueur au calibre 44, abat six personnes entre juillet 1976 et 1977, tout en blessant sept autres New-Yorkais. Arrêté en août 1977, Berkowitz prétend avoir commis ses actes sur les ordres d'un démon incarné dans le chien de son voisin. Condamné à perpétuité, il reconnaît avoir fait partie d'un culte satanique lié à Charles Manson et au néonazi Fred Cowan, et ne pas avoir été le seul tireur. Ces faits — que la police a tenté d'occulter — sont révélés par l'extraordinaire enquête du journaliste Maury Terry dans *The Ultimate Evil.*

— David Abrahamsen : *Confessions of Son of Sam* (1985).
— George Carpozi, Jr. : *Son of Sam : The 44 Caliber Killer* (1977).
— Dossier Meurtre n° 13 : *Le « Fils de Sam »* (1991).
— Lawrence D. Klausner : *Son of Sam* (1981).
— Maury Terry : *The Ultimate Evil — An Investigation into a Dangerous Satanic Cult* (1987/1989/édition remise à jour).
— Charles Willeford : *Off the Wall* (1980).

Kenneth Bianchi — Angelo Buono

Douze jeunes femmes violées et assassinées à Los Angeles et Bellingham en 1977-78. Surnommés « The Hillside Stranglers », car ils abandonnent les corps de leurs victimes au pied des collines de Los Angeles ; Bianchi est également suspecté d'avoir commis les « Alphabet Murders » (3 jeunes femmes tuées à Rochester). Il feint, sans succès, de posséder de multiples personnalités (l'auteur Ted Schwartz tombe, lui, dans le panneau).

— Darcy O'Brien : *Two of a King : The Hillside Strangler* (1985)
— Dossier Meurtre n° 27 : *Les Étrangleurs des Coteaux — Bianchi et Buono* (1991).
— Ted Schwartz : *The Hillside Strangler* (1981).

Ian Brady — Myra Hindley
(« The Moors Murders »)

Avec sa complice Myra Hindley, ce jeune homme anglais, fasciné par la torture et les ouvrages sur le nazisme, tue deux enfants et un adolescent en 1963-65. Le couple photographie une des victimes dans des poses pornographiques et se repasse une bande enregistrée avec les cris de terreur de l'enfant pendant qu'ils font l'amour. Tous deux condamnés à perpétuité, Myra Hindley avoue plusieurs autres crimes en 1988.

— Fred Harrison : *Brady & Hindley — Genesis of the Moors Murders* (1968/édition réactualisée 1989).
— Hansford Johnson : *On Iniquity* (1967).
— David Marchbanks : *The Moors Murders* (1966).
— John Potter : *The Monsters of the Moors* (1966).
— Jean Ritchie : *Myra Hindley — Inside the Mind of a Murderess* (1988).
— Gerald Sparrow : *Satan's Children* (1966).

— Robert Wilson : *Devil's Disciples* (1986).
— Emlyn Williams : *Beyond Belief* (1967).

Jerry Brudos

Brudos photographie et tue des jeunes femmes dans sa cave, pendant que sa femme et ses enfants se trouvent dans la maison. Fétichiste de chaussures à talons hauts, il conserve également des portions de corps chez lui. Condamné à perpétuité en 1969.

— Dossier Meurtre n° 43 : *Obsédés sexuels — Harvey Glatman et Jerry Brudos* (1991).
— Ann Rule (Andy Stack) : *Lust Killer* (1983).

Judias Buenoano

Condamnée à mort, le 26 novembre 1985, pour l'assassinat de plusieurs de ses maris et de son fils handicapé de 19 ans, Judias Buenoano incarne l'image du rêve américain : née d'une famille extrêmement pauvre, elle était devenue une femme d'affaires très riche. Mais le rêve allait bientôt tourner au cauchemar pour tous ceux qui devaient l'approcher. Elle doit être prochainement exécutée sur la chaise électrique de Florida State Prison, à Starke, là où Ted Bundy est également mort.

— Chris Anderson & Sharon McGehee : *Bodies of Evidence — The True Story of Judias Buenoano Florida's Serial Murderess* (1991).

Ted Bundy

Le plus célèbre des *serial killers* est exécuté le 24 janvier 1989, en Floride, pour trois meurtres ; il est suspecté d'une vingtaine d'autres crimes à travers les USA et d'une série de vingt-huit assassinats au Canada connus sous le nom de « Highway Murders ». La nuit précédant son exécution, Bundy avoue de nombreux meurtres dans une interview télévisée, espérant ainsi, mais en vain, surseoir au châtiment.

— Dossier Meurtre n° 11 : *Le Tueur de collégiennes — Ted Bundy* (1991).
— Elizabeth Kendall (pseudonyme de Liz Kloepfer, ex-fiancée de Bundy) : *The Phantom Prince : My Life with Ted Bundy* (1981).
— Richard Larsen : *Bundy : The Deliberate Stranger* (1980).
— Stephen Michaud & Hugh Aynesworth : *The Only Living Witness : A True Account of Homicidal Insanity* (1983) ; *Ted Bundy : Conversations with a Killer* (1989).
— Ann Rule : *The Stranger Beside Me* (1980).
— Steven Winn & David Merrill : *Ted Bundy : The Killer Next Door* (1980).

Harvey Carignan

Condamné à être pendu pour meurtre en 1949, Carignan est relâché parce qu'un policier oublie de lui lire ses droits. Ce géant, doté d'une force prodigieuse, viole au moins cinq autres femmes et les massacre à coups de marteau. Détail effrayant, on retrouve, parmi ses affaires, des cartes où plus d'une centaine d'endroits sont cerclés de rouge (un certain nombre de ces lieux correspondent à des crimes ou à des disparitions non résolues).

— Ann Rule (Andy Stack) : *The Want-Ad Killer* (1983).

David Carpenter

Entre 1979 et 1981, David Carpenter, surnommé le « Trailside Killer », hante les collines de la baie de San Francisco pour y abattre huit promeneurs.

— Robert Graysmith : *The Sleeping Lady — The Trailside Murders above the Golden Gate* (1990).

Richard Chase

— Ray Biondi & Walt Hecox : *The Dracula Killer* (1992).
— Ronald Markman & Dominick Bosco : *Alone with the Devil — Famous Cases of a Courtroom Psychiatrist* (1989).
— Robert K. Ressler & Tom Schachtman : *Chasseur de tueurs (Whoever Fights Monsters)* (1992).

John Reginald Christie

Nécrophile et tueur de six femmes, cet impuissant est pendu en juillet 1953. Christie rase le pubis de ses victimes qu'il conserve pour satisfaire ses fantasmes masturbatoires. Il est le sujet d'un superbe film de Richard Fleischer, *L'Étrangleur de Rillington Place.*

— Francis Camps : *Medical and Scientific Investigations in the Christie Case* (1953).
— Dossier Meurtre n° 8 : *Les Meurtres de Rillington Place — John Christie* (1991).
— Rupert Furneaux : *The Two Stranglers of Rillington Place* (1961).
— Ludovic Kennedy : *10 Rillington Place* (1961).
— Edmond Locard : *La Maison des horreurs.*
— R. Maxwell : *The Christie Case.*

John Norman Collins

En 1970, il est condamné à vingt années de prison pour le meurtre d'une jeune étudiante de l'université de Michigan ; mais il est quasi certain que Collins a également tué sept autres femmes entre 1967 et 1969, dont il emporte parfois les pieds et les mains.

— Richard Keyes : *The Michigan Murders* (1976).
— Murder Casebook n° 111 : *Deadly Duo of Sex Killers — John Norman Collins and Leonard Lake* (1992).

Adolfo de Jesus Constanzo — Sara Aldrete

— Dossier Meurtre n° 39 : *Les Prêtres de la mort — Le révérend Jim Jones, Adolfo Constanzo* (1991).
— Edward Humes : *Buried Secrets — A True Story of Serial Murder* (1991).
— Gary Provost : *Across the Border — The True Story of the Satanic Cult Killings in Matamoros, Mexico* (1989).
— Jim Schutze : *Le Chaudron de sang (meurtres rituels à Matamoros) (Cauldron of Blood — The Matamoros Cult Killings)* (1989).

Dean Corll

Homosexuel sadique, Corll et ses deux complices, David Brooks et Elmer Henley, torturent et tuent au moins vingt-sept jeunes garçons à Houston entre 1971 et 1973. A l'époque, la police pense qu'il s'agit de fugueurs ; mais, en août 1973, Henley se rend après avoir abattu Corll. Là encore, il semble que l'enquête ait été bâclée, car il existe de fortes probabilités pour que Corll ait commis d'autres crimes avant 1971. Henley et Brooks sont condamnés à perpétuité.

— John Gurwell : *Mass Murder in Houston* (1974).
— Murder Casebook n° 102 : *The Candy Man — Dean Corll* (1991).
— Jack Olsen : *The Man with the Candy* (1974).
— D. Reid & John Gurwell : *Eyewitness* (1973).

Juan Corona

Vingt-cinq cadavres d'ouvriers saisonniers sont découverts sur les terres de ce fermier de Yuba City, en mai 1971. Les crimes sont d'origine homosexuelle. On suspecte un moment le frère de Corona, mais ce dernier est finalement condamné à perpétuité à la suite d'une expertise d'écriture.

— Ed Cray : *Burden of Proof* (1973).
— Tracy Kidder : *The Road to Yuba City* (1974).
— Victor Villasenor : *Jury : The People vs. Juan Corona* (1977).

Antone Costa

Tueur sexuel de jeunes femmes à Providence en 1969 ; il se suicide dans sa prison en 1974.

— Leo Damore : *In His Garden* (1981).

Richard Cottingham

A l'image de Jack l'Éventreur, Cottingham tue cinq prostituées à New York à partir de décembre 1979.

— Rod Leith : *The Prostitute Murders : The People vs. Richard Cottingham* (1983).

Jeffrey Dahmer

Le « Cannibale de Milwaukee », arrêté le 22 juillet 1991, est probablement le *serial killer* le plus médiatisé de l'histoire du crime américain. Dahmer avoue le meurtre de dix-sept adolescents qu'il a principalement dragués dans des bars homosexuels, avant de les ramener chez lui pour les droguer. Une fois endormis, il les tue, les mutile, tout en prenant de nombreuses photos ; par la suite, Jeffrey Dahmer viole les cadavres et en dévore des parties. Macabre collectionneur, il garde dans son Frigidaire et ses placards les têtes, parties génitales ou autres membres de ses victimes.

— Ed Baumann (avec la collaboration de Gerson H. Kaplan & Crocker Stephenson) : *Step Into My Parlor — The Chilling Story of Serial Killer Jeffrey Dahmer* (1991).

— Stéphane Bourgoin : *Le Cannibale de Milwaukee* (Fleuve noir, 1993).

— Don Davis : *The Milwaukee Murders — Nightmare in Apartment 213 : The True Story* (1991).

— Robert J. Dvorchak & Lisa Holewa : *Milwaukee Massacre — Jeffrey Dahmer and the Milwaukee Murders* (1991).

— Richard W. Jaeger & M. William Balousek : *Massacre in Milwaukee — The Macabre Case of Jeffrey Dahmer* (1991).

— Murder Casebook n° 120 : *Murder and Mutilation — Jeffrey Dahmer* (1992).

— Anne E. Schwartz : *The Man Who Could Not Kill Enough — The Secret Murders of Milwaukee's Jeffrey Dahmer* (1992).

Albert DeSalvo

Le célèbre « Étrangleur de Boston » avoue treize assassinats de femmes de tous âges en 1962-63. Condamné à perpétuité, DeSalvo est assassiné en prison, le 26 novembre 1973. Des doutes subsistent quant à sa culpabilité.

— F. Lee Bailey & Harvey Aronson : *The Defense Never Rests* (1971).
— Harold Banks : *The Strangler — The Story of Terror in Boston* (1967).
— Normalee Browning : *The Psychic World of Peter Hurkos* (1972).
— James A. Brussel : *Casebook of a Crime Psychiatrist* (1968).
— Dossier Meurtre n° 9 : *L'Étrangleur de Boston — Albert DeSalvo* (1991).
— Gerold Frank : *L'Étrangleur de Boston (The Boston Strangler)* (1966).
— George William Rae : *Confessions of the Boston Strangler* (1967).

Glennon Engleman

Pendant plus de vingt ans, le très respectable dentiste Glennon Engleman séduit ses clientes qu'il marie ensuite à ses futures victimes. Puis, lorsque les maris sont fortement assurés sur la vie, Engleman les assassine, avant de partager le montant de l'assurance avec les « veuves éplorées ». L'appât du gain n'était pas l'unique raison de cet hédoniste, manipulateur à l'extrême, et qui tua cinq hommes et deux femmes.

— Susan Crain Bakos : *Appointment for Murder — The Story of the Killing Dentist* (1988).

Larry Eyler

Arrêté en 1983, pour une tentative de meurtre, Larry Eyler est relâché, à cause d'une erreur de procédure des policiers. Pourtant, les preuves de ses crimes, trouvées dans sa voiture, sont évidentes. Une fois libéré, Eyler tue à nouveau, en tout vingt-trois hommes, à travers l'Indiana et l'Illinois. Ses victimes, pour la plupart des homosexuels, sont torturées et démembrées. Eyler sera finalement arrêté en août 1984, à Chicago, et condamné à mort, le 30 septembre 1986.

— Gera-Lind Koralik & Wayne Klatt : *Freed To Kill — The True Story of Serial Murderer Larry Eyler* (1990).

Albert Fish

— Michael Angelella : *La Chasse à l'ogre (Trail of Blood)* (1979).
— Mel Heimer : *The Cannibal : The Case of Albert Fish* (1971).
— Harold Schechter : *Deranged — The Shocking True Story of America's Most Fiendish Killer* (1990).
— Fredric Wertham : *The Show of Violence* (1949).

Roy Fontaine

Archibald Hall, alias Roy Fontaine, maître d'hôtel londonien de son métier, met à profit ses goûts bisexuels pour séduire divers employeurs, et les assassiner de sang-froid. En moins d'un an, il tue cinq personnes, avant d'être arrêté en janvier 1978.

— Norman Lucas & Philip Davies : *The Monster Butler* (1979).

John Wayne Gacy

Dans sa demeure de Chicago, Gacy assassine, viole et torture trente-trois adolescents. Leurs corps sont tous enterrés sous sa maison et dans son jardin. Malgré les odeurs nauséabondes de décomposition, personne parmi ses voisins ne paraît s'en inquiéter durant cinq années (1973-78). Gacy attend actuellement son exécution, en s'adonnant à la peinture.

— Tim Cahill : *Buried Dreams* (1985).
— Dossier Meurtre n° 37 : *Orgie meurtrière — John Wayne Gacy* (1991).
— Clifford Linedecker : *The Man Who Killed Boys* (1980).
— Ivor McClelland : *They Call Him Mr. Gacy — The Selected Correspondence of John Wayne Gacy, 1979-1989* (1990).
— Terry Sullivan & Peter Maiken : *Killer Clown* (1983).

Gerald et Charlene Gallego

Cas unique d'un couple marié de *serial killers,* ils tuent dix personnes en Californie, entre 1978 et 1981. Fils d'un condamné à mort exécuté, Gerald Gallego utilise sa femme comme appât pour attirer des auto-stoppeuses dans son van, où il les viole et les torture, avant d'en enterrer certaines encore vivantes. Condamné à mort en Californie, Gerald Gallego est extradé au Nevada pour y être également jugé et condamné à mort, grâce à une souscription publique des habitants de cet État.

— Ray Biondi & Walt Hecox : *All His Father's Sins* (1988).
— Eric Van Hoffmann : *A Venom in the Blood* (1990).

Ed Gein

Nécrophile, cannibale et tueur d'au moins quatre femmes, Gein vit obsédé par le souvenir d'une mère ultra-possessive. Entre 1954 et 1957, il déterre de nombreux cadavres de femmes dans les environs de Plainfield, dans le Wisconsin. Chez lui, Gein se fabrique des vestes et masques de peau humaine. Il meurt dans un asile en 1984. Son cas inspire deux films célèbres : *Psychose* et *Massacre à la tronçonneuse,* ainsi qu'une multitude de séries Z.

— M. William Balousek : *Wisconsin Crimes of the Century* (1991).
— Dossier Meurtre n° 30 : *Le Boucher de Plainfield — Edward Gein* (1991).
— Gilbert Gallerme : *Edward Gein, le psycho* (Fleuve Noir, 1993).
— Robert Gollmar : *Edward Gein* (1981).
— Harold Schechter : *Deviant* (1989).
— Paul Anthony-Woods : *Ed Gein — Psycho !* (1992).

The Green River Killer

Tueur inconnu de quarante-neuf femmes — en majorité, des prostituées — à Seattle et dans les alentours immédiats de l'aéroport de Tacoma. Entre 1982 et 1988, la recherche du tueur donne lieu à l'enquête la plus importante jamais mise sur pied aux États-Unis. Certains spécialistes pensent que le même *serial killer* s'est installé à San Diego, où des meurtres similaires de prostituées se poursuivent actuellement.

— Murder Casebook n° 108 : *Unfinished Business — Cleveland's Mad Butcher and The Green River Killer* (1991).
— Carlton Smith & Thomas Guillen : *The Search for the Green River Killer* (1991).

Belle Gunness

Une « veuve noire » du début du siècle qui recrute ses maris par l'intermédiaire de petites annonces. Ses victimes sont invariablement droguées, puis étranglées, avant d'être démembrées, et les restes fournissent la nourriture de ses cochons. A la suite de l'incendie de sa maison, en avril 1908, on découvre les corps enterrés de ses trois enfants, ainsi que ce que l'on suppose être son corps. Elle aurait tué entre treize et vingt-huit hommes.

— Janet Langlois : *Belle Gunness : The Lady Bluebeard* (1985).
— Lillian de la Torre : *The Truth about Belle Gunness* (1955).

John George Haigh

Meurtrier anglais au bain d'acide, responsable de la mort d'au moins neuf victimes dans les années 40. Comme Landru, il mêle l'appât du gain et le plaisir, Haigh préférant boire le sang de ses victimes. Il est exécuté le 6 août 1949.

— Gerald Byrne : *John George Haigh : Acid Bath Killer.*
— Dossier Meurtre n° 10 : *Le Meurtrier au bain d'acide — John George Haigh* (1991).
— Stanley Jackson : *John George Haigh* (1953).
— Arthur La Bern : *Haigh : The Mind of a Murderer* (1973).
— Stafford Somerfield : *The Authentic Story of J. G. Haigh* (1950).

Robert Hansen

Après son arrestation, en 1984, à Anchorage, ce boulanger fanatique de chasse avoue l'assassinat de dix-sept prostituées. Imitant le personnage du Comte Zaroff, Hansen conduit ses victimes par avion dans des endroits isolés, où il se met à les chasser. Parfois, il relâche certaines prostituées dont les talents pour la fellation l'avaient satisfait.

— Walter Gilmour & Leland E. Hale : *Butcher, Baker — A True Account of a Serial Murderer* (1991).

Charles Hatcher

Authentique psychopathe, Charles Hatcher éprouve, périodiquement, d'irrésistibles envies de tuer qu'il lui faut assouvir. Pendant près de vingt-cinq ans, il assassine seize personnes, dont trois enfants, en Californie, dans l'Iowa, le Nebraska et le Missouri. Très habile à manipuler le système, Hatcher fait même condamner un innocent à sa place. C'est grâce à l'obstination de Joseph Holtslag, un agent du FBI, qui le traque durant des années, que Hatcher est finalement capturé, le 3 août 1982. Condamné à perpétuité, il se pend dans sa cellule, le 7 décembre 1982.

— Terry Ganey : *St. Joseph's Children* (autre titre : *Innocent Blood) — A True Story of Terror and Justice* (1989).

Neville Heath

Meurtrier sadique de cinq femmes londoniennes au moins, en 1946. Amateur de « bondage » et de flagellation. Heath est pendu le 16 octobre 1946.

— Gerald Byrne : *Borstal Boy : The Uncensored Story of Neville Heath.*
— Dossier Meurtre n° 18 : *Trois Crimes sadiques : Neville Heath, Peter Kürten, l'assassin du « Dahlia Noir »* (1991).
— Paul Hill : *Portrait of a Sadist* (1960).

Gary Heidnik

Le puits où Hannibal Lecter garde ses prisonnières dans *Le Silence des agneaux* provient du cas de Gary Heidnik. Plusieurs fois interné pour des problèmes psychiatriques, Heidnik fonde, en 1971, sa propre église, la « United Church of the Ministries of God », qu'il fait fructifier, au point de s'acheter des Rolls, Cadillac ou Lincoln Continental. Arrêté en 1978, pour le kidnapping d'une retardée mentale de 34 ans, Heidnik passe quatre ans dans un établissement psychiatrique. En 1986, il s'achète une maison à Philadelphie, dont il aménage la cave pour la transformer en un harem pour ses esclaves sexuels. En l'espace de quelques mois, Heidnik kidnappe quatre jeunes femmes qu'il enchaîne, dénudées et affamées, pour les violer quotidiennement ; si elles se montrent rebelles, il les torture à l'électricité ou en leur enfonçant un tournevis dans l'oreille. Deux d'entre elles meurent et sont démembrées. On le suspecte même de cannibalisme, puisque des restes humains sont découverts dans une casserole de sa cuisine. Comme dans le cas de Jeffrey Dahmer, Heidnik est dénoncé par ses voisins qui se plaignent d'odeurs de putréfaction en provenance de sa maison. Il est condamné à mort le 3 juillet 1988.

— Kenneth Englade : *Cellar of Horror — The True Story* (1988).

William Heirens

« *Pour l'amour de Dieu, arrêtez-moi avant que je tue à nouveau. Je ne peux pas me contrôler.* » Telle était la teneur du message écrit au rouge à lèvres par l'assassin de Frances Brown, un cambrioleur fétichiste de 16 ans, qui tue deux autres personnes en 1945, à Chicago. Une fois arrêté, Heirens accuse de ces crimes un alter ego du nom de « George Murman », un raccourci de Murder Man. Encore emprisonné à ce jour, il proteste toujours de son innocence.

— Dossier Meurtre n° 41 : « *Bill le Fou* » — *William Heirens* (1991).
— Thomas Downs : *Murder Man* (1984).
— Lucy Freeman : « *Before I Kill More...* » (1955).

Jack l'Éventreur (Jack the Ripper)

Tueur inconnu de cinq prostituées à Londres, du 31 août au 9 novembre 1888. Sadique sexuel, qui mutile et emporte des organes de ses victimes, il est l'ancêtre de tous les *serial killers* modernes. Avec son apparition, la face du crime a changé : on ne tue plus pour un motif reconnu (passion ou appât du gain), mais pour répondre à des pulsions internes. Tous les ingrédients du tueur moderne sont déjà présents avec Jack l'Éventreur : meurtres atroces, pression des médias, gigantesque chasse à l'homme, cité en proie à la panique, correspondance (éventuelle) de l'assassin.

— David Abrahamsen : *Murder & Madness — The Secret Life of Jack the Ripper* (1992).
— Anonyme : *The Whitechapel Murders or The Mysteries of the East End* (1888).
— Anonyme : *Jack the Ripper at Work Again. Another Terrible Murder and Mutilation in Whitechapel* (1888).
— Anonyme : *The Latest Atrocities of Jack the Ripper* (1889).
— Anonyme : *Jack lo Squartatore* (1889).
— Anonyme : *Aleister Crowley and Jack the Ripper* (1988).
— Paul Begg : *Jack the Ripper — The Uncensored Facts* (1988).
— Paul Begg, Martin Fido & Keith Skinner : *The Jack the Ripper from A to Z* (1991).

— Stéphane Bourgoin : *Jack l'Éventreur* (Fleuve noir, 1992).
— Tom Cullen : *Jack l'Éventreur (Autumn of Terror : Jack the Ripper. His Crimes and Times)* (1965).
— Jean Dorsenne : *Jack l'Éventreur — Scènes vécues* (1935).
— Dossier Meurtre Hors Série : *Qui était Jack l'Éventreur ? Whitechapel 1888* (1991).
— Arthur Douglas : *Will the Real Jack the Ripper ?* (1979).
— Melvyn Fairclough : *The Ripper and the Royals* (1991).
— Daniel Farson : *Jack the Ripper* (1972).
— Martin Fido : *The Crimes, Detection and Death of Jack the Ripper* (1987).
— Winston Forbes-Jones : *Who Was Jack the Ripper ?* (1988).
— Richard Kyle Fox : *The History of the Whitechapel Murders : A Full and Authentic Narrative of the Above Murders with Sketches* (1888).
— Jean Overton Fuller : *Sickert & The Ripper Crimes* (1990).
— Melvin Harris : *Jack the Ripper : The Bloody Truth* (1987) ; *The Ripper File* (1989).
— Michael Harrison : *Clarence* (autre titre : *Clarence : Was He Jack the Ripper ?*) (1972).
— Paul Harrison : *Jack the Ripper — The Mystery Solved* (1991).
— W. J. Hayne : *Jack the Ripper or The Crimes of London* (1889).
— Martin Howells & Keith Skinner : *The Ripper Legacy* (1987).
— Elwyn Jones & John Lloyd : *The Ripper File* (1975).
— Alexander Kelly : *Jack the Ripper : A Bibliography and Review of the Literature* (1972).
— Stephen Knight : *Jack the Ripper : The Final Solution* (1976).
— Donald McCormick : *The Identity of Jack the Ripper* (1959).
— Roland Marx : *Jack l'Éventreur et les Fantasmes victoriens* (1987).
— Leonard Matters : *The Mystery of Jack the Ripper* (1929).
— John Morrison : *Jimmy Kelly's Year of the Ripper Murders 1888* (1983-85).
— Carl Muusmann : *Hvem var Jack the Ripper ?* (1908).
— Robin Odell : *Jack the Ripper in Fact and Fiction* (1965).
— Michell Raper : *Who Was Jack the Ripper ?* (1975).
— Tom Robinson : *The Whitechapel Horrors : Being an Authentic Account of the Jack the Ripper Murders* (non daté).
— Donald Rumbelow : *The Complete Jack the Ripper* (1975).
— Terence Sharkey : *Jack the Ripper : 100 Years of Investigation* (1987).
— Frank Spiering : *Prince Jack : The True Story of Jack the Ripper* (1978).
— William Stewart : *Jack the Ripper : A New Theory* (1939).
— Peter Underwood : *Jack the Ripper : One Hundred Years of Mystery* (1987).
— Richard Whittington-Egan : *A Casebook on Jack the Ripper* (1976).
— Colin Wilson & Robin Odell : *Jack the Ripper — Summing Up and Verdict* (1987).
— Edwin Thomas Woodhall : *Jack the Ripper or When London Walked in Terror* (1935).

« Jack the Stripper »

Le tueur — dont l'identité n'a jamais été révélée par Scotland Yard — s'est suicidé en 1965 après avoir assassiné six (ou huit ?) prostituées londoniennes, dont les cadavres dénudés et édentés avaient été jetés dans la Tamise.

— John Du Rose : *Murder Was My Business* (1971).
— Brian McConnell : *Found Naked and Dead* (1974).
— Murder Casebook n° 33 : *Jack the Stripper — The Hammersmith Nudes Case* (1990).

Genene Jones

Une « infirmière de la mort » texane, responsable du décès d'une vingtaine de bébés dans les services pédiatriques des hôpitaux de Kerrville et de San Antonio. Condamnée à perpétuité en 1982.

— Peter Elkind : *The Death Shift — The True Story of Nurse Genene Jones and the Texas Baby Murders* (1983).

John Joubert

En 1982 et 1983, trois garçons, âgés de 11 à 13 ans, disparaissent dans les États du Maine et du Nebraska, avant que leurs corps soient retrouvés. Ils n'ont pas été molestés sexuellement, mais portent des traces de morsures. Le 11 janvier 1984, un militaire de 20 ans, John Joubert, ancien scout, est arrêté pour conduite suspecte. Dès le lendemain, il avoue ces crimes auxquels il a rêvé depuis son enfance. Condamné à mort, en juillet 1984, on le suspecte également d'autres assassinats.

— Mark Pettit : *A Need to Kill* (1990).

Joseph Kallinger

Victime de terribles abus durant son enfance, le cordonnier Kallinger avait pour habitude de dresser ses enfants en les torturant. Dans les années 70, il tue plusieurs victimes en Pennsylvanie et dans le New Jersey, dont un de ses fils. Curieusement, un autre fils l'accompagne parfois dans ses expéditions meurtrières. Prétendant être hanté par des hallucinations, où des têtes coupées lui ordonnent de tuer, Kallinger est condamné à perpétuité pour trois assassinats. Son cas est l'objet d'un best-seller par Flora Schreiber, l'auteur de *Sybil*.

— Flora Schreiber : *The Shoemaker — Anatomy of a Psychotic* (1983).

Edmund Emil Kemper

— Margaret Cheney : *The Co-Ed Killer* (1976).
— Ward Damio : *Urge to Kill* (1974).
— Murder Casebook n° 89 : *The Lonely Head-Hunter — Ed Kemper* (1991).
— Donald West : *Sacrifice Unto Me* (1974).

John Paul Knowles

Entre le 26 juillet et son arrestation le 17 novembre 1974, Knowles en cavale assassine et viole trente-cinq personnes. Le lendemain de son arrestation, il est abattu par un agent du FBI alors qu'il tente de s'enfuir.

— Sandy Fawkes : *Killing Time* (1978).

Randy Kraft

Pendant deux décennies, les autoroutes du sud de la Californie sont le théâtre de macabres découvertes : des dizaines de corps mutilés d'hommes sont abandonnés en bord de route. Trois *serial killers* indépendants en sont responsables, dont le plus prolifique est indiscutablement Randy Kraft. Lorsque Kraft est arrêté, en 1983, les policiers trouvent dans le coffre de sa voiture, une « liste de mort » décrivant soixante-sept victimes, tuées depuis 1972. Véritable génie de l'informatique, Kraft adorait torturer ses victimes ; il les suspend par les pieds à un arbre, les brûle avec un briquet, les sodomise à l'aide de divers objets ou leur enfonce des bouts de bois dans le pénis. Parfois, il les démembre encore vivants. Reconnu coupable de seize meurtres, Randy Kraft est condamné à mort.

— Dennis McDougall : *Angel of Darkness* (1991).

Gary Lewingdon

Auteur avec son frère Thaddeus Charles de dix meurtres, en 1978, à Columbus, dans l'Ohio (« The 22 Caliber Murders »), dont, étrangement, une jeune fille, Claudia Yasko, s'accuse à tort.

— Daniel Keyes : *Unveiling Claudia* (1986).

Henry Lee Lucas

— Max Call : *Hand of Death : The Henry Lee Lucas Story* (1985).
— Mike Cox : *The Confessions of Henry Lee Lucas* (1991).
— Murder Casebook n° 116 : *Visions of Murder — Henry Lee Lucas and the Zodiac Killer* (1992).

— Joel Norris : *Henry Lee Lucas : The Shocking True Story of America's Most Notorious Serial Killer* (1991).

Patrick David MacKay

Psychopathe britannique de 23 ans, condamné à perpétuité pour cinq meurtres en 1974-1975, et suspecté de six autres assassinats. Dès son plus jeune âge, MacKay est fasciné par la mort et la torture, notamment celle des animaux. A 15 ans, il a déjà tenté par deux fois de tuer quelqu'un.

— Tim Clark & John Penycate : *Psychopath* (1976).

« The Mad Butcher of Kingsbury Run »

En pleine Dépression, un tueur inconnu s'attaque principalement à des vagabonds, à Cleveland. Entre 1934 et 1938, seize victimes sont découvertes, la plupart atrocement mutilées. On suspecte le même assassin d'autres crimes impunis à New Castle, en Pennsylvanie. Malgré une chasse à l'homme d'envergure, dirigée par Eliot Ness, aucun suspect probant n'est arrêté, à l'exception d'un certain Frank Dolezal, qui meurt probablement d'un interrogatoire trop musclé en prison.

— John Bartlow Martin : *Butcher's Dozen and Other Murders* (1950).
— Murder Casebook n° 108 : *Unfinished Business — Cleveland's Mad Butcher and the Green River Killer* (1991).
— Steven Nickel : *Torso — Eliot Ness and the Hunt for the Mad Butcher of Kingsbury Run* (1989).
— William Ritt : *The Head Hunter of Kingsbury Run* in *Cleveland Murders* (1947).

Charles Manson

Célèbre leader d'un culte ayant organisé le massacre de Sharon Tate et du couple La Bianca en août 1969. Manson et ses complices, Charles « Tex » Watson, Susan Atkins, Patricia Krenwinkel, Linda Kasabian, Robert Beausoleil, Bruce Davis et Steven Grogan ont commis — ou sont suspectés — d'autres meurtres. Un ex-membre de la « famille », Lynette Fromme tente d'assassiner le président Gerald Ford en 1975. La plupart des membres, soi-disant convertis au catholicisme, ont signé des autobiographies (peu convaincantes) pour tenter de se justifier.

— Susan Atkins & Bob Slosser : *Child of Satan, Child of God* (1977).
— George Bishop : *Witness to Evil* (1971).
— Vincent Bugliosi & Curt Gentry : *Helter Skelter* (1974).
— Dossier Meurtre n° 3 : *Le Meurtrier de Sharon Tate — Charles Manson* (1991).
— Clara Livsey : *The Manson Women : A « Family » Portrait* (1980).

— Charles Manson & Nuel Emmons : *Manson in His Own Words* (1986).
— Ronald Markman & Dominick Bosco : *Alone with the Devil — Famous Cases of a Courtroom Psychiatrist* (1989).
— Ed Sanders : *The Family* (1971).
— Lawrence Schiller : *Les Assassins de Sharon Tate (The Killing of Sharon Tate)* (1970).
— Maury Terry : *The Ultimate Evil — An Investigation Into a Dangerous Satanic Cult* (1987).
— Paul Watkins & Guillermo Soledad : *My Life with Charles Manson* (1979).
— Charles Watson : *Will You Die for Me?* (1978).

Herman Webster Mudgett, alias H. H. Holmes

Pendu en mai 1896, cet escroc devenu meurtrier est condamné pour un unique crime, mais on le suspecte d'avoir assassiné entre cinquante et deux cents victimes, principalement des femmes. Il s'était construit un château en plein centre de Chicago, où l'on découvre les restes de vingt-sept squelettes. Ce château était complètement truffé de pièges, destinés à ses victimes : pièce ignifugée, chambre à gaz, puits rempli de chaux, etc.

— Charles Boswell & Lewis Thompson : *The Girls in Nightmare House* (1955).
— Roger L. Corbitt : *The Holmes Castle* (1895).
— R. Delorme : *Le Château des supplices du Docteur Holmes.*
— Allan W. Eckert : *The Scarlet Mansion* (1985).
— David Franke : *The Torture Doctor — The Only True Account of the Greatest Criminal the Police Have Ever Handled (1975).*
— Frank P. Geyer : *The Holmes-Pitezel Case* (1896).
— H. H. Holmes : *Holmes' Own Story* (1895).
— *Holmes, the Arch Fiend*, or : *A Carnival of Crime* (1895).
— John Bartlow Martin : *1894 — The Case of H. H. Holmes* in *Chicago Murders* (1945).
— Anonyme : *Sold to Satan, Holmes — A Poor Wife's Sad Story, not a mere rehash, but something new never before published. A Living Victim* (1896).
— Anonyme : *The Trial of Herman W. Mudgett* (1897).

Herbert Mullin
— Ward Damio : *Urge to Kill* (1974).
— Donald Lunde & Jefferson Morgan : *The Die Song* (1980).

Alvin & Judith Neelley

Alvin Neelley a tout de la caricature du Sudiste bon vivant, obèse, le sourire aux lèvres, mais son premier mariage se termine en désastre lorsqu'il est emprisonné pour avoir tiré sur sa femme. A sa sortie de prison, il rencontre une adolescente, Judith Ann, et leur couple psychopathique forme un dangereux mélange de « folie à deux ». De 1979 à 1982, Alvin et Judith écument les États du sud des États-Unis, pour y commettre des braquages et escroqueries. Ils sont emprisonnés à plusieurs reprises, et Judith donne même naissance à des jumeaux derrière les barreaux. Sous les pseudonymes de « Lady Sundance » et « The Nightrider », ils pratiquent un échangisme mortel, violant, torturant (par injection de liquides abrasifs !) et tuant leurs victimes. Ils sont accusés de quinze meurtres, dont la plupart est commanditée par la frêle Judith Ann Neelley. En avril 1983, elle est, à 18 ans, la plus jeune condamnée à mort des annales de la justice américaine ; à ce jour, elle attend toujours son exécution dans la prison de Wetumpka, en Alabama. Alvin Neelley purge deux condamnations consécutives à perpétuité.

— Thomas H. Cook : *Early Graves — The Shocking True-Crime Story of the Youngest Woman Ever Sentenced to Death Row* (1990).

Dennis Nilsen

Ancien militaire et policier pendant un an, l'homosexuel Nilsen tue quinze hommes entre 1978 et 1983. Il est découvert à cause de problèmes de plomberie : des restes mutilés de ses victimes bouchent les toilettes de l'immeuble londonien où il loue son appartement.

— Dossier Meurtre n° 5 : *L'Étrangleur à la cravate — Dennis Nilsen* (1991).
— John Lisners : *House of Horrors* (1983).
— Brian McConnell & Douglas Bence : *The Nilsen File* (1983).
— Brian Masters : *Killing for Company* (1985).

Dorothea Puente

Le 11 novembre 1988, les policiers de Sacramento déterrent le premier de sept cadavres dans le jardin de la pension de famille de Dorothea Puente. Considérée, à 59 ans, comme un pilier de la société, elle héberge des personnes âgées qui lui sont adressées par le bureau d'aide sociale de la ville. Arrêtée à Los Angeles, Dorothea Puente est inculpée de neuf assassinats et suspectée de seize autres crimes, dont les victimes n'ont pas été retrouvées.

— Daniel J. Blackburn : *Human Harvest — The Sacramento Murder Story* (1990).

Richard Ramirez

Le célèbre « Night Stalker » terrorise, en 1985, Los Angeles et sa région, pendant près de huit mois. Fasciné par les paroles de *Night Prowler,* du groupe de hard rock AC/DC, Ramirez assassine quatorze personnes, en laissant des signes occultes sur les lieux, tels que des messages écrits avec le sang de ses victimes sur les murs ou des symboles sataniques. Il est capturé par un groupe de citoyens après la publication par la presse de son portrait-robot. Lors de son procès, il crie son amour à Satan et avoue : « J'adorais tout ce sang » ; Ramirez est condamné à mort le 20 juillet 1989.

— Clifford Linedecker : *Night Stalker — A Shocking Story of Satanism, Sex and Serial Murders* (1991).
— Murder Casebook n° 101 : *The Night Stalker — Richard Ramirez* (1991).

Mike Ryan

Dans l'Amérique profonde, Mike Ryan dirige un culte fondé sur la terreur, la torture, la haine et le meurtre. Sa ferme est le siège d'un grand nombre de crimes commis au nom de Dieu.

— Rod Colvin : *Evil Harverst — The Shocking True Story of Cult Murder in the American Heartland* (1992.).

Charles Howard Schmid Jr.

Fils unique gâté d'une riche famille de Tucson, Charles Schmid présente l'image d'un rebelle auprès des adolescents de la ville. En 1964 et 1965, il tue, devant témoins, deux jeunes filles et s'en vante ouvertement auprès de ses camarades. Il est poignardé à vingt reprises en prison et décède le 30 mars 1975.

— Don Moser & Jerry Cohen : *The Pied Piper of Tucson* (1967).

Arthur Shawcross

— Joel Norris : *Arthur Shawcross : The Genesee River Killer — The Grisly True Crime Account of the Rochester Prostitute Murders !* (1992).
— Murder Casebook n° 82 : *Monster of the Rivers — Arthur Shawcross* (1991).

Richard Speck

Tueur de huit infirmières, à Chicago, le 13 juillet 1966. Il est condamné à 600 années de prison et on le soupçonne d'avoir commis au moins huit autres meurtres aggravés de viols dans les quatre mois précédant le massacre de Chicago.

— Jack Altman & Marvin Ziporyn : *Born to Raise Hell : The Untold Story of Richard Speck* (1967).
— Murder Casebook n° 81 : *Summer of Slaughter — Richard Speck & Charles Whitman* (1991).

Charles Starkweather

Adolescent rebelle, très marqué par la lecture des « comics », Starkweather et sa complice, Caril Ann Fugate, tuent onze personnes entre décembre 1957 et février 1958. Starkweather termine sur la chaise électrique en juin 59, alors que Fugate est graciée en 1976. Leur histoire inspire le film de Terence Malick, *Badlands*, en 1973.

— William Allen : *Starkweather : The Story of a Mass Murderer* (1976).
— Ninette Beaver, B. K. Ripley & Patrick Trese : *Caril* (1974).
— James Melvin Reinhardt : *The Murderous Trail of Charles Starkweather* (1960).

Peter Sutcliffe

« L'Éventreur du Yorkshire » est responsable d'au moins seize meurtres de femmes — en majorité des prostituées — entre 1975 et 1981. Interrogé à plusieurs reprises par la police, Sutcliffe avait été jugé inoffensif avant qu'il ne soit arrêté par hasard en compagnie d'une prostituée.

— John Beattie : *The Yorkshire Ripper Story* (1981).
— Gordon Burn : *Somebody's Husband, Somebody's Son* (1984).
— Roger Cross : *The Yorkshire Ripper* (1981).
— Dossier Meurtre n° 7 : *L'Éventreur du Yorkshire — Peter Sutcliffe* (1991).
— Nicole Ward Jouve : « *The Street Cleaner* » : *The Yorkshire Ripper Case On Trial* (1986).
— Peter Kinsley & Frank Smyth : *I' m Jack* (1980).
— Michael Nicholson : *The Yorkshire Ripper* (1979).
— David Yallop : *Deliver Us from Evil* (1982).

Marybeth Tinning

De 1972 à 1985, Marybeth Tinning semble frappée par le malheur, puisqu'elle perd ses neuf enfants en bas âge. Elle les a tous tués, sans que son mari ne se doute de quoi que ce soit.

— Joyce Egginton : *From Cradle to Grave — The Short Lives and Strange Deaths of Marybeth Tinning's Nine Children* (1989).

Christopher Bernard Wilder

Coureur automobile condamné pour crimes sexuels en Australie et aux États-Unis. En 1984, Wilder traverse les États-Unis en voiture tout en kidnappant, violant et tuant au moins douze femmes. Il oblige une de ses victimes à participer à plusieurs exécutions. Curieusement, il relâche une des femmes et lui donne même un billet d'avion pour la Californie. Il est tué, le 13 avril 1984, lors d'un échange de coups de feu avec la police. Christopher Wilder servit de modèle à un roman de John Katzenbach paru dans la collection « Paniques » aux Presses de la Cité, ainsi qu'à un téléfilm américain.

— Bruce Gibney : *The Beauty Queen Killer* (1984).

Wayne Williams

Supposé responsable des « Atlanta Child Murders » qui auraient coûté la vie à trente victimes âgées de 9 à 27 ans. Accusé de deux des crimes, Williams est, par la suite, condamné pour les vingt-huit autres. Dans les dix-huit mois qui suivent son arrestation, plus de vingt autres crimes semblables sont perpétrés à Atlanta.

— James Baldwin : *The Evidence of Things not Seen* (1985).
— Chet Dettlinger & Jeff Prugh : *The List* (1983).
— James S. Jenkins : *Murder in Atlanta !* (1981).

Randall Woodfield

Footballeur professionnel pour les Green Bay Packers, Woodfield, le « tueur de l'Autoroute I-5 », tue au moins cinq femmes après les avoir violées.

— Andy Stack (Ann Rule) : *The I-5 Killer* (1984).

Aileen Wuornos

En décembre 1989, Aileen Wuornos, une lesbienne à la dérive, qui fréquente les bars de « Hell's Angels », commence une odyssée meurtrière de onze mois qui s'achève par la mort de dix hommes d'âge mûr. Elle prétend faire de l'auto-stop, se laisse draguer et abat ses amants d'occasion, en laissant, à chaque fois, un préservatif sur le cadavre.

— Murder Casebook n° 83 : *The « Vampire » Killers — The Lesbian Lovers with a Thirst for Blood* (1991).
— Michael Reynolds : *Dead Ends* (1992).

Graham Young

Empoisonneur britannique, qui se fait d'abord la main sur sa propre famille, en 1961. Enfermé dans un asile, Young est relâché en 1971. Quelques mois après, il recommence ses « expériences », qu'il note soigneusement dans un cahier, en tuant plusieurs collègues de travail.

— Dossier Meurtre n° 34 : *L'homme au poison — Graham Young* (1991).
— Anthony Holden : *The St. Albans Poisoner* (1974).
— Winifred Young : *Obsessive Poisoner* (1973).

Charles Yukl

Professeur de piano, le psychopathe Yukl tue sa première victime en 1966, à New York. Habile manipulateur, il parvient à obtenir une condamnation réduite de sept ans. Libéré sur parole en juin 1973, Yukl assassine une jeune actrice le 20 août 1974. Condamné à nouveau, Charles Yukl se suicide par pendaison dans sa prison, le 22 août 1982.

— Robert K. Tanenbaum & Peter Greenberg : *The Piano Teacher — The True Story of a Psychotic Killer* (1987).

Robert Joseph Zani

Pendant treize ans, Robert Joseph Zani sème la terreur dans l'État du Texas. Matricide, il assassine un adolescent lors du braquage d'une épicerie, avant de s'attaquer à des agents immobiliers, grâce à l'aide de sa femme, une prostituée mexicaine, devenue « bruja » ou sorcière. Zani est arrêté en mars 1980.

— Kelly Fero : *The Zani Murders* (1990).

« The Zebra Murders »

Les « Death Angels », organisation secrète de Noirs, tuent quinze personnes de race blanche à San Francisco, en 1973. Quatre des membres (Jesse Cooks, J. C. Simon, Manuel Moore et Larry Green) sont identifiés et condamnés à perpétuité. On les soupçonne fortement de soixante autres homicides raciaux.

— Clark Howard : *Zebra* (1979).

« The Zodiac »

Tueur inconnu responsable de quarante-trois meurtres entre 1966 et 1978 dans la région de San Francisco. Le « Zodiaque » entretient une longue correspondance avec la police et les médias de juillet 1969 à avril 1978, marquée par d'innombrables « indices » sous forme de textes cryptés et de références occultes. L'assassin que poursuit Clint Eastwood dans le premier *Inspecteur Harry* est librement inspiré du « Zodiaque ». Ses lettres ont été publiées pour la première fois dans l'ouvrage de Graysmith.

— Robert Graysmith : *Zodiac* (1986).
— Murder Casebook n° 116 : *Visions of Murder — Henry Lee Lucas and the Zodiac Killer* (1992).

AUTRES LIVRES

Les livres suivants ne sont pas entièrement consacrés aux *serial killers,* mais comportent cependant suffisamment d'éléments intéressants sur le thème :

ADAM (H. L.) : *Trial of George Chapman* (1930).
ADLER (F.) : *Sisters in Crime : The Rise of the New Female Criminal* (1975).
ALPERT (G. P.) : *The American System of Criminal Justice* (1984).
BARTOL (C. R.) : *Criminal Behavior* (1980).
BENNETT (G.) : *Crime-Warps : The Future of Crime in America* (1989).
BJERRE (A.) : *The Psychology of Murder : A Study in Criminal Psychology* (1927).
BROOKS (Pierce), DEVINE, GREEN, HART & MOORE : *Multi-Agency Investigative Team Manual* (1988).
CAMERON (D.) & FRAZER (E.) : *The Lust to Kill* (1987).
CHESSER (Eustace) : *Strange Loves : The Human Aspects of Sexual Deviation* (1971).
CLARKSON (Wensley) : *Hell Hath No Fury — True Stories of Women Who Kill* (1991).
CLECKLEY (H.) : *The Mask of Sanity* (1961).
COHEN (B.) : *Deviant Street Networks* (1980).
COLTON (K. W.) : *Police Computer Technology* (1978).
DE RIVER (J. Paul) : *Crime and the Sexual Psychopath* (1958) ; *The Sexual Criminal* (1949).
DE YOUNG (M.) : *The Sexual Victimization of Children* (1982).
DICKS (V. Henry) : *Licensed Mass Murder : A Socio-Psychological Study of Some S.S. Killers* (1972).
DIETZ (M. L.) : *Killing for Profit* (1983).
DRAPKIN & VIANO : *Victimology : A New Focus* (1975).
DRZAZGA (John) : *Sex Crimes* (1960).
DUNNING (John) : *The Arbor House Treasury of True Crime* (1977).
EWING (Charles Patrick) : *Battered Women Who Kill — Psychological Self-Defense as Legal Justification* (1987) ; *Kids Who Kill* (1990).
FINKELHOR (D.) : *Sexually Victimized Children* (1979) ; *Nursery Crimes* (1988).
FURNEAUX (Rupert) : *The Medical Murderer* (1957).
GEBERTH (Vernon J.) : *Practical Homicide Investigation : Tactics, Procedures and Forensic Techniques* (1990).
GEBHARD (P. H.) : *Sex Offenders* (1964).
GOLDSTEIN (J. H.) : *Aggression and Crimes of Violence* (1975).
GROMBACH (John V.) : *The Great Liquidator* (1980).
GROTE (A. H.) : *Men Who Rape : The Psychology of the Offender* (1979).

GUTTMACHER (M.) : *The Mind of the Murderer* (1973).
HAHN (J. K.) & MCKENNEY (H. C.) : *Legally Sane* (1972).
HARRINGTON (Alan) : *Psychopaths* (1972).
HAZELWOOD (Robert R.), DIETZ (Park Elliott) & BURGESS (Ann) : *Autoerotic Fatalities.*
HELPERN (Milton) & KNIGHT (B.) : *Autopsy : The Memoirs of Milton Helpern, The World's Greatest Medical Detective* (1977).
HOLMES (R. M.) : *Profiling Violent Crimes* (1990).
JACKSON (Robert) : *The Crime Doctors* (1966).
JOHNSON (K. W.) : *Police Interagency Relations* (1977).
JOYCE (Christopher) & STOVER (Éric) : *Witnesses from the Grave — The Stories Bones Tell* (1991).
KARMEN (A.) : *Crime Victims* (1984) ; *Deviants : Victims or Victimizers ?* (1983).
KARPMAN (B.) : *The Sexual Offender and His Offenses* (1954).
KEPPEL (Robert) : *Serial Murder : Future Implications for Police Investigations* (1989).
KEYLIN (Arleen) & DEMIRJIAN (Arto) : *Crime : As Reported by the « New York Times »* (1976).
KIND (Stuart) : *The Scientific Investigation of Crime* (1987) ; *Science Against Crime* (1972).
KINDER (Gary) : *Victim* (1982).
LEFEBURE (Molly) : *Murder with a Difference. Studies of Haigh and Christie* (1958).
LEWIS (Alfred Allan) & MACDONELL (Herbert Leon) : *The Evidence Never Lies — The Casebook of a Modern Sherlock Holmes* (1984).
LUNDSGAARDE (Henry P.) : *Murder in Space City : A Cultural Analysis of Houston Homicide Patterns* (1977).
LYONS (Arthur) & TRUZZI (Marcello) : *The Blue Sense — Psychic Detectives and Crime* (1991).
MACDONALD (John M.) : *Homicidal Threats* (1968) ; *Psychiatry and the Criminal* (1976).
MCINTYRE (T.) : *Wolf in Sheep's Clothing : The Search for a Child Killer* (1988).
MALCOLM (Janet) : *The Journalist and The Murderer* (1990).
MARRON (K.) : *Ritual Abuse* (1988).
MAY (R.) : *Sex and Fantasy* (1980).
MESSICK (Hank) & GOLDSBLATT (Burt) : *Kidnapping : The Illustrated History* (1974).
MEYER (Gerald) : *The Memphis Murders* (1974).
MONAHAN (John) & STEADMAN (Henry) : *Mentally Disordered Offenders : Perspectives from Law and Social Science* (1983).
MOORE (Kelly) & REED (Dan) : *Deadly Medicine* (1988).
MORAN (Richard) : *Knowing Right from Wrong : The Insanity Defense of Daniel McNaughtan* (1981).
O'BRIAN (R.) : *Crime and Victimization Data* (1985).
OLSEN (Jack) : *Predator* (1991).
PARKER (Tony) : *Life after Life — Interviews with Twelve Murderers* (1990).

RESSLER (Robert), BURGESS (Ann), DOUGLAS (John) & DEPUE (Roger) : *Rape and Sexual Assault : A Research Handbook* (1985).
REVITCH (E.) & SCHLESINGER (L. B.) : *Psychopathology of Homicide* (1981).
ROBBINS (L. N.) : *Deviant Children Growing Up* (1966).
ROSE (H. M.) : *Lethal Aspects of Urban Violence* (1979).
SAFERSTEIN (R.) : *Criminalistics : An Introduction to Forensic Science* (1987/édition réactualisée).
SAMENOW (Stanton A.) : *Before It's Too Late* (1989).
SASSER (Charles W.) : *Homicide!* (1990).
SCHAFER (S.) : *Victimology : The Victim and his Criminal* (1977).
SCHUR (E. M.) : *Labeling Deviant Behavior* (1972) ; *Labeling Women Deviant : Gender, Stigma, and Social Control* (1984).
SPARROW (Gerald) : *Women Who Murder* (1970).
SPINKS (Sarah) : *Cardiac Arrest : A True Account of Stolen Lives* (1985).
STEIGER (Brad) : *Bizarre Crime* (1992).
STEIGER (Brad) & HANSEN STEIGER (Sherry) : *Demon Deaths* (1991).
STOLLER (Robert J.) : *Perversion : The Erotic Form of Hatred* (1975).
STRAUSS (M. A.) & BARRON (L.) : *Sexual Stratification, Pornography and Rape* (1983).
SUINN (R. M.) : *Fundamentals of Abnormal Psychology* (1984).
WOLFGANG (Marvin) & FERRACUTI (Franco) : *The Subculture of Violence : Towards an Integrated Theory in Criminology* (1967).

ARTICLES EN LANGUE FRANÇAISE

Principaux articles parus récemment dans les journaux d'expression française concernant le thème des tueurs en série :

— Stéphane Bourgoin : « Tueurs fous et crimes sexuels : les *serial killers* », in *813* n° 30 (Revue *813*) (janvier 1990).
— Stéphane Bourgoin : « Matamoros : Le culte de l'enfer » in *J'accuse* n° 4 (juin 1990).
— Stéphane Bourgoin : « Des tueurs sur la route : les *serial killers* », in *Polar* Hors série Spécial Ellroy (mars 1992).
— Stéphane Bourgoin : « Portrait d'un *serial killer* », in *813* n° 39 (juin 1992).
— Stéphane Bourgoin : « Interview avec Gerard John Schaefer », in *Interview* n° 1 (juin 1992).
— Frédéric Filloux : « La traque des *serial killers*, casse-tête du FBI », in *Libération* (18 octobre 1991).
— Frédéric Filloux : « Psychopathologie du tueur en série », in *Libération* (19/20 octobre 1991).
— Arnaud Levy : « Les " tueurs en série " font trembler l'Amérique », in *France-Soir* (15 août 1991).

— Walter Pepeka : « Meurtres en série : Les possédés du crime », in *Le Nouveau Détective* n° 471 (26 septembre 1991).
— Jean-Sébastien Stehli : « *Serial killers* — Ces tueurs très spéciaux qui sont le cauchemar de l'Amérique », in *Globe* n° 61 (octobre 1991).
— Dossier *Newlook : «* Les *serial killers* — Ted Bundy », in *Newlook* n° 95 (juin 1991).
— Dossier *Newlook* : « Les *serial killers* — Henry Lee Lucas », in *Newlook* n° 96 (juillet 1991).
— Dossier *Newlook* : « Les *serial killers* — Leonard Lake », in *Newlook* n° 97 (août 1991).

CASSETTES AUDIO

• *Interviews de* serial killers *:*

— *Henry Lee Lucas Confesses* (Zebra Books — août 1991).
— *Arthur Shawcross Confesses* (Pinnacle Books — janvier 1992).
— *Ed Kemper Interview & Infamous Mass Murderers* (The Hope Organization).
— *Henry Lee Lucas & Mort versus Gacy* (The Hope Organization).

• *Autres :*

— *700 Club Special — Satanism* (The Hope Organization).
— *Satanism, Murder, Rapes & Cults* (The Hope Organization).
— *Actual Fantasy by Sondra London* (Media Queen, 1990) : cette cassette comprend des chansons écrites par le *serial killer* Gerard John Schaefer (Media Queen).
— *Charles Manson Sings* (cassette pirate enregistrée en prison avec des chansons écrites & chantées par Charles Manson).
— *The Silence of the Lambs... The True Story — Written & Read by Martin Fido* (Tring International PLC) : Ted Bundy, Ed Kemper, Gary Heidnik, Robert Hansen, Leonard Lake, Chris Wilder, Ed Gein, Albert Fish.
— *On the Trail of Jack the Ripper — Written & Read by Martin Fido* (Tring International PLC, 1991).
— *Guilty or Insane ? An Investigation into Mysterious Murders and Psycho-Killers — Written & Read by Martin Fido* (Tring International PLC, 1991).
— *Son of Sam, The Serial Killer that Rocked America — Written & Read by Martin Fido* (Tring International PLC, 1991).

CASSETTES VIDÉO

Ces cassettes VHS sont toutes encore disponibles dans le commerce, soit en système PAL (pour l'Angleterre) ou NTSC (pour les États-Unis) ; j'ai éliminé de cette vidéographie, de nombreux (et excellents) documentaires qui sont malheureusement épuisés.

— *Charles Manson* (Série « Murderers, Mobsters & Madmen », Murderers).
— *Psychos & Mass Murderers* (Série « Murderers, Mobsters & Madmen ») : Ed Gein, John Wayne Gacy, Charles Whitman, Wayne Williams, Jeffrey Dahmer, Juan Corona, Henry Lee Lucas, David Berkowitz, Charles Starkweather.
— *Lady Killers* (Série « Murderers, Mobsters & Madmen ») : Albert DeSalvo, Richard Speck, Ted Bundy, etc.
— *Ted Bundy* (Focus on the Family, 1989) : une confession enregistrée quelques jours avant son exécution et qui se vendit à plus de 40 000 exemplaires. Bundy vilipende la pornographie, qu'il rend responsable de ses crimes, dans cette cassette produite par l'évangéliste réactionnaire James Dobson.
— *No Apparent Motive* (États-Unis), qui comprend une interview d'Ed Kemper.
— *G.J. Schaefer Interview — 18 septembre 1990* (Media Queen) : cette interview de Schaefer est d'une qualité technique extrêmement médiocre ; elle est complétée par un entretien avec Ottis Toole.
— Série « *Great Crimes of the Century* » (MPI Home Video) (1986 : Charles Manson, Leopold & Loeb, Albert DeSalvo, etc.)
— *Death Scenes* (Wavelength Video).

ÉMISSIONS DE TÉLÉVISION

D'innombrables émissions de la télévision américaine ont été consacrées à des *serial killers*. Il s'agit principalement de « talk-shows », tels que *Geraldo Rivera, West 57th* (CBS), *Nightline* (ABC), *The Oprah Winfrey Show* ou *20/20* (« Can They Be Caught ? »), sans oublier des émissions spécialisées dans la reconstitution de crimes, telles que *America's Most Wanted* ou *Crime Stoppers,* sur le culte de Matamoros ou le Green River Killer, entre autres *serial killers.* Parmi les nombreux *serial killers* interviewés à la télévision américaine, citons : Ted Bundy, Joseph Kallinger, Henry Lee Lucas, Ottis Toole, Charles Manson, Gary Heidnik, John Wayne Gacy, Edmund Emil Kemper.

La télévision britannique marque une préférence pour ses propres tueurs en série, tels que Jack l'Éventreur (« Shadow of the Ripper », 1988), Haigh, Christie, Crippen (« The Black Museum », 1988), Peter Sutcliffe (BBC, 1981) ou Dennis Nilsen (« Monochrome Man », 1991).

Pour sa part, notre télévision nationale a diffusé une seule émission sur les *serial killers*, « Serial Killers — Enquête sur une déviance » (FR3 *Spécial Traverses* — le 9 mai 1992), produite par Torii Productions et réalisée par Olivier Raffet. Pour cette enquête purement américaine, j'ai interviewé les *serial killers* Edmund Emil Kemper, Ottis Toole et Gerard John Schaefer, ainsi que les psychiatres Michel Benezech, Ronald Markman, Donald Lunde et Stanton Samenow, et les policiers du FBI, John Douglas, Roger Depue, James Wright et Terence Green. La défunte 5, par l'entremise de *Reporters*, nous a proposé un bref entretien avec Charles Manson et Sean Sellers, le plus jeune condamné à mort aux États-Unis.

MERCHANDISING

Un thème aussi populaire aux États-Unis que les *serial killers* a entraîné une multitude d'objets et de jeux, d'un goût parfois douteux. Ainsi, si vous souhaitez obtenir une peinture du tueur homosexuel John Wayne Gacy, il vous en coûtera 125$ (*Pogo le Clown*), 55 $ (*Clown à tête de mort*) ou encore 125 $ pour votre portrait personnalisé (après envoi d'une photo).

Des écrits de Gerard John Schaefer ou les dessins d'Ottis Toole sont vendus par Media Queen. Ceux-ci sont présentés sous la forme de fanzines : « Killer Fiction » ; « Beyond Killer Fiction » ; « Killer Serial : Rogue Cop » ; « Pussycat ? Sex Beast ? » ; « Alone on Death Row with Ted Bundy » ; « Killer Kitty » ; « Comix by Convict » ; « Killer Art », etc.

Si vous préférez les bandes dessinées, Boneyard Press vous propose : « Dark Angel » ; « Rectum Errectum » ; « The Jackal » ; « Tears » ; « Jeffrey Dahmer : The Unauthorized Biography of a Serial Killer », etc., tandis que Comic Zone Productions offre deux séries distinctes, avec « Psycho Killers » (Charles Manson, David Berkowitz, Ed Gein, Henry Lee Lucas, Jeffrey Dahmer, Richard Ramirez, John Wayne Gacy, Judias Buenoano, Ted Bundy, Albert Fish) et « Psycho Specials » (Richard Speck, Charles Whitman, Frederick Cowan, Zodiac, The Green River Killer, Jack the Ripper).

Pour vous distraire, vous avez « Jack the Ripper » et « Serial Killer », ce dernier se présente sous la forme d'un tableau de jeu, avec des « cartes du crime » et un sac contenant vingt-cinq bébés ! Les amateurs de « trading cards » peuvent choisir entre les « Incredible True-Life Murderers ! » de Motherbomb Press et les « True Crime — G-Men — Mass Murderers — Serial Killers — Gangsters » de Eclipse Books.

Afin d'épater vos amis, vous pouvez revêtir les T-shirts des *serial killers* suivants : Zodiac, Jeffrey Dahmer (Boneyard Press), ou ceux de Mutilation Graphics avec John Wayne Gacy, Charles Manson ou Ted Bundy après son exécution, ainsi que des tueurs tels que John Hinckley, Lee Harvey Oswald et Jim Jones.

Outre les innombrables romans sur le sujet, signalons deux excellentes séries populaires : « The Stalker » de Mack Tanner, avec Jason Stalker, un ex-Marine du Vietnam, qui traque les *serial killers* (quatre titres parus à ce jour, chez Harper Paperbacks) ; « VICAP » de Michael Newton, avec les agents spéciaux du FBI, Flynn et Tanner (neuf titres, chez Dell Books).

Remerciements : Alan G. Ringgold (ambassade des États-Unis), National Center for the Analysis of Violent Crime-FBI Academy, Quantico (John Douglas, Terence Green, James Wright, Kelley Cibulas), Roger Depue (The Academy Group), US Department of Justice, California Department of Corrections, Florida Department of Corrections (Robert MacMaster), Florida State Prison, Vacaville Prison (Rita Gomez), San Quentin State Prison, Dr Donald T. Lunde, Dr Ronald Markman, Dr Stanton E. Samenow, Dr Michel Benezech, Michael Newton, Sondra London, Beat Biot, Charles Siragusa, Olivier Raffet, Richard Fleischer, John Waters, Jean-Claude Bernardo, Robert Bloch, James Ellroy, Véronique Campion-Vincent, François Guérif, Marie-Christine Barbier, Mary Fallone (Globe Communications), Hector Bianciotti, Dany Laporte.

Un grand merci au CISCP (Centre International de Sciences Criminelles de Paris, 17 rue du Président-Kruger, 92400 Courbevoie) et à son animateur, Florent Grégoire.

Un salut amical à l'équipe de Torii Productions : Sylvia Montalti, Carole Kehringer, Dominique Maret-Dumas, Joëlle Sabba, Misa Rossetti.

Merci à Élisabeth et à Clément pour leur patience.

TABLE

Avant-propos 9

I. DU CRIME EN GÉNÉRAL ET DES « SERIAL KILLERS » EN PARTICULIER 13

II. LE PROFIL PSYCHOLOGIQUE 51

III. ROGER DEPUE : QUINZE ANS À TRAQUER LES « SERIAL KILLERS » POUR LE FBI 79

IV. PORTRAITS DE « SERIAL KILLERS » 93

– *Albert Fish : le grand-père tranquille* 96
– *Arthur Shawcross : l'« Étrangleur de Rochester »* 120
– *Richard Chase : le « Vampire de Sacramento »* 156
– *Edmund Emil Kemper, le géant « Co-Ed Killer » de Santa Cruz* 161
– *Matamoros : le culte de l'Enfer* 197
– *Ottis Toole : le « Cannibale de Jacksonville »* 206

V. SEULS FACE AU DIABLE : TROIS PSYCHIATRES TÉMOIGNENT 239

Bibliographie 255

Cet ouvrage a été composé
par l'imprimerie BUSSIÈRE
et imprimé sur presse CAMERON
dans les ateliers de B.C.A.
à Saint-Amand-Montrond (Cher)
en mars 1993
pour le compte des éditions Grasset
61, rue des Saints-Pères, 75006 Paris

N° d'édition : 9105. N° d'impression : 411-93/080
Dépôt légal : mars 1993.

Imprimé en France

ISBN 2-246-46221-5